The Routledge Intermediate Russian Reader

The Routledge Intermediate Russian Reader has been specially designed for intermediate, upper intermediate and advanced learners of Russian and comprises a wide range of graded readings.

The materials include authentic extracts from mass media and literature by renowned modern writers such as A. Slapovsky, E. Grishkovets, A. Starobinets and M. Shishkin. The texts have been specifically selected to ensure that students receive maximum exposure to topics relevant to Russian language, history, culture and society, making the *Reader* an engaging and stimulating resource with a meaningful cultural context.

Each reading is supported by:

- a general introduction
- supportive exercises consolidating students' knowledge of frequent grammar and vocabulary structures from the texts
- text-related comprehension questions and classroom tasks to help students build up strong and productive spoken and written skills
- a vocabulary list with English translation and an answer key to the exercises for helpful reference
- lists for further reading, suggested topics for essays and discussions and Internet research tasks to encourage proactive further learning.

Suitable for both class use and independent study, *The Routledge Intermediate Russian Reader* is an essential tool for increasing language proficiency, developing reading skills and enriching learners' cultural knowledge.

Internet links to the tasks are available at www.routledge.com/ 9780415678872

Lydia Buravova is Senior Teaching Fellow in Russian in the School of Slavonic and East European Studies at University College London, UK.

Routledge Modern Language Readers

Routledge Modern Language Readers provide the intermediate language learner with a selection of readings which give a broad representation of modern writing in the target language.

Each reader contains approximately 20 readings graded in order of difficulty to allow the learner to grow with the book and to acquire the necessary skills to continue reading independently.

Suitable for both class use and independent study, Routledge Modern Language Readers are an essential tool for increasing language proficiency and reading comprehension skills.

Available:

Chinese
Brazilian Portuguese
Dutch
Hindi
Greek
Japanese
Korean
Polish
Russian
Turkish
Welsh

Forthcoming:

Arabic
Yiddish
German

The Routledge Intermediate Russian Reader

Lydia Buravova

Routledge
Taylor & Francis Group

LONDON AND NEW YORK

First published 2016
by Routledge
2 Park Square, Milton Park, Abingdon, Oxon OX14 4RN

and by Routledge
711 Third Avenue, New York, NY 10017

Routledge is an imprint of the Taylor & Francis Group, an informa business

British Library Cataloguing in Publication Data
A catalogue record for this book is available from the British Library

Library of Congress Cataloging in Publication Data
Buravova, Lydia, author.
  The Routledge intermediate Russian reader / Lydia Buravova.
    pages ; cm. – (Routledge modern language readers)
    1. Russian language–Readers.   I. Title.   II. Series: Routledge modern language readers.
  PG2117.B77 2015
  491.786'421–dc23

                                                                                    2014042158

ISBN: 978-0-415-67885-8 (hbk)
ISBN: 978-0-415-67887-2 (pbk)
ISBN: 978-1-315-70995-6 (ebk)

Typeset in Scala
by Graphicraft Limited, Hong Kong

Printed and bound by CPI Group (UK) Ltd, Croydon, CR0 4YY

Dedicated to Valentina Luganskaya

Посвящается Валентине Луганской

Contents

Acknowledgements

I would like to thank Samantha Vale Noya, Associate Editor, for her gentle guidance, patience and encouragement. I am also very grateful to Ludmila Michael for her contributions to Chapter 10. The constructive advice of anonymous reviewers was also very much appreciated.

Without the generosity and support of a number of esteemed authors and their literary agents the publication would not have contained such a broad range of modern Russian. I especially thank Prof. K. Gor, M. Shishkin, A. Slapovsky, E. Grishkovets, A. Starobinets, E. Tsymbal, V. Esipov, Prof. A. Zorin and Prof. M. Kronhaus.

The expertise of my colleagues and the critique of my students at the Russian department at the School of Slavonic and East European Studies (UCL) assisted me greatly with the content and structure of the Reader's chapters. I especially valued the help of Dr Svetlana McMillin, Prof. Pamela Davidson and Prof. Faith Wigzell.

The final version of the Reader would not have been possible without the help of Dr Anna Pilkington (expertise on selection of texts), Charles Barber (editing the English content), Marina Irgasheva (expert advice on modern Russian), Olga Trubacheva (technical support), Prof. Vera Zabotkina (tracing some illusive Russian publishers) and Prof. Svetlana Boldyreva (sharing her ideas on styles and registers).

I am grateful to the young artist Emma Day (Chapter 2) and the experienced illustrator Andrej Tatarko (Chapters 5, 15 and 17) for their artistic contributions.

I am especially grateful to the Pelevin sisters, Nina and Ida, for their inspirational and telling influence on my career.

Some other sources used or mentioned in the Reader:

Русская служба Би-би-си www.bbc.co.uk/russian
Newspaper «Англия» http://angliya.com
Портал www.miloserdie.ru
Информационно-аналитический центр «Сова» www.sova-center.ru
Will Evans, 'Three Percent Review' (a resource for international literature at the university of Rochester) www.rochester.edu/College/translation/threepercent
Radio «Свобода» www.svoboda.org
Интернет-издание 'The Village' www.the-village.ru/
Издательство ACT www.ast.ru/
Royal Collection Trust / © Her Majesty Queen Elizabeth II 2014

About the book

The Russian Reader offers a variety of authentic extracts, acquainting learners with different types of texts (literary, mass media, social network, interviews, etc.). The author followed certain criteria while selecting the texts:

- Good representation of modern Russian with some demonstration of influences (e.g. Daniil Kharms and Pushkin).
- Starting the Reader with intermediate texts and leading learners towards upper intermediate and advanced level at the end of the book.
- Study value (certain vocabulary range; word formation/grammar/syntax patterns consistent throughout the Reader).
- Relation to the interests of the Western audience and life/culture in Russia, interesting and hopefully enjoyable material, encouraging discussions.

The objective of the Reader is to develop skills necessary for reading comprehension of authentic Russian texts. The Reader is most appropriate for students in the fifth semester of their study. The author is an experienced language teacher and has attempted to create exercises to help learners to overcome the problems encountered by students at this stage of their studies when they need to learn to read authentic materials in the target language. These hurdles normally include limited vocabulary range, minimal knowledge of the principles of word formation, syntax and certain grammar issues.

The texts are accompanied by exercises which target certain aspects of vocabulary/grammar/syntax to equip the students, not only for effective reading comprehension, but also for 'recycling' the language constructions when writing and speaking in Russian.

The book also aims to develop strategies vital for a skilled reader. Each lesson has a choice of tasks requiring readers to skim texts (reading for the gist), to scan them (looking for specific information), to read them 'closely'.

Structure

- The Reader consists of 18 graded readings with a short introduction to give the background of the extract.
- Each reading is accompanied by a vocabulary list for quick reference, so that the student does not have to refer to a dictionary continually. The meanings given in the glossary are the most appropriate for the particular extract.
- There are tasks to accompany texts (pre-reading and to follow the text), to train different reading skills (skimming, scanning, close reading). Most of them generate class discussions. A teacher could choose the order of the tasks and the pace for moving through a lesson, depending on the level of the group and teaching goals.

- Short grammar or word formation explanations of complicated structures encountered in the extract are usually done with the help of exercises to encourage the use of productive patterns. The vocabulary/grammar/syntax patterns are supported and practised through additional examples essential for further reading and for use both in essays and conversation. Some text-related grammar/word formation tables and keys to practical tasks are presented in the Appendices at the back of the Reader. Each extract provides a list of suggested further reading and other media resources like films, documentaries, audio/webcasts, which are meant to enthuse students and encourage further independent studying. Such tasks are marked by 📥 Internet links to the tasks are available at www.routledge.com/9780415678872.

The Reader targets class-based students, in university, college or course environments. At some establishments there are special courses aimed specifically at developing reading comprehension. The book can also be useful for self-study learners who would like to improve Russian at intermediate and advanced level. Time allocated for a chapter may vary from 2 hours to 4–5 hours of class time depending on the level of the group and teaching goals. Regular vocabulary tests based on the vocabulary lists are recommended for a smooth progression through the Reader. It would make a huge difference if students were to enrich their vocabulary, moving from lesson to lesson.

Some chapters (e.g. chapters 8 and 13) seem 'topical' but in fact they deal with old and ongoing issues of Russian attitudes to the West and 'waves' of Russian emigration. Chapters 8 and 13 oppose each other in opinions, and are also linked to other chapters of the book (e.g. Chapter 10 'Peter the Great's visit to England').

We hope anybody who is interested in Russian would find something interesting in the Reader. The range of texts is intended not only to give a more comprehensive idea about different styles and registers of the language but also targets the learning audience with various interests: literature, cinema and culture in general, politics, history, modern affairs, social aspects, science etc. Chapters, contrasting in opinions and style, at the same time are interlinked on a few levels and may give different angles to the same issue, encouraging discussions. Thus, all extracts together, you may say, have a value of 'a Text' as such. For instance, the discussion about 'bad influences' of modern technologies on reading (Chapter 1) threads through the Reader and resonates with Chapter 2 (students' discussion on reading and TV), Chapter 7 (A. Zorin's interview about higher education and the new generation of students it deals with), Chapter 9 (E. Grishkovets's play *Farewell to Paper*), Chapter 17 (A. Starobinets's story done in the form of a chat room) and Chapter 18 (M. Kronhaus's thoughts about how the Internet affects modern Russian).

We start the Reader with a question, about whether Russians are still reading as before, and finish the book with M. Kronhaus's optimistic essay in which he claims that in spite of all the odds Russian is doing OK. We agree with Prof. Kronhaus, when he says (Chapter 18) that 'we should look after the Russian language, we should love it and be passionate about it. But the most essential thing, we should use it, write in it and READ . . .' So let us follow his advice!

«И все-таки о русском языке надо беспокоиться. Его надо любить. О нем надо спорить. Но главное – на нем надо говорить, писать и читать . . . »

Lydia Buravova
September 2014

Chapter 1: Нечитающая страна?

The subject of the interview «Нечитающая страна» is the Director of The Russian State Children's Library in Moscow (Российская государственная детская библиотека). *Browse through the library's website to get an idea about its departments, facilities and activities.*

1   What is the library's address and which is the nearest metro station?
2   What are the opening hours?
3   Which departments does it have?
4   Which age groups are its studios and clubs meant for?
5   Which projects and exhibitions are on in the library at present?

Take the virtual tour of the library. Describe the library facilities and services in Russian.

Model: На четвертом этаже библиотеки находится музыкальная гостиная, в которой стоит рояль. На стенах висят портреты русских композиторов, на полках стоят ноты и лежат пластинки . . .

Exercise 1

Choose the right word or phrase between antonyms in the sentences below. Scan the text of the interview to check some of your choices.

1   Родители жалуются, что дети сидят <u>перед компьютером</u> или <u>за чтением</u>?
2   Походы в библиотеку <u>полезны</u> или <u>вредны</u>?
3   Дети обычно ходят в государственную детскую библиотеку в <u>учебное время</u> или <u>по выходным</u>?
4   Читать во всем мире стали <u>больше</u> или <u>меньше</u>?
5   По результатам исследования, что читать приятнее: <u>бумажную</u> книгу или <u>электронный носитель</u>?
6   Люди не привыкли к тому, что в библиотеку ходят <u>заниматься</u> или <u>проводить досуг</u>?
7   В русской провинции библиотеки <u>не нужны</u> или <u>востребованы</u>?
8   Библиотека – <u>доходное место</u> или <u>не приносит денег</u>?
9   Что должны дети искать в интернете: <u>информацию</u> или <u>развлечения</u>?
10 Чтение гарантирует <u>интеллектуальное развитие</u> или <u>деградацию</u>?
11 Что тяжело дается ребенку: <u>раскладывать слоги на буквы</u> или <u>складывать буквы в слоги</u>?
12 Юрий Кушак пишет стихи для детей <u>помладше</u> или <u>постарше</u>?
13 Сайт «Библиогид» обновляется <u>еженедельно</u> или <u>ежемесячно</u>?

Нечитающая страна

© Shutterstock / Pressmaster

В том, что детям неинтересны книги, виноваты родители

Опубликовано в газете «Аргументы и факты» от 18.04.2012, рубрика ОБЩЕСТВО

(1) **Многие мамы и папы жалуются: ребёнок не любит читать и целыми днями сидит перед телевизором или компьютером. Но виноваты в этом мы сами. По статистике, только 10% взрослых регулярно читают книги своим детям.**

О том, как привить ребёнку любовь к чтению и чем полезны походы в библиотеку, «АиФ» рассказала Светлана Мицул, директор Российской государственной детской библиотеки.

Чтение плюс досуг

(2) «АиФ»: – Светлана Дмитриевна, я не заметила в вашей библиотеке толпы детей . . .

С.М.: – Толпы детей только что были на Неделе детской книги. Дети приходят в неучебное время, по выходным. Но, конечно, читать сейчас стали меньше. Это общемировая тенденция.

(3) «АиФ»: – Интерес к библиотекам угасает, так как книги легче купить?

С.М.: – Хорошая книга стоит дорого. А ребёнок растёт быстро – через 3 месяца ему уже другая книжка нужна. А ещё чем библиотечная литература хороша?

Можно бесплатно взять книгу почитать, а некоторые издания теперь вообще на полках магазинов не найдёшь. Когда ребёнок знает, что книгу надо вернуть, это развивает и аккуратность, и умение делиться.

(4) «АиФ»: – Правда ли, что электронные носители уже вытесняют бумажную книгу?

С.М.: – Психологи проводили исследования: что приятнее читать. Вывод – бумажную книгу.

(5) «АиФ»: – Библиотеки изменились?

С.М.: – Люди не привыкли к тому, что библиотека – это ещё и место проведения досуга. Например, у нас проходят встречи с писателями, творческие мастер-классы, обучающие игры, можно бесплатно выйти в Интернет. Но есть дети, которые приходят поиграть в компьютерные игры. Мы это не приветствуем. Но выгнать их на улицу не хотим, пытаемся предложить другие занятия. Что такое сегодня улица, никому объяснять не надо.

(6) «АиФ»: – Зато в регионах библиотеки, наверное, востребованы . . .

С.М.: – Увы, в регионах детские библиотеки массово закрывают. За последние годы – около 400. Есть закон (ФЗ № 131 от 6.10.2003 г.), по которому муниципальным органам власти разрешено распоряжаться объектами культуры по своему усмотрению. Вот власти и лютуют: ведь библиотека не столь доходна, как ночной клуб.

Недоходное место

(7) «АиФ»: – СССР был «самой читающей страной в мире». А нынешняя Россия?

С.М.: – По данным международных исследований, ситуация стала хуже. Проблем много, одна из них – в родителях. Социологи доказали: если в семье много читают, книжные полки в доме полны, а родители в детстве сами ходили в библиотеки, то и в Интернете дети читают тексты, ищут информацию, а не развлечения. Чтение гарантирует интеллектуальное развитие.

(8) «АиФ»: – Как привить любовь к чтению?

С.М.: – Если ребёнок не любит читать, подумайте, те ли книги вы ему даёте. Обыденность, рутина и на детей нагоняет тоску. Нужно предлагать что-то почитать не назидательно, не как школьную программу, к которой у всех детей есть стойкое отторжение. Чем раньше желание читать будет привито, тем лучше.

(9) «АиФ»: – С какого возраста начинать читать ребёнку?

С.М.: – Можно начинать, когда он ещё внутри мамы. А осознанное восприятие книги у ребёнка формируется с двух лет. Оптимальный возраст начинать учить самого ребёнка читать – 4,5-5 лет. Но, если малышу тяжело даётся складывание букв в слоги, заставлять не надо. Иначе у него может навсегда пропасть интерес к чтению.

(10) «АиФ»: – Каких современных авторов советуете почитать детям?

С.М.: – Юрия Кушака, который пишет стихи для малышей и детей постарше. Очень хороши книжки Дины Сабитовой, её к тому же прекрасные художники иллюстрируют. Андрей Усачёв, Ая Эн, Рената Муха, Артур Гиваргизов, Сергей Георгиев и многие другие. У нас есть сайт «Библиогид» (www.bibliogid.ru), где еженедельно обновляется информация о лучших детских книгах. Всё, что нужно, чтобы знать больше, – умение читать. В остальном мы поможем!

Юлия Борта

Словарь

виноват – guilty

опубликован (*part. from* **опубликовать**) – published

общество – society

жаловаться/пожаловаться на – to complain about

прививать/привить – to implant, develop

полезный – useful

замечать/заметить – to notice

угасать/угаснуть – to die out, become extinct

издание – publication

развивать/развить – to develop

делиться/поделиться – to share

электронный носитель (*from* **носить** to carry, to contain) – electronic media

вытеснять/вытеснить – to push out

бумажный *adj.* – paper

изменяться/измениться – to change

привыкать/привыкнуть к – to get accustomed to

досуг – leisure, time out

творческий – creative (*here:* 'how to write')

обучающий (*part. from* **обучать** to train) – learning

приветствовать/поприветствовать – to greet, welcome

выгонять/выгнать – to throw out

востребованы (*part. from* **востребовать**) – to be in demand

закон – law

власть – power, authority

разрешено (*part. from* **разрешить**) – allowed

распоряжаться/распорядиться – to control, order about

усмотрение – discretion

лютовать – to be cruel, ferocious

доходный – profitable

исследование – research

развлечение – entertainment

развитие – development

обыденность – 'everyday dullness', mundane routine

нагонять/нагнать тоску – to evoke despair, to be boring

назидательно – instructively, 'lecturing manner'

отторжение – rejection

привит (*part. from* **привить**) – implanted, seeded, developed

внутри – inside

осознанное (*part. from* **осознать**) – comprehended, conscious

восприятие – perception

складывать/сложить – to put together

заставлять/заставить – to make somebody do something

современный – contemporary

пропадать/пропасть – to disappear

художник – artist

умение – skill

Exercise 2

Grammar.

нужно + verb; нужен/нужна/нужно/нужны + noun

Translate the following sentences into Russian using the model.

> *Model:* Детям **нужно** больше читать. Детям **нужны** книги.

1   Children need to read more. We need to go to the libraries more often. We need to share books. Sociologists need to know more about the reasons why we read less today. Teachers need to help parents. Libraries need to offer a wide range of books. Authorities need to think about the future.
2   Modern society needs libraries. Libraries need money. Children need good books. Students need advice what to read. Parents need librarians' support. Authorities need clever clerks.

Exercise 3

Grammar. Comparatives.

Translate the following sentences into Russian. Find them in the interview to confirm your translations.

1   They read less nowadays. (2)
2   It is easier to buy books. (3)
3   It is more pleasant to read a 'paper' book. (4)
4   The situation became worse. (7)
5   The earlier a passion for reading is developed the better. (8)
6   The writer Kushak writes books for older children. (10)
7   To know more, you need to read. (10)

Give your own examples with the 'gradational' comparative (8).

> *Model:* **Чем раньше, тем лучше.** The earlier the better.

Exercise 4

Word formation. Prefix **по-** ('for some time'; 'a little') (Appendix 4).

Translate the sentences into Russian using forms with the prefix **по-**

> *Models:* Можно взять книгу **почитать** (to read for some time) (8); Дети приходят **поиграть** (to have a game) (5); Кушак пишет стихи для детей **постарше** (a little bit older) (10).

It is a little bit quieter in the library. For children a little bit younger there is a special section there. A child can sit in the library for some time and read. Children can also do something a bit more interesting: they can have a game on the computer, draw and listen to stories. Some libraries are a little better, some a little worse. But it is always worth searching in your area to find one.

Exercise 5

Put the words in brackets into the correct grammar form. Use prepositions if necessary.

- интерес (библиотеки, чтение, социальные сети, русский язык, современная литература) (3)
- развивать (интерес, воображение, российская экономика, международные отношения) (3)
- проводить (исследование, урок, интересные встречи, мудрая политика, свой досуг, свободное время) (4)
- играть (шахматы, хоккей, прятки, настольный теннис, лапта) (5)
- объяснять (кто, читатели, маленький ребенок, российские власти, чиновник, наши студенты, твой папа) (5)
- стихи (российские читатели, дети, моя мама, взрослые, английские подростки, его отец) (10)

Exercise 6

Grammar. Participles (Appendix 1).

Replace the relative clauses introduced by the word **который** *with participle constructions.*

> *Model:* Я знаю одного студента, **который** уже **читает** русскую литературу в оригинале.
> Я знаю одного **студента**, уже **читающего** русскую литературу в оригинале.
> читать – чита**ют** – чита**ющий**

1 Дети, <u>которые приходят</u> в библиотеку, часто просто играют в компьютерные игры.
2 У человека, <u>который читает</u>, развивается воображение.
3 Библиотекам, <u>которые предлагают</u> людям проводить досуг, проще выжить.
4 У детей, <u>которые сидят</u> целыми днями перед компьютером, может ухудшиться зрение.
5 Общество должны ценить библиотекарей, <u>которые помогают</u> детям полюбить чтение.
6 Все больше и больше появляется людей, <u>которые пользуются</u> электронными книгами.
7 Я знаю пенсионера, <u>который проводит</u> в местной библиотеке почти всё свободное время.
8 Правительство, <u>которое закрывает</u> библиотеки, не думает о будущем.

Exercise 7

Comprehension check.

Answer the questions.

1 Чем, по мнению директора библиотеки, полезна библиотечная литература?
2 Чем можно заняться в нынешней библиотеке?

3 Почему в регионах России библиотеки массово закрывают?

4 Чем, по мнению Светланы Мицул, можно объяснить то, что дети сегодня меньше читают?

Exercise 8

Scan the Internet forum below.

How would you contribute to the discussion?

Опрос

Тема опроса: **Нужны ли нам библиотеки?**
да 52 (85.2%) **нет** 9 (14.7%)
Всего голосов: 61

Ответ #60 – 13. Июнь 2007 :: 23:19 Нам нужны электронные библиотеки

Ответ #61 – 24. Июнь 2007 :: 20:12 все у нас электронное, виртуальное . . . скоро в туалет электронный ходить надо будет . . .

Ответ #62 – 01. Август 2007 :: 17:43 Много книжек появляется в магазинах, а покупать их не хочется. А в библиотеке почти все книжки есть, но не факт, что дадут. Книжки могут быть на руках.

Ответ #64 – 09. Август 2007 :: 21:43 Библиотеки нужны, только бесплатные. Книги современных писателей там платные сейчас, и то не всегда найдешь что ищешь.

Ответ #65 – 22. Сентябрь 2007 :: 23:42 куда без них????????

Ответ #66 – 29. Сентябрь 2007 :: 10:56 а у меня наоборот к нашим библиотекам негативное отношение: когда училась, сколько не ходила туда за лит-рой для написания рефератов, курсовых, дипломной, ничего новее года 99-2000го не было. Спасал лишь инет. А различные романы и детективы меня не интересуют . . . да и время жалко тратить на их прочтение.

Ответ #67 – 30. Сентябрь 2007 :: 14:15 А у меня своё отношение к этому делу . . . Как же без библиотек . . . у меня мама там работает =) . . .

Ответ #68 – 30. Сентябрь 2007 :: 18:45 не мешало б побольше интернет-библиотек и интернет-кафе . . .

Ответ #69 – 01. Октябрь 2007 :: 16:57 Библиотеки нужны . . . любые и интернет и реальные. Хотя в нашем городе недостатка реальных не замечаю . . . Библиотеки есть практически в любом спальном районе, где-то даже две-три . . . хотя и мало посещаемы, в новом районе наверное самая прогрессивная и авторитетная в городе. Остальные маленькие для бедных родителей, чтобы сбегать книжечку взять ребенку почитать, ведь ассортимент там нолевой практически . . .

Ответ #70 – 02. Октябрь 2007 :: 00:24 традиционная библиотека vs. книжный интернет-ресурс.

Ответ #73 – 18. Октябрь 2007 :: 17:26 блин, выгодней уже взять один компьютер + принтер и печатать людям книги, скачав их из интернета. . . . а кстати идея

Ответ #75 – 27. Октябрь 2007 :: 01:10 Нужны все-таки. Прикольно книгу в руках держать, а не с компа читать

Ответ #76 – 28. Октябрь 2007 :: 01:26 Я вообще книгу воспринимаю как таковую только тогда, когда у меня в руках текст на бумаге . . . А с компа . . . Как-то не могу . . .

Воспринимается совершенно по-другому . . . Нужны нам библиотеки. И реальные, и электронные . . . Без них никак совсем))))

Ответ #78 – 04. Ноябрь 2007 :: 22:38 В библиотеку хожу не часто, но все же хожу. А то реально в 3 часа ночи ищешь в интернете реферат на такую-то тему и найти не можешь . . .

Ответ #79 – 05. Ноябрь 2007 :: 12:30 Библиотека нужны, но современные и с современным оборудованием. А не так как сейчас – сидит бабуля и только замечания делает.

(По материалам форума в интернете)

Exercise 9

The participants of the forum are young, using colloquial and in some cases slang vocabulary. *Look up the words in dictionaries. Give neutral equivalents for the following words.*

1   . . . <u>блин</u>, выгоднее <u>скачать</u> книги из интернета . . .
2   <u>Прикольно</u> книгу в руках держать, а не с <u>компа</u> читать . . .
3   . . . сидит <u>бабуля</u> и только замечания делает

On the word «блин» see also M. Kronhaus's essay «Блинная тема» in Chapter 18.

Exercise 10

Emphatic constructions.

***Куда* без** них (книг)? – *How could you* . . . ? (expressing doubt, incredulity)
Сколько ни ходила туда . . . (concessive construction) – *However many times* I went there . . .
Как ***же*** без библиотек . . . (emphatic particle *же*) – How *indeed* . . . ?
Не мешало бы побольше интернет-библиотек . . . – *It would not be a bad thing* . . .
Без них ***никак*** совсем! – *By no means, in no way* . . .

Write a short contribution to the Internet discussion using one of the above mentioned emphatic constructions.

Exercise 11

Explain in Russian the meaning of the following adjectives, describing various types of libraries.

Библиотека:

государственная	*традиционная*
детская	*современная*
платная	*учебная*
бесплатная	*публичная*
электронная	*домашняя*
реальная	*техническая*

Exercise 12

Look through the list of writers, recommended by a Russian paper, for children to read. *Choose the writers you know, comment on the choice, according to the model.* Как вы думаете, почему это произведение стоит в списке? Would you, personally, recommend these books for reading? Why?

You may need the following vocabulary:

увлекательный роман; это произведение поможет привить детям любовь к чтению; . . . может показаться скучным/сложным для детей младшего возраста . . . ; мне кажется, ребенок не поймет . . . ; детям обычно нравится научная фантастика и приключения; это их заинтересует/не заинтересует . . .

Книги, которые должны прочитать наши дети!

Коллекция газеты «Комсомольская правда»

40 великих писателей

А. Дюма «Граф Монте-Кристо»

Р. Льюис Стивенсон «Остров сокровищ»

А. Рыбаков «Кортик»

Дж. Лондон «Белый Клык», рассказы

М. Булгаков «Мастер и Маргарита»

Ж. Верн «Дети капитана Гранта»

В. Каверин «Два капитана»

Т. Майн Рид «Всадник без головы»

В. Катаев «Белеет парус одинокий»

О. Генри «Короли и капуста»

А. Толстой «Гиперболоид инженера Гарина»

Дж. Фенимор Купер «Последний из могикан»

Л. Кассиль «Кондуит и Швамбрания»

М. Твен «Янки при дворе короля Артура»

А. Гайдар «Повести, рассказы»

Д. Дефо «Приключения Робинзона Крузо»

Б. Васильев «А зори здесь тихие»

В. Шекспир «Ромео и Джульетта», пьесы

А. Грин «Алые паруса»

А. Куприн «Олеся»

А Беляев «Человек-амфибия»

Н. Гоголь «Вий», повести

Б. Полевой «Повесть о настоящем человеке»

Н. Островский «Как закалялась сталь»

Антология «Русская поэзия»

Б. и А. Стругацкие «Понедельник начинается в субботу»

Г. Уэльс «Война миров», «Человек-невидимка»

Э. Хемингуэй «Старик и море»

Р. Саббатини «Одиссея капитана Блада»

С. Лем «Солярис»

Э. М. Ремарк «Три товарища»

Ч. Диккенс «Оливер Твист»

Я. Гашек «Бравый солдат Швейк»

Р. Джованьоли «Спартак»

М. Де Сервантес «Дон Кихот»

Г. Мелвилл «Моби Дик»

Г. Р. Хаггард «Копи царя Соломона»

В. Гиляровский «Москва и москвичи»

Э. По «Золотой жук»

Topics for discussions/essays

1   Когда вы в последний раз были в публичной библиотеке? Если вы не ходите туда, то почему? Опишите свою местную библиотеку: ресурсы, посетителей, атмосферу. Нужны ли современному обществу библиотеки?

2   Какие книги вы предпочитаете читать: бумажные или электронные? Почему?

3   В наши дни на занятиях студенты очень часто пользуются персональными компьютерами. Вы «за» или «против»? Почему?

4   В Америке открылась уникальная библиотека «Библиотеха»: в ней нет ни одной «бумажной» книги, только электронные. Что вы думаете о будущем подобных библиотек?

Further activities

1 Директор государственной детской библиотеки рекомендует сайт «Библиогид». Выберите одну из рубрик сайта, просмотрите ее содержание и расскажите на уроке о рубрике. Что показалось вам интересным?

2 Проблема содержания публичных библиотек существует во всем мире. Найдите материалы «за» и «против» закрытия библиотек. Перескажите их на русском языке, выскажите свою точку зрения.

3 «Во всём мире библиотеки перестали быть местом хранения книг. Здания для библиотек в Нидерландах, Германии, США и Финляндии проектируют лучшие архитекторы, районные библиотеки становятся площадками для встреч, местных праздников, арт-инсталляций . . .» Просмотрите подборку самых удивительных дизайнерских решений для библиотек, сделанную интернет изданием 'The Village': «5 идей городских библиотек». Представьте свой проект идеальной библиотеки.

Chapter 2: Реклама и объявления

Exercise 1

перец

Ограничение по возрасту 16+
6.00 Мультфильмы *0+*
8.00 Анекдоты
8.30 Улетное видео
9.00 Дорожные войны
9.30 «АГЕНТ НАЦИОНАЛЬНОЙ БЕЗОПАСНОСТИ». 7 - 9-я серии
12.30 «СОЛДАТЫ-16». 7-я и 8-я серии
14.30 «СТРОЙБАТЯ»
4-я серия. Архипов удручен маскарадом, который устроил Шумаков. Шумакову тоже не по себе - теперь он должен деньги Увалову за форму...
15.30 Розыгрыш
17.00 Вне закона. «Живые мишени», «Смертельный капкан», «Нож для волшебницы»
18.30 Дорожные войны
19.00 Улетное видео
20.30 Дорожные войны
21.00 Дорога. Чужие
22.00 «СОЛДАТЫ-5»
5-я и 6-я серии
0.00 Анекдоты
0.30 «ДНЕВНИКИ КРАСНОЙ ТУФЕЛЬКИ»
22-я серия - «СГОРАЮЩАЯ»
1.00 Удачная ночь
1.30 Короли накаутов
2.00 «СРЕДЬ БЕЛА ДНЯ»
ДРАМА, СССР, 1983 г.
В ролях: Валерий Золотухин, Любовь Виролайнен
3.55 Розыгрыш
5.30 Веселые истории из жизни-2

РОССИЯ 2

4.25 Футбол. Чемпионат мира. Австралия - Нидерланды. Трансляция из Бразилии
6.40 Живое время. Панорама дня
8.25 Футбол. Чемпионат мира. Испания - Чили. Трансляция из Бразилии
10.30 Футбол. Чемпионат мира. Камерун - Хорватия. Трансляция из Бразилии
12.35 Футбол. Чемпионат мира. Австралия - Нидерланды. Трансляция из Бразилии
14.35 Большой футбол
14.50 Футбол. Чемпионат мира. Испания - Чили. Трансляция из Бразилии
16.55 Футбол. Чемпионат мира. Камерун - Хорватия. Трансляция из Бразилии
18.55 Большой футбол
20.00 «ЗВЕЗДОЧЕТ» *16+*
23.25 Наука 2.0. Основной элемент. «Крутые стволы». Какие бывают виды личного оружия? Фильм расскажет о производстве отечественной снайперской винтовки Т-5000, ее испытаниях и стрельбе по неожиданным мишеням...
0.30 Наука 2.0. Большой скачок. «Парашюты»
1.00 Моя планета
1.35 Рейтинг Баженова *16+*
2.35 Полигон
3.40 Моя рыбалка
3.55 Большой футбол

5

Ограничение по возрасту 16+
6.00 Сейчас
6.10 Информационно-развлекательный канал «Утро на «5» *6+*
9.30 Место происшествия
10.00, 12.00 Сейчас
10.30 «ПРИКЛЮЧЕНИЯ ШЕРЛОКА ХОЛМСА» *12+*
14.55 «СОБАКА БАСКЕРВИЛЕЙ» *12+*
15.30 Сейчас
16.00 «СОБАКА БАСКЕРВИЛЕЙ» *12+*
18.30 Сейчас
19.00 «ДЕТЕКТИВЫ» «ПОХИЩЕННАЯ ВЕРА»
19.30 «ДЕТЕКТИВЫ». «АВАРИЯ»
20.00 «ДЕТЕКТИВЫ» «СМЕРТЬ В ГОРАХ»
20.30 «СЛЕД». «ПОХОРОНЫ»
21.15 «СЛЕД». «ТЕРРОРИСТ»
22.00 Сейчас
22.25 «СЛЕД». «КУРОРТНЫЙ СЕЗОН»
23.10 «СЛЕД». «ОДИНОЧЕСТВО»
0.00 «ДАЧА» *12+*
1.45 «ДЕТЕКТИВЫ» «ЧЕРТОВА СТАРУХА»
2.15 «ДЕТЕКТИВЫ» «НЕВЕСТА ИЗ АФРИКИ»
2.50 «ДЕТЕКТИВЫ». «РУКА МАСТЕРА»
3.20 «ДЕТЕКТИВЫ» «ПОХИЩЕННАЯ ВЕРА»
3.50, 4.25, 4.55, 5.30 «ДЕТЕКТИВЫ». «АВАРИЯ», «СМЕРТЬ В ГОРАХ», «ДЕЛО БЛИЗНЕЦОВ», «ЖИЗНЬ ПОСЛЕ СМЕРТИ»

Look through the TV programmes for three channels. Match them with the descriptions below.

- The TV network does not produce its own programmes apart from factual ones
- The National sports network
- The channel with 'witty banter' and a 'biting' sense of humour

Exercise 2

Grammar.

At what time? Когда? В котором часу? Во сколько?
По телеканалу «Россия – 2» будут показывать футбол:
в двадцать пять минут четвёртого утра
в половине одиннадцатого
без двадцати пяти час
Фильм «Звездочёт» будет идти **в 8 часов вечера**.

Work in pairs. Ask each other about the times of the programmes you are interested in, using the information from the TV networks **«Перец»**, **«Россия – 2»** *and* **«5».**

Model: В котором часу по телеканалу «5» будут показывать фильм «Приключения Шерлока Холмса»? – Фильм будет идти в половине одиннадцатого.

Which channel would you choose to watch or not to watch and why?

Exercise 3

ЧЕТВЕРГ, 19 ИЮНЯ

ТВЦ

6.00 Настроение

8.15 «НЕ БЫЛО ПЕЧАЛИ» МЕЛОДРАМА, СССР, 1982 г.

9.30 «РАССЛЕДОВАНИЕ» ДЕТЕКТИВ, СССР, 1981 г. *12+*

10.55 Простые сложности *12+*

11.30, 14.30, 17.30, 22.00 События

11.50 «МЕХАНИК» БОЕВИК, Россия, 2012 г. *16+*

13.35 Доктор И... *16+*

14.10 Наша Москва *12+*

14.50, 19.30 Город новостей

15.10 «Юрий Андропов. Легенды и биография» Фильм Леонида Млечина *12+*

16.00, 17.50 «МИСС МАРПЛ АГАТЫ КРИСТИ» *12+* «В 16.50 ОТ ПАДДИНГТОНА» Элспет Макгилликадди возвращалась домой в Сент-Мери-Мид в поезде. И в окне идущего параллельно состава увидела... настоящее убийство! Однако в полиции ее рассказ всерьез не приняли. К тому же проверка не дала ничего - никаких следов преступления в поезде не обнаружили...

18.20 Право голоса *16+*

19.50 «ГРОМОВЫ» *12+* 7-я и 8-я серии. В Никольск приезжает бывший сосед Громовых, который привозит деньги за проданный дом. Мария решает отнести деньги в сберкассу, чтобы до поры до времени они лежали там...

21.45, 1.40 Петровка, 38 *16+*

22.30 Истории спасения *16+*

23.05 «Юрий Андропов. Последняя надежда режима» Фильм Леонида Млечина *12+*

0.00 События. 25-й час

0.35 «Я гляжу сквозь себя» Песни Юрия Визбора *12+*

1.55 «КТО ЕСТЬ КТО» *16+* КОМЕДИЯ, Франция, 1979 г.

3.50 «ИСЦЕЛЕНИЕ ЛЮБОВЬЮ» *12+*

4.35 «Игорь Кваша. Против течения» Док. фильм *12+*

5.15 «Экополис». Док. сериал *12+*

НТВ

6.00 Информационный канал «НТВ утром»

8.30 Спасатели *16+*

9.00 Медицинские тайны *16+*

9.35, 10.20 «ВОЗВРАЩЕНИЕ МУХТАРА» *16+* Застолье, в котором принимали участие три приятеля, Игорь, Костя и Денис, закончилось ссорой. А на следующий день на свалке был найден Денис Петров с огнестрельным ранением и открытой черепно-мозговой травмой...

10.00, 13.00, 16.00 Сегодня

10.55 До суда *16+*

11.55 Суд присяжных *16+*

13.25 Суд присяжных. Окончательный вердикт *16+*

14.35 Дело врачей *16+*

15.35, 18.35 Обзор. Чрезвычайное происшествие

16.25 «Прокурорская проверка» *16+*

17.40 Говорим и показываем Ток-шоу с Леонидом Закошанским *16+*

19.00 Сегодня

19.55 «ШЕФ-2» *16+* Расторгуева выписывают из больницы. Новый руководитель управления экономической безопасности ГУВД генерал Максим Ряжский предлагает Расторгуеву возглавить отдел по борьбе с организованной преступностью...

21.50 «ПЛЯЖ» *16+* «ВЕСЕЛЫЕ РЕБЯТА» К Парамонову за помощью обращается его соседка. Ее внука Димку забрали в полицию за попытку изнасилования. Парамонов искренне удивлен - ведь Димку он знает с детства как мальчугана, который лишь иногда хулиганит...

23.40 Сегодня. Итоги

0.05 «ЧУЖОЙ РАЙОН» *16+*

1.00 «Звезда Юрия Визбора» Док. фильм *0+*

2.30 Дикий мир *0+*

3.05 «ЗВЕРОБОЙ» *16+*

5.00 «МОСКВА. ТРИ ВОКЗАЛА» *16+*

РОССИЯ К

6.30 Евроньюс

10.00 Новости культуры

10.15, 1.55 Наблюдатель

11.15 «ПЕРРИ МЭЙСОН»

12.10 Мировые сокровища культуры

12.25, 20.10 Правила жизни

12.50 Россия, любовь моя!

13.20 «Терри Джонс и варвары» Док. сериал

14.10 «ДВЕ ЗИМЫ И ТРИ ЛЕТА» 4-я серия. Наденька видит плачущих от голода детей и решает помочь им подоить корову. Анфиса принимает решение сместить с должности кладовщика Прохора...

15.00 Новости культуры

15.10 Абсолютный слух

15.50 «Шарль Кулон». Док. фильм

15.55 «Одни ли мы во Вселенной?». Док. фильм

16.45 «Василь Быков. Реквием» Док. фильм

17.30 В гостях с Дмитрием Ситковецким

18.10 Полиглот

19.00 Новости культуры

19.15 Главная роль

19.30 Черные дыры. Белые пятна

20.40 Спокойной ночи, малыши!

20.50 Под небом театра

21.20 Ступени цивилизации

22.05 «Камиль Коро». Док. фильм

22.15 Цитаты из жизни

22.55 «Тень над Россией. Если бы победил Гитлер?» Док. фильм

23.40 Новости культуры

0.00 «ТОЛЬКО НЕ В ВОСКРЕСЕНЬЕ» КОМЕДИЯ, Греция - США, 1960 г. Философ-любитель Гомер решает перевоспитать веселую и доступную девушку Илию. Он пытается доказать ей, что «слишком легкое» отношение к жизни и привело когда-то к закату античной Греции... В ролях: Мелина Меркури, Жюль Дассен

1.35 Концерт Академического оркестра русских народных инструментов ВГТРК

ЧЕТВЕРГ, 19 ИЮНЯ

СТС

6.00 Мультфильмы *6+*

8.30 6 кадров *16+*

9.30 «МОЛОДЕЖКА» *16+*

10.30 «ВОРОНИНЫ» *16+*

11.30 «ЛЮБОВЬ-МОРКОВЬ-3»
КОМЕДИЯ, Россия, 2010 г.
16+

13.30 «ВОРОНИНЫ» *16+*

14.00 «ДВА ОТЦА
И ДВА СЫНА» *16+*

15.00 Шоу «Уральских
пельменей». «Люди в белых
зарплатах» *16+*
«Пельмени» научат, как правильно выбрать работу, чтобы
не было проблем с зарпла-
той, расскажут о потреби-
тельской корзине и чем отличается количество продуктов
на ребенка от количества
для пенсионера...

17.00 «КУХНЯ» *16+*

18.00 «ВОРОНИНЫ» *16+*

21.00 «КУХНЯ» *16+*

22.00 «СВАДЬБА ПО ОБМЕНУ»
КОМЕДИЯ, Россия,
2011 г. *16+*
Супермодель Соня мечтает
о тихом семейном счастье
с Русланом, самовлюбленным
ведущим популярного
кулинарного шоу. Но тот
не разделяет ее мечты,
он занят карьерой и грезит
только о славе и повышении
собственного рейтинга...
В ролях: Федор Бондарчук,
Мария Кожевникова

23.50 6 кадров *16+*

0.30 «СНОВА ТЫ»
КОМЕДИЯ, США, 2010 г. *16+*
Успешная PR-менеджер
Марни приезжает на свадьбу
брата. Выясняется, что он со-
бирается жениться на
девушке, которая ужасно из-
водила Марни во время учебы
в школе. Ситуация становится
еще хуже, когда выясняется,
что сногсшибательная тетя
невесты была школьным кош-
маром мамы Марни. Старые
обиды снова оживают в умо-
рительной комедии о том,
к чему может привести встреча бывших одноклассниц....
В ролях: Кристен Белл,
Джейми Ли Кертис

2.25 Мультфильмы *6+*

5.40 Музыка на СТС *16+*

РЕН

Ограничение по возрасту 16+

5.00 «ВОВОЧКА-2»

6.00, 13.00 Званый ужин

7.00, 12.00 Информационная
программа 112

7.30 Свободное время

8.30, 12.30 Новости «24»

9.00 Документальный
спецпроект
«Девы Древней Руси»
Последние научные открытия
дают возможность по-новому
взглянуть на дохристианскую
Русь. Культура славян, в том
числе и эротическая, была
пронизана романтикой
и красотой...

11.00 Тайны мира
с Анной Чапман
Средневековые алхимики
готовы были жизнь отдать
за секрет превращения
недрагоценных металлов
в золото. Считалось,
что золото может избавить
от болей в сердце, душев-
ных расстройств, подарить
уверенность в себе.
Что такое «магия золота»,
лечит ли оно, как объяс-
нить зависимость людей
от этого металла?...

14.00 Мои прекрасные...

15.00 Семейные драмы

16.00 Не ври мне!

18.00 Верное средство

19.00 Информационная
программа 112

19.30 Новости «24»

20.00 Свободное время

21.00 Реальная кухня

22.00 Пища богов

23.00 Новости «24»

23.30 «ХОДЯЧИЕ
МЕРТВЕЦЫ-4» *18+*
Губернатор приказывает
группе Рика оставить тюрьму,
или же они войдут силой.
Он отклоняет предложение
Рика жить в тюрьме вместе
и обезглавливает Хершела
мечом Мишон, провоцируя
перестрелку между двумя
группами...

1.10 Чистая работа *12+*

2.10 «ХОДЯЧИЕ МЕРТВЕЦЫ»
18+

3.50 Смотреть всем!

4.30 «ВОВОЧКА-2»

ТНТ

Ограничение по возрасту 16+

7.00, 7.30, 7.55, 8.25 Мульт-
сериалы *12+*

9.00 Дом-2. Lite

10.30 Битва экстрасенсов

11.30 «ЧАС ПИК-2»
КОМЕДИЯ, США, 1991 г.
12+

13.30 «УНИВЕР»
Тяжелое утро первого
сентября все встретили по-
разному: Саша - мордой в
грязи, Аллочка - под столом,
Таня - в объятиях Майкла, а
Кузя - обняв баскетбольный
мяч. И что самое плохое - никто из них не помнит, что было накануне...

14.30 «РЕАЛЬНЫЕ ПАЦАНЫ»

19.30 «ИНТЕРНЫ»
Максим и Алеша решают
обмануть Быкова, подрав-
шись друг с другом.
Фил подозревает, что Рома-
ненко сменил сексуальную
ориентацию, а Софья больше
всего в жизни ненавидит...
Моцарта...

20.30 «ДЕФФЧОНКИ»

21.00 «ЧАС ПИК-3»
КОМЕДИЯ, Германия -
США, 2007 г.
Лос-анджелесского поли-
цейского Джеймса Картера,
допустившего грубую ошибку
при аресте подозреваемого,
переводят на гораздо менее
престижную должность
в дорожной полиции.
Тем временем гонконгский по-
лицейский инспектор Ли получает спецзадание: он должен
охранять китайского посла
Хана, который направляется
в Лос-Анджелес, чтобы про-
изнести там речь на саммите
Всемирного уголовного
суда...
В ролях: Джеки Чан,
Крис Такер

23.00 Дом-2. Город любви

0.00 Дом-2. После заката

0.30 «СЛАДКАЯ ЖИЗНЬ»
18+

1.25 «ЧУВСТВУЯ МИННЕСОТУ»
КОМЕДИЯ, США, 1996 г.
18+

3.20 «ХОР»

4.15 «ЖИВАЯ МИШЕНЬ-2»

5.05 «V-ВИЗИТЕРЫ-2»

6.00 СуперИнтуиция

Scan the TV schedules for the TV network **«НТВ»**. *Find the programmes on «НТВ» advertised as:*

1   Это увлекательное реалити-шоу и в то же время интересная программа о животных. Телезритель наблюдает за жизнью зверей и птиц и, с другой стороны, становится свидетелем работы и жизни экспедиции в условиях дикой (wild) природы.

2   Эта информационная программа – визитная карточка канала. Специальные корреспонденты помогают вам следить за сегодняшними событиями в России и во всем мире.

3   Еженедельный проект о тех, кто спасает (saves) обыкновенных людей, попавших в чрезвычайные (extreme, emergency) ситуации. Передача показывает, как избежать подобных ситуаций. Жанр: документальный.

Scan the TV schedules for the TV network **«Культура»** («Россия «К»). *Find the programmes on «К» advertised as:*

1   Познавательный и яркий тележурнал рассчитан на широкую аудиторию, которой могут быть интересны самые разные музыкальные жанры и направления – от классики до популярной песни. В 2011 году программа была награждена дипломом участника финала Национального телевизионного конкурса «ТЭФИ – 2011» в номинации «Музыкальная программа. Классика».

2   Это диалог ведущего с известными людьми. Гостей принимает музыкант, актер и телеведущий Юлиан Макаров, за последние годы взявший интервью у сотен российских и зарубежных знаменитостей. В главной роли может оказаться не только актер, не только режиссер, но и композиторы, художники, писатели и даже люди академического толка, директора крупнейших академических институтов.

3   Интеллектуальное реалити-шоу, представляющее собой интенсивный курс изучения иностранного языка. В роли преподавателя выступает полиглот, автор уникальной методики Дмитрий Петров. Чтобы овладеть языком в совершенстве – не хватит и жизни. Но требуется всего несколько дней, чтобы элементарно научиться понимать людей и быть понятым, уверен преподаватель и психолингвист Д. Петров.

 Как вы думаете, о чем программы «Настроение», «События. 25-й час» и «Экополис» на телеканале **ТВЦ**? *О чем вам говорят название и время показа программ? Check on the Internet if you guessed right.*

Какой телеканал («ТВЦ», «НТВ» или «Россия «К») вам кажется более интересным и почему?

Exercise 4

Read the discussion below. Express your own opinion on the topic. Which do your prefer, TV or reading, and why?

С кем из участников дискуссии вы согласны, и с кем нет? Почему?
(Я согласен/согласна с . . . , по-моему, прав/а . . .)

Твой выбор: телевизор или книга?
Дискуссия студентов из Лондона

Оливер Дэй, студент кафедры славистики:
«Предпочитаю чтение. Просто, на мой взгляд, по телевизору нет ничего интересного. Смотрю только новости. Просто, чтобы быть в курсе событий. Читаю классическую литературу и современную. Пытаюсь читать на русском, в этом году у меня курс по русской литературе. Смог прочитать «Даму с собачкой» в оригинале. Правда в хрестоматии со словарем и комментариями, но все-таки . . . »

Джина Морган, студентка архитектурного факультета:
«Я учусь в Лондоне, живу в общежитии. У нас там нет телевизора. Да и лицензию покупать не хочется. Если что интересное идет, смотрю обычно по компьютеру. Сейчас можно много что посмотреть в интернете. Я, если честно, обожаю сериал «Сделано в Челси». Это моя слабость. Читаю много, но в основном по специальности, я учусь на архитектурном. Приходится много заниматься, поэтому, конечно, провожу не столько много времени перед телевизором, как дома . . . »

Анфиса Шишкина, студентка инженерного факультета:
«Я из России, студентка инженерного факультета в Лондонском университете. Без телевизора не могу прожить и дня. Снимаем квартиру с друзьями. Каждый вечер усаживаемся на диван перед телевизором ужинать и смотрим разное. Особенно любим всякие английские детективы. Это же классика! «Шерлока Холмса», Агату Кристи, «Инспектора Морса». Интересно, к тому же для языка полезно. А недавно стали показывать детективные сериалы из разных стран. Так увлекательно! Атмосфера совсем другая. Скажем, если сравнивать с французским сериалом «Спираль», итальянским «Комиссаром Монтальбано» или скандинавским фильмом «Убийство» с Сарой Лунд. Книги, конечно, читаю! Как без них? Но, в основном, на русском. Опять же особенно увлекаюсь детективами. Помогает расслабиться»

Эмили Кларк, студентка филологического факультета Лондонского университета:
«Считаю, что телевидение и чтение не исключают, а дополняют друг друга. Люблю смотреть литературные экранизации. Когда была в России, смотрела, в основном, телеканал «Культура». Здесь в Англии предпочитаю телеканал «Би-Би-Си». По другим так много рекламы! Трудно сосредоточиться, когда тебя прерывают постоянно! Читаю много, в основном, исторические романы. Здесь в университете изучаю русский и французский»

Джон Ллойд, студент Лондонской школы экономики:
«Терпеть не могу «мыльные оперы». Просто тошнит от них! Но если идет стоящий фильм по телевизору, почему бы и не посмотреть? Но таких все меньше и меньше, к сожалению. Нравятся программы про природу и животных, документальные фильмы. Читаю, в основном, газеты и журналы»

Лиза Грин, аспирантка кафедры славистики:
«У нас дома всегда к книгам было особое отношение. Есть кабинет с книжными полками, где можно всегда найти, что почитать и перечитать. Телевизор есть, но включаем редко. Предпочитаем радио. Мой отец использует телевизор только для того, чтобы слушать радио! Считаю, что все зависит от образования и воспитания. Книги развивают воображение и интеллект. Телевизор развращает и отвлекает, делает нас ленивыми . . . »

Алексей Пушков, изучает бизнес и менеджмент:

«Думаю, все бумажное скоро вымрет. Все заменит экран – телевизионный или компьютерный, неважно. Это прогресс, и с этим ничего не поделаешь. Мне просто некогда читать романы! Кручусь как белка в колесе: учусь и подрабатываю. Фильмы смотрю в поезде на компьютере. Если нужна какая-то информация – сразу же нахожу на своем айфоне. Я без него как без рук. Современный человек мало читает, ему не надо писать. По-моему, все можно сделать гораздо быстрее и лучше с помощью современных технологий»

| Exercise 5

Survey your classmates about how often they watch TV and use computers. Report to the class about your findings (Tell the class about one person or summarise: Большинство . . . ; Многие . . . ; Некоторые . . . ; Одни . . . , другие . . .)

ОПРОС

Кто и как часто смотрит телевизор? Какие программы и почему?

1 Сколько времени в день ты проводишь у телевизора?
2 Какие программы ты предпочитаешь смотреть? (новости, аналитические программы, музыкальные программы, документальные фильмы, художественные фильмы, мыльные оперы, реалити-шоу, сериалы, комедии, программы о природе и животных, фильмы ужасов, триллеры, детективы, боевики и т.д.) Почему?
3 Какой твой любимый канал? Почему?
4 Что ты думаешь об английском (американском, итальянском, русском и т.д.) телевидении? Что тебе нравится, и что нет?

ОПРОС

Компьютеры в нашей жизни

1 Сколько часов в день ты проводишь у компьютера?
2 Для чего тебе нужен компьютер?

- ищу информацию в Интернете
- готовлюсь к занятиям, пишу эссе
- использую в классе
- общаюсь с друзьями в социальных сетях
- разговариваю с родственниками по скайпу
- играю в игры
- делаю покупки/продаю
- слушаю радио, музыку, смотрю телевизионные программы, фильмы . . .

3   Как ты думаешь, что хорошего и что плохого от компьютера?

С одной стороны,   С другой стороны,

_____   _____

Exercise 6

The section **«Отдам в хорошие руки»** ('Looking for a good home' – Pets) contains short advertisements. The sentences are elliptical and some common words are abbreviated, as the advertisers are trying to put as many descriptions as possible into small printing spaces.

Look through the ads and find the abbreviations for the following descriptions:

> *Model:* **полосатый** (stripy) – **полосат.** (abbr.)

месяц/ев (month/s)   _____
хороший   _____
гладкошерстный (short fur)   _____
черный   _____
бежевый   _____
коричневый (brown)   _____
пушистый (fluffy)   _____
возможна [доставка *(delivery)*]   _____
приучен (house-trained)   _____

Exercise 7

Pet owners are true animal lovers and in an attempt to 'sell' they emphasise how sweet the pets are. The affection and 'cuteness' are presented in Russian diminutive forms. Note, however, the suffixes in дворня**жка** (*coll.* stray dog), двухлет**ка** (*coll.* two year old), крысолов**ка** (*coll. f.* rat catcher), щен**ок** (puppy) are not diminutive in their meanings.

Give the diminutive forms of the following words. Find the forms in the text of the advertisements to verify your answers.

кот
кошка
грудь (chest)
уши
нос
хвост (tail)

Отдам в хорошие руки

КОТЯТ веселых, любопытных, от кошки крысоловки, будут отличными охотниками, лучше в свой дом. Приучены, привиты, есть паспорта. Привезу на машине.

КОТИКА серого полосат., 6 мес., хор. мышелов, приучен.

КОТЯТ рыжих, 2 мес., привиты.

КОТИКА метиса, 2 мес., белый с голубыми глазами, ушки, носик и хвостик с бежев. оттенком, ласковый, умный, приучен.

КОШЕЧКУ домашнюю, г/ш, черн., с рыжими пятнами, очень ласковую, приуч.

КОТИКА серо-полосат., г/ш, лидер по характеру, хор. мышелов, здоров, ухожен. Корм и средства ухода в подарок. Возм. доставка по городу.

КОШЕЧКУ ангорскую, белую, пуш., 6 мес., ласковую, приучена, имеются все прививки.

КОТ ТИХОН ИЩЕТ хозяев, серый, с белой грудкой, очень сильный и ласковый, выжил на даче 2 зимы. Сильно метит. Привезу.

КОШЕЧКУ тигрово полосатую, 4 месяца, приучена.

КОШЕЧЕК двух от домашней кошки, 3 мес., здоровых, веселых, красивых, ласковых, приучены, кушают всё.

КОТА черного, двухлетку, у детей развилась аллергия.

ЩЕНКА дворняжки, бежево-коричн. окраса, игривого и доброго.

КРАСИВЫХ БЕСПОРОДНЫХ ЩЕНКОВ от умной собаки, пушистых, окрас черный.

Словарь

крысолов – rat catcher
мышелов – mice catcher
окрас – colour (of animals)
оттенок – shade
рыжий – ginger
пятно – stain, spot
ухожен – looked after, groomed
средства ухода – grooming set
ласковый – tender

кушать *coll. (infantile: usually used when talking to children)* – to eat
корм – food (for animals)
игривый – playful
прививка – vaccination
привит (*part. from* **привить**) – vaccinated
метить – to mark
беспородный – not a pure breed (mongrel of dogs)

Exercise 8

Look through the ads. Choose the pet you like. Explain why.

Do you have a pet? *Describe it.*

Exercise 9

Role-play (in pairs). One of you is giving away a pet from an ad in the display, the other one is enquiring about it: habits, reasons for giving it away, etc.

| Exercise 10

Look through the job advertisements in the section «**РАБОТА**» *and find the abbreviated forms for the following words:*

генеральный директор
женщина
лет
английский язык
высшее образование
неполное высшее образование
среднее образование
без вредных привычек
персональный компьютер
зарплата
. . . тысяч рублей
испытательный срок
район
станция метро
улица
дом
строение
телефон

| Exercise 11

Match the definitions on the right to the advertised jobs in the left column:

официант	готовит еду на кухне
повар	работает на кассе
кассир	работает с валютой (currency) на кассе
валютный кассир	обслуживает клиентов в зале ресторана
охранник	ставит машины на стоянку, паркует
водитель	работает в гардеробе (cloak room)
парковщик	убирается (cleans, tidies up)
гардеробщик	помогает официанту
уборщица	работает в баре, готовит напитки
помощник официанта	моет посуду (washes up)
бармен	водит (drives) машину
стюард (мойка посуды)	работает в охране (security), охраняет (guards)

РАБОТА

МЕНЕДЖЕР по привлечению клиентов

Требования: жен., до 25 лет, в/о, опытный пользователь ПК, коммуникабельная, целеустремленная, исполнительная, стрессоустойчивая. Опыт работы в продажах. З/п на испытательный срок 30000 руб.

Тел. 499 123-76-12

МЕНЕДЖЕР по работе с клиентами в рекламное агентство

Требования: до 32 л., в/о, знание ПК, энергичный, ответственный, целеустремленный, стрессоустойчивый, опыт работы в продажах. Умение вести переговоры.

Обязанности: активный поиск и привлечение корпоративных клиентов. З/п на испытательный срок 42500 руб.

Тел. 499 678-76-95

КОРРЕКТОР

Требования: жен. до 50 лет, в/о или ср. специальное, опыт работы от 2 лет, организованность, оперативность.

Обязанности: корректура статей, рекламных объявлений (в больших объемах). График работы: среда-пятница, ненормированный рабочий день. З/п по результатам собеседования.

Тел. 495 153-66-15

Новый ресторан итальянской кухни приглашает **ОФИЦИАНТОВ**

Собеседование по адресу: м. Теплый Стан, Новоясеневский проспект, д.8, стр. 1.

Тел. 495 923-99-24

ТУРИСТИЧЕСКОЙ ФИРМЕ

Требуется на постоянную работу **СЕКРЕТАРЬ**

Жен. От 30 лет, знание ПК, оргтехники, умение общаться по телефону, коммуникабельность, аккуратность

Зарплата – 20000 руб.

Тел. 499 988-19-37

СЕКРЕТАРЬ

в отдел продаж строительных материалов:

девушка 20–29 лет, хорошее знание ПК. Высш. или н/высш. образование. Грамотная речь, пунктуальность, без вредных прив.

З/п + обед. Проводим обучение.

м. Коломенская, т. 499-487-45-34

ОАО «Мосвтормет» требуется

СЕКРЕТАРЬ ГЕН. ДИРЕКТОРА

Знание ПК, англ.яз. (немного), до 30 лет, з/п о 30 т.р. (на испыт.срок)

Тел. 499 973-19-90, р-н Лефортово

В **БЛАГОТВОРИТЕЛЬНЫЙ** фонд «Иллюстрированные книжки для маленьких слепых детей» требуется *Менеджер по развитию* (благотворительность)

Требования:

- образование высшее
- стрессоустойчивость
- опыт работы на «холодных» звонках
- умение вызвать доверие и расположить к себе людей
- грамотная речь

Условия:

- оплата: оклад + процент от привлеченных средств
- полный рабочий день
- социальный пакет (отпуск, больничный)
- бесплатное питание в офисе
- офис в шаговой доступности от метро «Пушкинская», «Чеховская», «Тверская».

Тип занятости: полный день

Обязанности:

- поиск спонсоров для благотворительных программ (наличие собственной базы приветствуется)
- переговоры и развитие долгосрочных отношений со спонсорами
- активный «холодный» обзвон компаний
- работа над мероприятиями по привлечению потенциальных спонсоров
- в перспективе – рост до руководителя отдела

Компания «ШОКОЛАД-КА»

крупный производитель кондитерских изделий

объявляет набор на должность

СЕКРЕТАРЯ

Район ст. м. «Войковская».

УСЛОВИЯ ТРУДА:

- полный рабочий день с 9.00 до 18.00, пять дней в неделю
- зарплата 550 USD

ТРЕБОВАНИЯ К КАНДИДАТУ:

- девушка 22–28 лет, презентабельной внешности
- уверенный пользователь ПК и другой офисной техники
- умение работать в коллективе, усердие, трудолюбие
- опыт работы обязателен

Резюме отправлять по факсу: 495-456-39-09

Новое **казино «МАСКАРАД»**

Объявляет набор на следующие **вакансии**:

Кассир Валютный кассир Охранник Водитель Парковщик Гардеробщик Электрик Техник по электронике Уборщица Официант Помощник официанта Бармен Повар Стюард (мойка посуды)

Требования к кандидатам:

- от 18 лет
- прописка или регистрация в Москве

Ждем вас по адресу: м. «Таганская» (кольцевая),

ул. Верхняя Радищевская, д. 7,

стр. 4–5.

Тел. 499-452-79-09

факс 499-452-79-13

«МАКДОНАЛДС» ПРИГЛАШАЕТ НА РАБОТУ ЭНЕРГИЧНЫХ ЛЮДЕЙ НА ДОЛЖНОСТЬ ЧЛЕНА БРИГАДЫ РЕСТОРАНА

ПРИСОЕДИНЯЙТЕСЬ, ПОТОМУ ЧТО РАБОТА В «МАКДОНАЛДС» – ЭТО:

- Дружный коллектив
- Большие возможности для обучения и профессионального роста
- Бесплатная униформа
- Гибкий график работы
- Программа поддержки образования
- Программа мероприятий для детей сотрудников
- Обеды со скидкой
- Дискотеки, пикники и многое другое

Если Вас заинтересовало наше предложение – приходите в ресторан «Макдоналдс» по адресу:

Ул. Арбат, д. 50/52, м. «Смоленская»; Ярославское шоссе, д. 3. м. «ВДНХ»;

Красная Пресня, д. 31, м. «ул. 1905 года»; Люблинская, д. 187, стр. 1, м. «Марьино»

Словарь

привлечение – attracting
требование – requirement
требоваться – to be required
опыт – experience
опытный – experienced
пользователь – user
пользоваться – to use
целеустремленный – committed, persevering

цель – target, purpose, aim
исполнительный – efficient, diligent
стрессоустойчивый – can work under pressure
продажа – sales
испытательный срок – probation period
ответственный – responsible
умение – ability

навык – skill
обязанность – duty
поиск – search
объявление – advertisement, announcement
объявлять/объявить – to announce
объем – volume, scope, scale
график – schedule
гибкий график – flexible schedule
собеседование – interview (job)
отдел – department
грамотный – literate
вредная привычка – bad habit (smoking, drinking, etc.)
постоянный – permanent

производитель – producer, manufacturer
внешность – appearance
усердие – diligence, commitment
обязательный – compulsory, obligatory
прописка – address registration
бригада – team
мероприятие – organised event
сотрудник – co-worker
скидка – reduction, concession
предложение – offer
благотворительный *adj.* – charity
слепой – blind
доверие – trust
больничный – sick leave

Exercise 12

Read two CVs at the end of the book (Appendices 9 and 10) *and decide which jobs in the section* **«РАБОТА»** *the applicants may be interested in.*

Exercise 13

Role-play. Job interview. Choose a position from the section **«РАБОТА»**. Appoint a panel to interview a potential candidate (one of the classmates). *Conduct the interview. Discuss the candidates, select the best one for the post, etc.* The potential candidates can use Appendix 11 to write their CV.

Exercise 14

The advertisements in the section **«НУЖНЫ ВОЛОНТЕРЫ»** are of more informal style. They advertise volunteering jobs, usually targeting young people.

What is meant by the requirement «с руками и головой» *at* **Енисейский стационар РАН**? Why do you think these qualities are important for this position?

Что вы знаете об озере **Байкал**?

Find the information about **Северный морской путь**. *Discuss what you know about ice breakers* (ледоколы).

Which other animals in Russia apart from **дальневосточный леопард** *are in need of protection?*

НУЖНЫ ВОЛОНТЕРЫ

Ищем волонтеров-помощников для экспедиционной работы на Енисейском стационаре РАН – предпочтительно мужского пола (но необязательно), с руками и головой.

Сроки: июнь-июль включительно (можно дольше); работы проводятся на реке Енисей.

Объект: мелкие воробьиные птицы. Требуется помощь в отлове птиц, поиске и проверке гнезд, а также в повседневном жизнеобеспечении.

Изобилие орнитологических впечатлений и комаров – гарантируем. Кандидатов, которым птицы совсем неинтересны, просим подумать – выдержат ли они все это в течение двух месяцев.

Научный интерес с перспективами на дальнейшее сотрудничество – приветствуется.

Срок рассмотрения кандидатур – до 25 апреля.

Велкам!

Словарь

РАН – Российская академия наук
наука – science
предпочтительно – preferably
не обязательно – not compulsory
сроки – duration
воробьиные птицы – sparrow
отлов – catching, trapping
поиск – search
гнездо – nest

жизнеобеспечение – life sustaining, necessities
изобилие – plenty
комар – mosquito
выдерживать/выдержать – to stand, bear
научный – scientific
сотрудничество – cooperation

Проект «Большая Байкальская тропа» приглашает волонтеров. Некоммерческая добровольческая организация «Большая Байкальская тропа» занимается развитием экологического туризма в Байкальском регионе. Нам нужны российские и иностранные волонтёры, которые хотели бы принять участие в летних двухнедельных проектах по строительству троп, проходящих на побережье прекрасного озера Байкал.

Мы сотрудничаем с Байкальским Биосферным заповедником, Прибайкальским Национальным парком и Баргузинским Биосферным заповедником.

Не требуется никаких квалификаций, все необходимые навыки волонтеры приобретают в ходе проекта под руководством бригадира.

Волонтеры сами оплачивают проезд до места проведения проекта.

На лето этого года мы предлагаем 13 проектов. Описание проектов, условия и заявку на участие можно найти на нашем сайте.

Словарь

тропа – path
добровольческая – voluntary
строительство – building
заповедник – nature reserve
требоваться – to be required

навык – skill
приобретать/приобрести – to acquire
бригадир – team leader
заявка – application

Совет по морским млекопитающим и **АРКТИЧЕСКИЙ И АНТАРКТИЧЕСКИЙ НАУЧНО-ИССЛЕДОВАТЕЛЬСКИЙ ИНСТИТУТ** срочно проводят набор наблюдателей на ледоколы, сопровождающие научно-исследовательские суда по Северному морскому пути в Море Лаптевых и Восточно-Сибирском море.

Требуется 3 человека на атомный ледокол в срок с начала июля до конца октября (4 месяца). Круглосуточные вахты (4 часа через 8 часов) по наблюдению за птицами, морскими млекопитающими и их реакцией на производимую другими судами деятельность (сейсморазведку, перемещение судов и пр.)

Словарь

млекопитающий – mammal
исследовательский *adj.* – research
срочно – urgently
набор – recruitment
наблюдатель – observer
наблюдение – observing
ледокол – ice breaker
сопровождающий (*part. from* **сопровождать**) – escorting, going along

суда *pl.* (*from* **судно**) – vessels
круглосуточный – day and night
вахта – rotation shift, watch
птица – bird
производимый (*part. from* **производить**) – produced
сейсморазведка – seismic survey
перемещение – movement, transition

Московская организация **«Английский клуб»** приглашает носителей английского языка на летнюю работу в Москву и Болгарию в лагеря для русских детей, членов клуба, интересующихся английским языком. Мы заплатим за ваше проживание и питание. Обеспечим трансфер из аэропорта, дадим деньги на карманные расходы. Организуем приглашение для получения визы (работа в подмосковных лагерях). Каждая смена на две недели, начиная с 1 июня. Что вы будете делать? Просто говорить по-английски!

Словарь

носитель языка – native speaker
проживание – accommodation
питание – meals

карманный *adj.* (*from* **карман**) – pocket
расходы – expenses
смена – shift

Вы хотите внести вклад в сохранение дальневосточного леопарда? **Национальный парк «Земля леопарда» ищет волонтеров** для участия в волонтерском движении «Твой след». Ваша помощь нужна в следующем:

- подготовка листовок и их распространение, беседы с населением, проведение опросов и анкетирования
- дизайн сувенирной продукции и плакатов
- организация экологических акций, конкурсов, экскурсий и экологических лагерей
- сбор материала и обработка данных, участие в семинарах и конференциях
- помощь в охране заповедника

Словарь

вносить/внести вклад – to contribute
сохранение – reservation
земля – earth, land
движение – movement
след – track, trace, impact
распространение – distribution

беседа – talk
сбор – gathering, collecting
обработка – assessing
данные – data
охрана – guarding, security

Exercise 15

Fill in the volunteer form below. Apply either for one of the jobs advertised here or some other project advertised on the Internet.

Анкета волонтера

ФИО (фамилия, имя, отчество):
Пол (gender): муж./жен.
Дата рождения:
Место рождения:
Гражданство:
Адрес:
Телефон:
Адрес электронной почты:
Место учебы/работы:
Знание языков:
Откуда вы узнали о нас?

- от друга
- из рекламы
- в интернете
- др.

В какой стране вы хотели бы работать волонтером:
Срок, на который вы сможете поехать: с_____ по _____
В каком проекте Вы хотели бы принимать участие:

- экология
- преподавание английского языка
- летний лагерь
- детский дом

Если вы хотите поехать с другом, включите данные о друге здесь:
Расскажите, почему вы хотели бы работать волонтером в этом проекте (макс. – 200 слов):

Topics for discussions/essays

1 По статистике всё меньше молодых людей смотрят телевизор, молодежь предпочитает интернет. Каковы причины этой тенденции, на ваш взгляд? Каково будущее телевидения, по вашему мнению?

2 Говорят, что содержание телевизионных программ меняется во всем мире. Показывают все больше реалити-шоу и меньше серьезных передач. Как можно улучшить телевидение, по вашему мнению? Приведите примеры удачных и неудачных шоу и программ. Сравните телевидение разных стран.

3 Каково ваше отношение к экранизациям литературных произведений?

4 Что предпочитаете вы: книгу, радио, телевидение или интернет? За каким занятием вы проводите больше всего времени и почему?

5 Проанализируйте текст российских объявлений, рекламирующих работу. Заметили ли вы «политически некорректные» требования к кандидатам на объявленные места? Сравните с процедурой найма на работу в стране, где живете вы.

Further activities

1 The programme «Полиглот» (телеканал «Россия *К*») is available online. Watch one of the programmes and comment on the methodology. Согласны ли вы с преподавателем программы Дмитрием Петровым, когда изучающим иностранный язык он рекомендует «смотреть сериалы и ток-шоу, слушать музыку с параллельным чтением текстов песен . . . На более продвинутом уровне пытаться что-то читать . . . скажем, Агату Кристи. Другой путь – прочесть любимого писателя в оригинале. Или посмотреть любимый фильм без перевода . . . » Поделитесь вашим опытом изучения иностранных языков. Какие методы преподавания лично вы считаете более эффективными?

2 К большинству телевизионных программ есть бесплатный доступ в интернете. Выберите программу на свой вкус и посмотрите ее в интернете. Проанализируйте ее в эссе или презентации.

3 Write your own CV using the form in Appendix 11. Составьте свое резюме, используя образец (App. 11).

Chapter 3: По материалам СМИ

Look through the chapter story titles from the mass media (СМИ) and group them thematically.

Расизм/Сексуальные меньшинства/Миграция/Предрассудки/Языки etc.

Summarise the topics of the chapter in Russian.

You may need the following phrases:

Две статьи/заметки посвящены проблемам . . .
Статья/заметка называется . . .
Заметка касается вопросов . . .
В статье/объявлении говорится/сообщается о том, что . . .

«В Москве богатые ездят по улицам на машинах, их можно увидеть»

Москва и москвичи глазами мигрантов: сегодня о себе рассказывает Гуля из Киргизии. В Москве она работает домработницей.

Меня зовут Гуля. Мне 30 лет. Я из Киргизии. Работаю домработницей. Постоянно живу у хозяев, делаю всю работу по дому: стираю, мою, убираю, готовлю, с ребенком сижу, в общем, провожу почти все время у них дома. Платят 20 тысяч рублей в месяц. Я работаю примерно 10 часов в день. Ну, всю еду я у хозяев беру, то есть у нас общая еда, мне ничего не нужно покупать. Я довольна, это очень много денег для Киргизии. 5 тысяч я посылаю маме, мне остается 15. Из них 5 я трачу на одежду, обувь. Иногда хожу в кино. И откладываю 10 каждый месяц. Не знаю, на что.

Я люблю красиво одеваться, у меня очень много одежды. Покупаю на рынке. У меня только сумок восемь штук. И юбок много. И джинсов. Нет, по-мусульмански я не одеваюсь. Я мусульманка, конечно. Но не вижу разницы, кто ты по религии, если человек хороший. У нас так все рассуждают. Вот это все, что говорят про мусульман, что они убийствами занимаются, это не правда. Ведь и какой-то другой религии человек может убить. Дело в человеке. Я не знаю, почему я ничего не соблюдаю, рамадан, например. Если был бы муж мусульманин хороший, я бы все делала, как надо, а так зачем?

У хозяев стоят везде иконы, жених говорил мне, что нельзя в таком доме работать. У них еще две собаки. Нельзя молиться в доме, где собаки. И что же мне, работу такую терять? Не знаю, может быть, жених поэтому и бросил меня. Хотя я знаю, что он сам не соблюдает никаких традиций. Он, например, я знаю, ел свинину. Даже я не могу есть это мясо. У свинины даже запах такой, мертвый. Очень плохое мясо, его во многих странах не едят, запрещают есть.

В Киргизии мне сейчас не нравится. Я там выросла, да. Но Киргизия дикая совсем. Люди неграмотные. В Москве такие магазины, таких в Киргизии нет. В Москве все как бы культурное. Современное. Очень много богатых людей. У них столько денег!

Я бы хотела быть женой богатого человека, жить в большом доме, чтобы детей много. В Киргизии нет богатых обычных людей. Все богатые – где-то далеко, непонятно, кто они. Чиновники, наверное. А в Москве богатые ездят по улицам на машинах, их можно увидеть. Я думаю, что люди на больших джипах – богатые. Чтобы купить джип – нужно миллион или два. Откуда у бедного человека столько?

Готовить меня учила хозяйка. В Киргизии мама всегда готовила, поэтому я не умею. Хозяйка научила меня готовить борщ, пирожки, капусту мы на той неделе вместе с ней делали, квашенную, с калиной. Компоты варю постоянно. Русские едят очень много картошки и мяса. И много пьют соков и компотов. Я воду простую пью, люблю воду. От нее ощущение чистоты. А те соки, которые в пакетах, вообще пить не могу. Чувствую, что там химия какая-то.

Москвичи мне нравятся. Они культурные и образованные, аккуратно одеваются, красиво выглядят, приятно посмотреть. Нерусских сразу видно на улице – они ужасно одеты и ведут себя как-то . . . не так. Ну, киргиза я на улице сразу узнаю. Во-первых, по лицу, во-вторых, по одежде.

Я накопила уже почти 200 тысяч. Если будет еще хороший жених – тогда потрачу эти деньги на свадьбу. А если не будет, буду копить дальше. Накоплю на квартиру где-нибудь в Подмосковье и буду ее сдавать.

29.10.2013
www.miloserdie.ru

Словарь

стирать – to wash (clothes)
убирать/убрать – to tidy up
откладывать – to put aside
юбка – skirt
рассуждать – to argue
соблюдать – to follow (law, rules, traditions)
молиться – to pray
свинина – pork
запах – smell

мертвый – dead
запрещать/запретить – to ban
вырастать/вырасти – to grow up
дикий – wild
грамотный – literate
чиновник – clerk, civil servant, official
квашенный – sour
калина – rowan tree berries
ощущение – sensation, feel
копить/накопить – to accumulate, save

Exercise 2

Meaning of the word 'to spend' in Russian.

cf.: «. . . **провожу** почти все **время** у них дома» – «. . . я **трачу** (деньги) на одежду . . . »

to spend (time) – проводить
to waste (time) – тратить
to spend (money) – тратить

Meaning of the word 'can' in Russian.

cf.: «В Киргизии мама всегда готовила, поэтому я не **умею**» – «А те соки, которые в пакетах, вообще пить не **могу**»

уметь – can (to have a skill)
мочь – can (general ability)

Fill in the gaps in the text below with the most appropriate word from the brackets.

На старости лет _____ (смогла/сумела) себе позволить: _____ (провела/потратила) кучу денег, но купила последнюю модель компьютера. Теперь, как загипнотизированная, _____ (трачу/провожу) все дни перед монитором. В наше время, когда я училась в университете, этих современных технологий не было и в помине, мое поколение не знало, что такое социальные сети, Фейсбук и так далее. Научились, однако, мы быстро, _____ (умеем/можем) практически все, что _____ (умеют/могут) наши дети: выходим «туда», в эту виртуальность, обмениваемся информацией, фотографиями, «освежаем» статус, шпионим друг за другом, делаем покупки . . . Интернет – вещь полезная, но часто и пустая _____ (трата/времяпровождение) времени. Не _____ (могу/умею) заставить себя подняться и вернуться к жизни настоящей, не виртуальной!

Exercise 3

Meanings of 'to cook', 'cook with water, boil' in Russian.

cf.: «В Киргизии мама всегда **готовила** . . . » – «Компоты **варю** постоянно . . . »

готовить – to cook
варить – to cook with water, boil

Choose the appropriate word from the right column to go with the verbs **готовить** *and* **варить**:

готовить	обед
	суп
	яйцо
	кофе
	картошку
	рагу
	щи
варить	варенье
	компот
	пельмени
	десерт

Exercise 4

Meanings of 'to clean/wash' in Russian.

стирать – to wash (clothes)
мыть – to wash, clean with water
убирать – to tidy up
чистить – to clean (usually with a brush)

Match the English translations to the words in the left column.

стиральная машина	cleaner
посудомойка	dishwasher
мойщик	washbasin
стиральный порошок	washing powder
моющее средство для посуды	washing-up liquid
уборщица	washing machine
химчистка	car wash
чистильщик	shoe-shine boy
мойка	dry cleaners
умывальник	window cleaner

Exercise 5

Grammar. Conditional constructions.

«Если **был бы** муж мусульманин, я **бы** все **делала**, как надо . . .» (If my husband were . . . , I would . . .)

«Если **будет** хороший жених – тогда я **потрачу** эти деньги на свадьбу . . .» (If I have . . . , I will . . .)

Make up conditional sentences according to the models above, using the suggestions below.

погода хорошая	дача
деньги	компьютер
билеты	театр
меньше студентов в группе	лучше разговорные навыки
независимые СМИ	правда в прессе
уровень жизни	рождаемость
больше полиции	уровень преступности

Exercise 6

Gulya's story in «**Москва и москвичи глазами мигрантов . . .**» was probably first recorded by a journalist as an interview and then presented as a narrative. *Make a list of possible questions, which were put to Gulya, prior to the recording of her story.*

1   Расскажите о себе. Как Вас зовут, сколько Вам лет, откуда Вы и что делаете в Москве?

2

3

4

5

6

7

Иммигрантам в Англии придется ждать «детских денег» три месяца

В попытках еще больше ограничить доступ иммигрантов к системе социального обеспечения правительство Великобритании решило выдавать детские пособия гражданам других стран только после того, как они проживут в стране не менее трех месяцев.

Ранее правительство уже ограничило доступ иммигрантов к пособию по безработице и теперь распространило новые правила и на детские пособия. Ожидается, что такие нововведения покажут иммигрантам, что система социальной поддержки Британии не допускает злоупотреблений.

Дополнительные требования будут выдвинуты и к тем, кто хочет получать пособие по безработице. В будущем иммигранты, претендующие на пособия, не смогут получать бесплатный доступ к услугам переводчиков. Кроме того, с конца апреля иммигранты столкнутся с необходимостью проходить тест на знание английского языка. В случае, если уровень английского у иммигрантов будет считаться недостаточным для устройства на работу, они должны будут заниматься на курсах английского языка и улучшить свои языковые навыки в течение полугода.

Министр по делам экономики Никки Морган заявила, что такие нововведения помогут правительству создать систему социального обеспечения, которая будет справедливой по отношению к тем, кто хочет работать.

Кроме того, ожидается, что эти изменения станут предупреждающим сигналом для тех иммигрантов, которые хотят переехать в Великобританию только для того, чтобы получать пособия.

(по материалам газеты «Англия»)

Словарь

ограничивать/ограничить – to restrict, limit
обеспечение – provision, maintenance
пособие – allowance, aid
гражданин – citizen
безработица – unemployment
распространять/распространить – to extend
нововведение – innovation, change
злоупотребление – abuse
выдвигать/выдвинуть – to put forward, propose
требование – requirement

претендующий (*part. from* **претендовать**) – claiming
услуга – service, favour
сталкиваться/столкнуться – to bump into, come cross
уровень – level
навык – skill
заявлять/заявить – to declare, announce, state
справедливый – fair
предупреждающий (*part. from* **предупреждать**) – warning

Exercise 7

Fill in the gaps in the table below with the appropriate form of the word according to the model.
Pay attention to such forms as **гражданин – граждане**; *gen. pl.* – **граждан**

	m. sing.	*pl.*	*gen. pl.*
Англия	англичанин	англичане	англичан
Россия	россиянин		
Болгария		болгары	
Польша			поляков
Киргизия	киргиз		
Латвия		латыши	
Литва	литовец		
Украина		украинцы	
Молдавия	молдаванин		
Узбекистан		узбеки	
Казахстан	казах		
Татарстан			
Румыния	румын		

Exercise 8

Put the words in brackets into the correct grammar form. Use prepositions if necessary.

● доступ (система, услуги, интернет, пособие, высшее образование, библиотечные архивы)
● не допускать (злоупотребления, подобное поведение, политически некорректные замечания, свобода слова)
● столкнуться (необходимость, трудности, старый друг, незнакомое слово, предрассудки)
● улучшать (языковые навыки, знания грамматики, словарный запас, окружающая среда, качество жизни)

Exercise 9

Comment on the new laws mentioned in «**Иммигрантам в Англии придется ждать «детских денег» три месяца**».

Какая поддержка иммигрантам существует в вашей стране:

● пособие по безработице?
● детские пособия?
● бесплатный доступ к услугам переводчиков?
● бесплатные языковые курсы?
● жилье?
● трудоустройство?

Сколько нужно прожить в стране, чтобы получить доступ к системе обеспечения?

На ваш взгляд, эта система обеспечения справедлива?

Правительство вашей страны, по-вашему, должно ограничить или улучшить эту систему обеспечения? Что именно?

Польский язык стал вторым в Англии и Уэльсе

Польский язык стал вторым по распространенности после английского и валлийского в Англии и Уэльсе, опередив такие языки как пенджабский и урду. Более полумиллиона человек, живущих в Англии и Уэльсе, считают польский своим родным языком.

Эти выводы сделаны на основании переписи 2011 года, которая впервые включала вопросы о языке.

Опубликованные в четверг данные указывают, что почти 140 тысяч человек, проживающих в Англии, вообще не владеют английским, а еще 726 тысяч знают его слабо. В целом, английский язык не является родным для примерно 4 миллионов человек, то есть 8% населения Англии и Уэльса.

Интересно, что русский язык распространен больше всего в центральных районах Лондона – в основном в Челси и Кенсингтоне, а также на севере столицы, в районах Хайгейт и Хэмпстед. Там владение им достигает 4–6% от общего населения.

В Лондоне 22% населения пользуется в повседневном общении иным языком, чем английский.

Такие традиционные для Англии иностранные языки, как французский и немецкий, сместились на самое дно таблицы – говорящих по-французски дома в Англии всего около 147 тысяч, а по-немецки – около 77 тысяч.

На вершине списка иностранных языков после польского находятся бенгальский, гуджарати и арабский, на которых говорят соответственно 221, 213 и 159 тысяч человек.

Всего перепись зарегистрировала 49 различных языков, которые используются в качестве основного средства общения группами населения численностью свыше 15 тысяч человек. Среди этих языков есть и язык жестов глухонемых.

Русская служба Би-би-си
31 января 2013 г.
www.bbc.co.uk/russian

Словарь

распространенность – occurrence
перепись – census
данные – data
владеть – to possess, have a command of
население – population
повседневный *adj.* – everyday, daily
  routine

вершина – top
соответственно – accordingly
средство – means, tool
численность – number
глухонемой – deaf and dumb

Exercise 10

Write all numerals from the text «**Польский язык стал вторым в Англии и Уэльсе**» *in words.*

1 Эти выводы сделаны на основании переписи 2011 года.

2 Опубликованные в четверг данные указывают, что почти 140 тысяч человек, проживающих в Англии, вообще не владеют английским, а еще 726 тысяч знают его слабо.

3 В целом, английский язык не является родным для примерно 4 миллионов человек, то есть 8% населения Англии и Уэльса.

4 Там владение им достигает 4–6% от общего населения.

5 В Лондоне 22% населения пользуется в повседневном общении иным языком, чем английский.

6 Говорящих по-французски дома в Англии всего около 147 тысяч, а по-немецки – около 77 тысяч.

7 На вершине списка иностранных языков после польского находятся бенгальский, гуджарати и арабский, на которых говорят соответственно 221, 213 и 159 тысяч человек.

8 Всего перепись зарегистрировала 49 различных языков, которые используются в качестве основного средства общения группами населения численностью свыше 15 тысяч человек.

Exercise 11

Put the words in brackets into the correct grammar form. Use prepositions if necessary.

- использовать (родной язык, люди, этимологический словарь, доска, хрестоматия)
- злоупотреблять (система, доверие, алкоголь)
- пользоваться (компьютер, нож и вилка, толковый словарь, стиральная машина, мое доверие, косметика)
- владеть (разговорные навыки, русский язык, собственность, широкий запас лексики)
- достигать (поставленная цель, большой успех, высокий уровень, хорошие результаты)

Exercise 12

Comment on the information in «**Польский язык стал вторым в Англии и Уэльсе**».

Work in pairs. Exchange information about your language background and competence.

Какой государственный язык в стране, в которой проживаете вы? Какими еще языками пользуются граждане у вас в стране? Какой ваш родной язык? Какой язык используете вы дома? Какими еще языками вы владеете?

Русский летний бал в Лондоне

В субботу, 7 июня, в The Cavalry and Guards Club пройдет традиционный русский летний бал. Среди гостей ожидаются член российской императорской семьи княгиня Ольга, князь Ростислав Романов, представители русскоязычных сообществ Лондона и других европейских столиц.

Гостей ждет ужин, живая музыка, танцы, аукцион, традиционное открытие шампанского саблями, цыганские пляски.

Русские летние балы проводятся в Лондоне ежегодно с 1996 года. В бальный комитет входят атаман лондонской казачьей станицы Александр Сущенко и другие члены русской эмигрантской общины.

(по материалам газеты «Англия»)

Словарь

княгиня – princess
князь – prince
сообщество – network, forum, community
сабля – sword

пляска – dance
атаман – warlord, ataman
казачий *adj.* (*from* **казак**) – Cossack
община – community

Exercise 13

Retell the text «**Русский летний бал в Лондоне**». *Discuss which Russian community events can be useful for learners of Russian.*

Какие мероприятия проводят представители русской общины в вашем городе? Расскажите о местах в вашем городе, связанных с русской общиной: о церквях, школах, клубах, ресторанах, магазинах и т.д. Посещаете ли вы эти мероприятия? Насколько полезны они для изучающих русский язык?

Figure 3.1 Полки русских магазинов в Лондоне

«Тотальный диктант» в Лондоне

12 апреля в Imperial College London пройдет «Тотальный диктант». Читать его будет Сева Новгородцев, ведущий программ bbcrussian.com.

Мероприятие начнется в 11:30. «Тотальный диктант» – одно из крупнейших событий, посвященных русскому языку и культуре. Суть акции – добровольный бесплатный диктант для всех желающих, который проходит одновременно в десятках городов России и мира (с поправкой на часовые пояса).

Автором текста диктанта в этом году стал известный русский писатель Алексей Иванов, лауреат многочисленных литературных премий. Экранизация его книги «Географ глобус пропил» была признана в числе лучших среди российских фильмов 2013 года.

«Тотальный диктант» – это своеобразный флешмоб. Незнакомые друг с другом люди узнают об акции в интернете, собираются в одно время в одном месте, совместно делают нечто странное и расходятся. Цель «Тотального диктанта» – заставить людей задуматься, насколько они грамотны, и привить желание эту грамотность повышать.

В этот же день акция «Тотальный диктант» пройдет в Кембридже и Глазго. Подробности – на официальном сайте www.totaldict.ru

(по материалам газеты «Англия»)

Словарь

ведущий (*from* **вести**) – presenter
событие – event
посвященный (*part. from* **посвятить**) – dedicated, devoted to
добровольный – volunteer
желающий (*from* **желать**) – willing
поправка – correction, amendment
пояс – belt
экранизация – screen version
пропивать/пропить – to drink away (your savings, your belongings, etc.)

признан (*part.* from **признать**) – recognised, acknowledged
своеобразный – 'some sort of'
заставлять/заставить – to make somebody do something
задумываться/задуматься – begin to think, reflect
грамотный – literate
прививать/привить – to develop
подробность – detail

Exercise 14

Check your literacy in Russian, using the spell check dictation text mentioned in the article **«Тотальный диктант в Лондоне»**. *Ask your teacher or a student to read out the text below, given on 12 April 2014. Write it down, checking the spelling against the original.*

Алексей Иванов. Поезд Чусовская – Тагил

Часть 3. **Когда поезд вернётся**.

Мои мама и папа работали инженерами. Чёрное море им было не по карману, поэтому в летние отпуска они объединялись с друзьями и на поезде Чусовская – Тагил уезжали весёлыми компаниями в семейные турпоходы по рекам Урала.

В те годы сам порядок жизни был словно специально приспособлен для дружбы: все родители вместе работали, а все дети вместе учились. Наверное, это и называется гармонией.

(See the full text on: http://totaldict.ru/texts/)

Список кинотеатров, где можно насладиться оригинальной речью актеров и освежить знания английского языка в Москве

1. Под Куполом (Dome Cinema)

   Американский кинотеатр. Просмотр фильмов на языке оригинала, синхронный перевод через наушники или экранные субтитры.

   Цена билетов до 250 рублей

   Для студентов – 150 рублей (пн. – пт.)

   Адрес: Олимпийский пр-т, 18/1, г-ца «Ренессанс в Москве», ст. м. «Проспект Мира»

2. Иллюзион

   Любителям ретро кинотеатр «Иллюзион» предлагает посмотреть старые советские, а также зарубежные киноленты. Фильмы на английском, немецком и французском языках здесь, как правило, показывают с русскими субтитрами. Зал на 120 мест, моно звук, в фойе небольшой бар – никакого попкорна, чай, кофе, выпечка. Фильмы на английском, немецком, французском языках, как правило, с русскими субтитрами.

   Адрес: Котельническая набережная, 1/15

3. Музей кино

   Показы проходят в кинотеатре Салют. Лучшие фильмы, вошедшие в сокровищницу отечественного и зарубежного кино. На английском, французском, немецком, итальянском языках, с субтитрами или синхронным переводом.

   Адрес: ул. Дружинниковская, 15, м. Краснопресненская

4. 35 ММ

   Новое альтернативное кино. Это один из самых известных кинотеатров в столице, где ежедневно показывают фильмы на языке оригинала с субтитрами. Жанр фильмов – артхаус, кинокартины экзотических кинематографий, культурное кино старушки Европы и независимые американские картины. Фильмы на английском, немецком, португальском и других языках с русскими субтитрами.

   Адрес: Покровка, д. 47, ст. м. «Красные ворота»

   (по материалам сайта «Интересная Москва»)

Словарь

наслаждаться/насладиться – to enjoy	**выпечка** – cakes, pastry
освежать/освежить – to refresh, brush up	**сокровищница** – treasury
наушники – headphones	**отечественный** – home, national (Russian)
кинолента – reel, film	**независимый** – independent

Exercise 15

Role-play. Participant 'A' has the information from the text above; participant 'B' does not have it.

A. You live in Moscow. You have an English friend who works there. The friend would like to invite you to see a film together. Answer the phone call from your friend. Advise, using the information in the text. Agree to meet up before the film, etc.

B. You work in Moscow and your first language is English. You are phoning your Russian friend to arrange to see a film in English. You do not know if it is possible to do it in Moscow. You think it will be very useful and interesting for you to watch it with Russian subtitles. Inquire, make your choice, arrange a meeting with your friend, etc.

В какой кинотеатр пошли бы вы и почему?

В Англии и Уэльсе начали заключать гей-браки

В полночь с 28 на 29 марта в Англии и Уэльсе в силу вступил закон, разрешающий проводить церемонии бракосочетания между однополыми партнерами. Политики всех основных британских партий приветствовали вступление данного закона в силу.

Так, премьер-министр Великобритании Дэвид Кэмерон в субботу, 29 марта, написал в своем «Твиттере»: «Поздравляю все однополые пары, которые уже вступили в брак, и выражаю наилучшие пожелания всем парам, которые это сделают в этот исторический день». По мнению Кэмерона, этот законопроект показывает, что в современном обществе люди равны вне зависимости от их ориентации. В своей статье на сайте Pink News Кэмерон отметил, что это «важный уикенд для всей страны», а Великобритания является страной, где чтят терпимость, равноправие и уважение. Вице-премьер Ник Клегг и лидер партии лейбористов Эд Милибэнд присоединились к поздравлениям однополых пар.

Шотландское правительство также приняло законопроект, позволяющий однополым парам заключать официальный брак, а однополые церемонии бракосочетания там начнут проводить уже в октябре этого года. Однако в Северной Ирландии правительство не планирует обсуждать или принимать схожий законопроект.

О своем намерении вступить в официальный брак уже заявил сэр Элтон Джон. В 2005 году певец и его партнер Дэвид Ферниш заключили гражданское партнерство, которое на тот момент было единственным легальным союзом между однополыми партнерами, признаваемым государством. Теперь Джон и Ферниш планируют официальную церемонию бракосочетания.

В связи со вступлением этого закона в силу Би-би-си провела опрос, пытаясь узнать, какое количество британцев согласятся быть гостем на церемонии бракосочетания между однополыми партнерами. По результатам этого опроса, 80% британцев пойдут на церемонию, а 20%, или каждый пятый житель Великобритании, готов отказаться от такого приглашения.

(по материалам газеты «Англия»)

Словарь

закон – law
законопроект – legislation, bill
бракосочетание – marriage ceremony
брак – marriage
однополый – same sex
вступать в силу – to come into effect
выражать/выразить – to express
вне – outside
зависимость – dependence
чтить – to respect, honour
терпимость – tolerance
равноправие – equality

позволяющий (*part. from* **позволять**) – allowing
обсуждать/обсудить – to discuss
схожий – similar
намерение – intention
гражданское партнерство – civil partnership
признавать/признать – to recognise
проводить/провести (опрос) – to conduct (survey)
отказываться/отказаться – to refuse

Exercise 16

Put the words in brackets into the correct grammar form. Use prepositions if necessary.

- приветствовать (закон, участники конференции, они, посетители, приезжающие)
- поздравлять (День рождения, новоселье, Рождество, Новый год, Пасха)
- желать (здоровье, счастье, благополучие, долгие годы жизни)
- зависеть (погода, обстоятельства, условия, он, результаты экзамена)
- проводить (опрос, конференция, международный фестиваль, чемпионат мира, урок, исследование)

В Москве православные активисты пытались сорвать премьеру документального фильма, посвященного ЛГБТ-подросткам

23 апреля 2014 года в Москве православные активисты пытались сорвать премьеру документального фильма Аскольда Курова «Дети 404», посвященного преследованиям российских ЛГБТ-подростков.

По словам Михаила Ратгауза (Colta.ru), одного из организаторов показа, через 40 минут после начала фильма возле входа в кинозал появились граждане с плакатами «Содом, вон из России» и видеокамерами. Ворвавшись в зал, они стали кричать, что в зале находятся несовершеннолетние дети, и требовать прекратить показ.

Православных активистов вывела из зала полиция.

Ответственность за акцию взяло на себя «Национально-освободительное движение России». Мария Катасонова сообщила об этом на своей странице «Вконтакте».

(по материалам российской прессы: www.sova-center.ru)

Словарь

православный – orthodox
срывать/сорвать – to obstruct, disrupt
посвященный (*part. from* **посвятить**)
   – dedicated, devoted
преследование – manhunt, pursuit
ЛГБТ – LGBT

содом – sodomy
вон – out you go!
ворвавшись (*from* **ворваться**) – having
   burst in
несовершеннолетний – minor, under age
движение – movement

Марш бородатых женщин имени Кончиты Вурст запрещен мэрией Москвы

Московским ЛГБТ-активистам запретили провести шествие имени Кончиты Вурст, приуроченное к годовщине отмены в России уголовного преследования за гомосексуализм.

Шествие было заявлено с 13 до 14 часов по пешеходной части Тверского бульвара от Пушкинской площади до площади Никитские Ворота с количеством участников до ста человек. Основатель движения Московского гей-прайда и один из организаторов шествия Николай Алексеев заявил в четверг, что «решение столичных властей будет обжаловано в экстренном порядке в суде».

Если кто не в курсе: Кончита Вурст – сценический персонаж, созданный музыкантом Томом Нойвиртом, – стала победителем 59-го музыкального конкурса «Евровидение». Она набрала 290 очков. В финале конкурса, который закончился накануне в датском Копенгагене, Кончита Вурст исполнила песню – 'Rise Like a Phoenix'.

16 мая 2014
(по материалам сайта «Интересная Москва»)

Словарь

бородатый (*from* **борода**) – bearded
запрещен (*part. from* **запретить**)
   – banned
приуроченный (*part. from* **приурочить**)
   – timed, coordinated with
отмена – cancellation
уголовный – criminal
преследование – prosecution

шествие – march, demonstration
обжаловать – to lodge a complaint
суд – court
сценический *adj.* – stage
набирать/набрать – to collect, gain
очко – point
исполнять/исполнить – to perform,
   carry out

Exercise 17

Different meanings of the word 'competition' in Russian.

конкурс – competition (contest)
конкуренция – competition (economy)
соревнование – competition (sport)

Choose the appropriate definition from the right column for the word on the left.

<u>конкурс</u>	по легкой атлетике
	на место (в университете)
	«Фабрика звезд»
конкуренция	<u>красоты</u>
	ценовая
	товаров
соревнование	по плаванию

Exercise 18

Summarise the articles «**В Англии и Уэльсе начали заключать гей-браки**», «**В Москве православные активисты пытались сорвать премьеру документального фильма, посвященного ЛГБТ-подросткам**» *and* «**Марш бородатых женщин имени Кончиты Вурст запрещен мэрией Москвы**».

Сравните отношение к сексуальным меньшинствам в России и на Западе.

Нападение на темнокожего в Москве

11 Апреля 2014 в 18:41 Город Москва

В ночь на 7 апреля 2014 года в Москве около метро группа молодых людей напала на темнокожего приезжего из Кот-д'Ивуа́ра. Нападение сопровождалось оскорбительными расистскими выкриками.

По сообщению пострадавшего, нападавших было 7 человек (на вид от 25 до 35 лет), одетых в камуфляжную одежду с капюшоном и черные шапки, обутых в армейские ботинки. Двое из них были с бейсбольными битами.

Молодые люди окружили вышедшего из метро темнокожего. У него отняли сумку с деньгами и документами. К счастью, африканец сумел вырваться, вытащить ключи и забежать в дом.

(по материалам российской прессы: www.sova-center.ru)

Словарь

нападать/напасть – to attack
темнокожий – dark skinned
сопровождаться – to be accompanied
оскорбительный – abusive, offensive,
  rude
выкрик – shout
нападавший (*part. from* **нападать**)
  – attacking
пострадавший (*part. from* **пострадать**)
  – victim
капюшон – hood

ботинки – boots
бита – club, bat
окружать/окружить – to circle, close
  round
вышедший (*part. from* **выйти**) – the
  one who left
отнимать/отнять – to take away
вырываться/вырваться – to escape,
  break free
вытаскивать/вытащить – to take out,
  pull out

Exercise 19

Role-play. Participant 'A' will use the information from **«Нападение на темнокожего в Москве»**.

A. You witnessed an attack in the street in Moscow and are giving evidence to a police officer.
B. You are a police officer and are taking some evidence from a witness. Ask about what happened, when and where, and ask the witness to describe the attackers, etc. Take down personal information about the witness as well.

По данным социологов, почти треть британцев признают у себя наличие расовых предрассудков

Проведенный социологами из организации NatGen опрос показал, что этот показатель возрос с начала нынешнего столетия и вернулся к уровню, отмеченному 30 лет назад.

Глава компании Пенни Янг назвала полученные результаты тревожными.

При проведении подобного опроса в 2001 году число британцев, признавшихся в расовых предрассудках, составило всего 25%.

Нынешний опрос охватывал более 2 тыс. человек в различных районах Британии, и его результаты сильно расходились в зависимости от места. Так, всего 16% опрошенных жителей Лондона признались в расизме, а вот в центральной части страны их было 35%.

Более пожилые и менее образованные люди, занимающиеся физическим трудом, чаще высказывали расистские убеждения, однако наибольший рост зафиксирован в группе образованных мужчин, занимающихся нефизическим трудом.

Распространенность расовых предрассудков коррелировала также с возрастом – в группе 17–34-летних она составила 25%, а в группе старше 55 лет – 36%.

Уровень образования также влиял на эти показатели – в группе респондентов с высшим образованием распространенность предрассудков составила 19%, а в группе людей, не имеющих образования, – 38%.

Подобные социологические опросы в области межрасовых отношений проводятся в Британии ежегодно с 1983 года.

Респондентам задается вопрос, могут ли они назвать себя предубежденными в отношении представителей иных рас.

По словам Пенни Янг, рост расовых предрассудков объясняется отчасти распространением исламского фундаментализма и нападениями в сентябре 2001 года на Вашингтон и Нью-Йорк, а также наплывом иммигрантов в Британию в последние годы. Именно реакция респондентов на последнее явление должна особенно заинтересовать британских политиков, считает она.

Более 90% тех, кто признался в наличии расовых предубеждений, желают также сокращения уровня иммиграции в Британии. Однако и среди тех, кто не признал у себя наличия предрассудков, 73% также выступает за уменьшение числа приезжающих в Британию.

(Русская служба Би-би-си www.bbc.co.uk/russian)

Словарь

наличие – existence, presence
предрассудок – prejudice, bias
проведенный (*part. from* **провести**)
    – conducted
показатель – index, rate
возрасти – to increase
нынешний – today's, current
уровень – level
отмеченный (*part. from* **отметить**)
    – pointed out, noticed
полученный (*part. from* **получить**)
    – received
тревожный – alarming, worrying
подобный – similar
число – number
составлять/составить
    – to amount to

охватывать/охватить – to grasp,
    embrace
расходиться/разойтись – to differ
опрошенный (*part. from* **опросить**)
    – surveyed
пожилой – elderly, senior
убеждение – belief, opinion
распространенность – occurrence
отношения – relations
отчасти – partly, to a degree, to some
    extent
наплыв – influx, excessive numbers
явление – fact, phenomenon
сокращение – decrease, reduction
уменьшение – fall, decrease
приезжающий (*part. from* **приезжать**)
    – visitor

Exercise 20

Put the words in brackets into the correct grammar form. Use prepositions if necessary.

- признаться (предрассудки, преступление, любовь, чувства, злоупотребления, взяточничество)
- влиять (показатели, уровень жизни, состояние здоровья, моя мать, российская экономика, языковые навыки)
- задавать вопрос (респонденты, москвичи, мой отец, наша сестра, молодые люди, молодежь, желающие)
- в отношении (этот вопрос, резкое сокращение, последний закон, запланированная премьера, приезжающие)
- объясняться (политическая ситуация, экономическое положение, высокий уровень безработицы, расовые предрассудки)
- сокращение (население, продолжительность жизни, рождаемость, рабочая сила, наплыв миграции)

Exercise 21

Write the numerals from the text «**По данным социологов, почти треть британцев признают у себя наличие расовых предрассудков**» *in words.*

1. При проведении подобного опроса в 2001 году число британцев, признавшихся в расовых предрассудках, составило всего 25%.
2. Нынешний опрос охватывал более 2 тыс. человек в различных районах Британии.
3. Распространенность расовых предрассудков коррелировала также с возрастом – в группе 17–34-летних она составила 25%, а в группе старше 55 лет – 36%.
4. Подобные социологические опросы в области межрасовых отношений проводятся в Британии ежегодно с 1983 года.
5. По словам Пенни Янг, рост расовых предрассудков объясняется отчасти распространением исламского фундаментализма и нападениями в сентябре 2001 года на Вашингтон и Нью-Йорк.
6. Более 90% тех, кто признался в наличии расовых предубеждений, желают также сокращения уровня иммиграции в Британии.

Exercise 22

Different meanings of the word 'if' in Russian: «**ли**» or «**если**».

cf.: Респондентам задается вопрос, могут **ли** они назвать себе предубежденными в отношении представителей иных рас. (ли – if, whether – *indirect speech*)

Если англичане признаются, что у них есть предубеждения, это показывает, что они понимают, что этого не должно быть. (если – if – *condition*)

Complete the sentences in Russian.

1   Я не знаю, _____ (if such a survey was conducted in Russia).

2   Было бы интересно узнать, _____ (if Russians admit that they have racist prejudices).

3   Английские социологи пытались выяснить, _____ (if the prejudices are more widespread amongst older people).

4   Мы проведем подобный опрос среди студентов группы, чтобы выяснить, _____ (if they agree).

5   Англичан спрашивали, _____ (if they wish the level of immigration to be reduced).

6   Вы должны согласиться, что, _____ (if to restrict the influx of immigrants), в Москве будет недостаток рабочей силы.

Реклама и объявления

Гости и жители столицы, нужна ваша помощь!

Ищу квартиру в районе м. Сокольники. Двухкомнатная, с раздельными комнатами и с/у.

До 40 тр в месяц.

Потомственный славянин из Мурманска, высокий, честный, порядочный, почти без вредных привычек, без животных.

БЕЗ КОМИССИИ!!! Срочно!!! Сдается 2-х комнатная кв-ра в Москве на ул. Новокосинской. 4 мин. от метро Новокосино. 40 тыс. в месяц. Общая кухня 10 кв. м. Комнаты раздельные, 15 и 19 метров. Только семью и только славянской внешности! Оплата за месяц вперед + депозит. Ищем вместо себя, агентам не звонить! Тел.: 8(916)429-13-91

(по материалам сайта «Интересная Москва»)

Словарь

потомственный – by birth	**срочно** – urgently
порядочный – decent	**сдаваться** – for rent
вредный – harmful, bad, unhealthy	**раздельный** – separate
привычка – habit	**внешность** – appearance

Exercise 23

Write your own advertisement as if you are looking for accommodation in Russia. Or write an advertisement to rent out your flat.

Topics for discussions/essays

1 Сравните, как решаются проблемы миграции в разных странах.
2 Вы едете в автобусе в Лондоне, в котором почти все пассажиры разговаривают (либо между собой, либо по телефону) на своих родных языках (не на английском). Раздражает ли вас это? Почему?
3 Знаете ли вы кого-либо, кто вырос в семье, где родители разговаривают на разных языках? Как вы думаете, трудно ли вырастить ребенка двуязычным?
4 Должны ли иммигранты ассимилироваться, учить язык страны, в которую они переехали, соблюдать традиции «новой родины»? Почему?
5 Современному человеку очень редко приходится писать, разве только эссе в университете. Все можно сделать, используя компьютер, который к тому же исправляет твои ошибки в правописании. Важно ли быть грамотным, на ваш взгляд, если в этом нет «практической» надобности?

Further activities

1 Watch the film «Географ глобус пропил» (режиссер А. Велединский).
2 Explore the site «Интересная Москва».
3 Take part in the event «Тотальный диктант».

Chapter 4: Алексей Слаповский. Рассказы

Alexey Slapovsky is one of the finest contemporary Russian writers. Born in the province of Saratov, he now lives in Moscow and has many prestigious awards to his name. His works have been translated into many languages and in 1994 Slapovsky's play *My Little Cherry Orchard* won first prize in the European Drama Award. The writer started his literary career in the 1980s as a dramatist, but now combines writing prose with writing TV and film scripts. Though Slapovsky is influenced by A. Chekhov and D. Kharms, he has his own distinctive style, and his themes are both very 'Russian' and at the same time universal, resonating with all readers from any time or place.

Figure 4.1 Саратов. Угол ул. Чапаева и ул. Сакко и Ванцетти.
Фотография Елены Комаровой-Киз

In the photo shown in Figure 4.1 you can see the street mentioned in one of the stories. Do you know the names Чапаев and Сакко и Ванцетти? If not, *do some research about the people after whom the streets were named. Discuss how the streets were named in Soviet times and how some of them have now been renamed after perestroika.*

Exercise 1

The story below is called **«Иванов»** which is one of the most common Russian sur-names. It describes what the character (no first name given, it can be anybody!) did during a day.

Skim the story «Иванов» *and find the verbs describing the sequence of actions of Иванов:* встал, пошел, постоял, умылся . . .

Иванов

Иванов встал утром по звонку будильника – не с похмелья, не после бессонницы, не после изнурительных занятий с какой-нибудь развратной женщиной, а после нормального здорового сна рядом с женой Нинелью Андреевной, он встал в шесть часов тридцать минут утра, он пошел в туалет, постоял там без крика и крови, без грустных мыслей, спокойно и буквально, с чистой совестью глядя вниз, потом он умылся с мылом, почистил зубы зубной щеткой и пастой, побрился электробритвой, потом он надел брюки и рубашку, потом разбудил жену, причем отнюдь не толчком, не пинком и не громким возгласом, а тронув за плечо. И Нинель Андреевна тут же с улыбкой проснулась.

– Доброе утро, – сказал ей Иванов, и она ответила тем же.

Позавтракав, Иванов оделся в костюм и пошел к троллейбусу, он ждал троллейбуса терпеливо, без нервов, дождался, влез, не толкаясь, и поехал стоя, держась за поручень, и приехал на работу, потому что он ехал на работу, а не куда-то еще.

На работе он работал.

После работы он поехал домой – в троллейбусе того же маршрута, но уже в обратную сторону.

Дома он поужинал.

А потом сел читать две газеты: сначала одну, а после нее другую.

К нему подошла дочь и сказала:

– Папа, у меня трудности с выполнением задания по математике, которое оказалось очень сложным, и я никак не справлюсь с ним, не мог бы ты помочь мне?

Иванов не заорал на дочку, он не обругал ее, не ударил, он не зарезал ее ножом и даже не изнасиловал ее, он сказал:

– Ну-ка, ну-ка, разберемся!

И разобрался.

После этого он посмотрел на часы и сказал Нинели Андреевне:

– Половина одиннадцатого. Пожалуй, спать пора.

Нинель Андреевна тоже посмотрела на часы и сказала:

– Ты, как всегда, прав!

И они легли спать.

Словарь

похмелье – hangover
изнурительный – tiring, exhausting
развратный – filthy
толчок – push
пинок – kick
возглас – shout, exclamation
лезть/влезть – to climb in

поручень – handrail
орать/заорать – to shout
ругать/обругать – to swear at
ударять/ударить – to hit
зарезать – to stab
насиловать/изнасиловать – to rape
разбираться/разобраться – to sort out

Exercise 2

To describe the sequence of events in the past, the perfective verbal aspects are used. *Use the verbs gathered from the text in Exercise 1 and give their imperfective forms.*

   Model: **встал: встать/вставать**

Give your own examples, using some of the verbs (both imperfective and perfective for comparison).

   Model: Обычно я встаю рано, но сегодня я встал поздно, потому что . . .

Exercise 3

The author gives a lot of details to describe how things were done either by using the opposite meanings (how they can be done but not today, not by Ivanov . . .: «не с похмелья, не после бессонницы») or by giving 'unnecessary' details (e.g. «почистил зубы зубной щеткой и пастой» – can you brush your teeth with something else?). The humorous effect is created by expecting something unusual or outrageous to happen, but it never does. Readers are puzzled as to why they are told about that boring day of Иванов.

Give your own version of events, suggesting possibilities of how the story might develop.

   Model: Иванов встал утром по звонку будильника – **не с похмелья**, не после бессонницы. – Иванов **еле встал** утром **с похмелья**. Вчера вечером он встретился с друзьями, они выпили . . .

Exercise 4

Ivanov's daughter asks her father to help her with her maths homework. Her language is 'unusually' correct and formal for an intimate family atmosphere. *Paraphrase it (amend both vocabulary and syntax) using a more informal and colloquial style to make the request sound more natural for a conversation between family members.*

– Папа, у меня трудности с выполнением задания по математике, которое оказалось очень сложным, и я никак не справлюсь с ним, не мог бы ты помочь мне?

What effect, in your opinion, is the author trying to create?

Exercise 5

Как Вы думаете?

1   Это типичный день Иванова, и писатель считает, что было бы интереснее, если бы он прошел по-другому?

2   Это нетипичный день Иванова, и на самом деле он проходит по-другому (с похмелья, после бессонницы и т.д.)?

3   Это типичный день Иванова, а у других в России он проходит по-другому?

4   День прошел совсем по-другому, но должен был пройти, как он описан в рассказе. В рассказе – официальная версия событий, как должно быть у русских, у «Ивановых»?

5   Иванов – типичный русский, но делал не то, что ожидается от типичного русского человека?

Topics for discussions/essays

Какие стереотипные представления существуют о русских? Согласны ли вы с этими представлениями? Согласны ли вы со стереотипами о вашей национальности (об англичанах, американцах, итальянцах и т.д.)?

Exercise 6

The story **«Происшествие»** ('Incident') is written in the style of a police report with thorough descriptions of the 'participants'. *Read the story up to the line* «К нему подошел незнакомый человек. Он был безобразен. Небрит . . . ». *Give your own version of what is going to happen, what kind of 'incident' you would expect.* You may need such words as: драка, ограбление, нападение. *Then finish reading the story to see if you guessed right. Comment on how certain information is established in the story to create the effect of 'defeated expectancy'.*

Происшествие

11 июля 1993 года в двенадцать часов дня на углу улиц Мичурина и Чапаева в городе Саратове стоял, ожидая трамвая, Василий Константинович Зинин, 1954 года рождения, работник СЭПО (Саратовское электроагрегатное производственное объединение), имеющий дочь Светлану, двенадцати лет, и сына Петра, десяти лет, женатый на Елене Сергеевне, 1957 года рождения, работнице того же объединения, увлекающийся рыбалкой и разгадыванием кроссвордов, обладающий физическими данными: рост 1 метр 76 сантиметров, вес 66 килограммов, глаза серые, волосы русые, телосложение астеническое, образование среднее техническое, особых примет нет, собиравшийся съездить на толкучку на стадион «Локомотив», что возле вокзала, где намеревался купить нужную ему радиодеталь для починки старого, но хорошо работающего, доставшегося ему от отца радиоприемника – проигрывателя «Сириус-М», а заодно темные очки для Светланы фасона «амфибия», ну, и для сына что-нибудь, а может, и для жены.

К нему подошел незнакомый человек.

Он был безобразен.

Небрит, с красными воспаленными глазами, в зеленой строительной куртке, заляпанной цементом, но с яркой наклейкой на плече «Саратовхимтяжстрой», под курткой – синяя грязная майка с бледно-розовым пятном на животе, на ногах – штаны серого цвета без пуговиц и шлепанцы, голые ступни были желтые и потрескавшиеся, это был Артамонов Геннадий Петрович, 1948 года рождения, с неоконченным средним образованием, дважды разведенный, трижды судимый по мелочам, нигде не работающий, проживающий у старухи, соседки его покойной матери, читающий целыми днями выписываемый внуком старухи журнал «Вокруг света», обладающий физическими данными: рост 1 метр 64 сантиметра, вес 47 килограммов, телосложение гипер-астеническое, волосы короткие и жесткие, глаза темные, особые приметы: татуировка на груди в виде надписи «Душа нараспашку».

Зинин посмотрел на Артамонова.

– Дай сто рублей, – сказал Артамонов.

– На, – сказал Зинин и дал ему сто рублей.

Словарь

агрегат – electrical unit

производство – manufacture, production, factory

разгадывание – solving, guessing

русый – fair (*about hair*)

примета – sign (*as superstitious belief*)

толкучка *coll.*– flea market

починка – repair

проигрыватель – record player

фасон – style, design

безобразен – ugly

воспаленный – inflamed, sore

заляпанный *coll.* (*part. from* **заляпать**) – stained

наклейка – label, adhesive sticker

майка – vest

пятно – stain

пуговица – button

шлепанцы – flip flops

ступня – sole

потрескавшийся (*part. from* **потрескаться**) – chapped, split

судимый – convicted (previously)

покойный – deceased

выписываемый (*part. from* **выписывать**) – subscribed

душа нараспашку – open-hearted

«на» *coll.* – here, here you are, take it

Exercise 7

Gather information from the text about the two main characters. Compare the characters, their appearance, their clothes, etc., using comparisons (**старше/младше**, выше/ниже, лучше/хуже etc.) (Appendix 8).

ФИО:	Зинин Василий Константинович	Артамонов Геннадий Петрович
Год рождения:	_____	_____
Семейное положение:	_____	_____
Образование:	_____	_____
Место работы:	_____	_____
Физические данные:	_____	_____
Особые приметы:	_____	_____
Хобби:	_____	_____

Exercise 8

Grammar. Active participles (Appendix 1).

Find the active (present and past) participles in the text. Paraphrase the sentences using the verbs from which they are formed.

> *Model:* Зинин, **имеющий** дочь = Зинин **имеет** дочь
>
> Зинин, **собиравшийся** съездить на толкучку = Зинин **собирался** съездить на толкучку

Exercise 9

Write your CV for a casting agency for a position as an 'extra' in a film (see the form below).

ФИО:
Национальность:
Гражданство:
Адрес:
Дата рождения:
Семейное положение:
Образование:
Владение иностранными языками:
Хобби:
Водительские права:
Физические данные
Рост:
Цвет глаз:
Цвет, тип и длина волос:
Размер одежды:
Размер обуви:
Особые приметы:
Опыт работы:
Дополнительная информация:

Exercise 10

Как вы думаете, почему рассказ называется «Происшествие»?

1   Рассказ называется «Происшествие» потому, что отсутствие происшествия в этих обстоятельствах необычно? Обычно в подобной ситуации было бы происшествие?

2   Рассказ называется «Происшествие» потому, что в этом провинциальном городе никогда ничего особенного не происходит? И даже это незначительное событие можно назвать происшествием?

3   Рассказ называется «Происшествие» потому, что для «Большого Брата» все и вся – происшествие и даже незначительные события должны быть занесены в протокол?

Topics for discussions/essays

Registering an 'incident', which is not really an incident, creates a sinister effect: people are being watched constantly and being reported (by КГБ? ФСВ? surveillance cameras?), even if nothing much is happening and you are not doing anything wrong.

1   Расскажите или напишите сочинение в жанре короткой заметки в газете (или полицейского протокола) о каком-нибудь происшествии в вашей жизни.

2   По данным 2013 года в Великобритании на каждые 14 человек приходится одна камера наблюдения. За нами постоянно наблюдают! Современные технологии собирают информацию о нашей личной жизни, вкусах и предпочтениях . . . Как вы относитесь к этому?

3   Говорят, что самой большой контраст в современной России это контраст между столицей и провинцией. Что вы знаете об этом? Расскажите о вашем опыте из поездки в Россию?

Exercise 11

The story «**Пра-а-айдет!** . . .» ('It will pass! . . .') is about an affair between two married people. *Look through the text and get the lady's name and the name of the town she lives in.* Do you know some other short story, written by a famous Russian writer, in which an affair of two married people becomes serious and the main character has the same name as in Slapovsky's story? She also has grey eyes and lives in a provincial town called C.

Пра-а-айдет!...

Долго ли, коротко, а оказались Андрей и Анна, должен выразиться со всей прямотой, окончательно близки.

– Нравишься ты мне, – говорила Анна, трогая плечо Андрея, а тот протяжно и ласково отвечал словом, которое очень часто употреблял в своей жизни, высказываясь и о дожде, и о политике, и о какой-нибудь болезни своей или другого человека.

– Пра-а-айдет! – ласково выпевал он, и Анна, понимая шутливость его голоса, прижималась к нему еще крепче; она знала, что он умен и всегда прав, да и без его ума понимала, что пройдет, но не хотела думать об этом.

А было это, как вы, конечно, догадываетесь, в городе Саратове.

Шло время, Анна говорила уже не так, как раньше. Она говорила прямо:

– Влюблюсь я в тебя, не дай Бог. А зачем мне это?

– Пра-а-айдет! – успокаивал ее Андрей.

Но вскоре и он стал поговаривать, глядя с укоризной в ее серо-голубые, да еще с карими, да еще с зелеными оттенками глаза:

– Что-то нравишься ты мне.

– Пра-а-айдет! – отвечала Анна со смехом.

А пройти обязательно было должно, потому что у Андрея была жена и он не собирался от нее уходить, а у Анны был муж, и тоже хороший человек.

Однако не проходило.

– Бросил бы ты меня, что ли, – говорила Анна. – Это ведь уже невозможно так. Больно это уже.

– Пра-а-айдет! – по привычке говорил Андрей, но голос его звучал как-то неинтеллектуально, даже как-то глуповато и растерянно, чего с ним раньше никогда не случалось.

Однажды они находились вместе и до такой тоски ощутили счастье жизни, что, казалось, дальше жить уже некуда. Но оба промолчали.

Вечером они были опять вдали друг от друга, и Анна подумала, что она умирает. Ей хотелось пожаловаться мужу, чтобы он ее понял и посочувствовал ей, но она не могла. Только ласкова к нему была.

– Когда же это кончится? – сказали они одновременно при очередной встрече. – Нельзя же уже так!

И оба потом молчали, не знали ответа.

Но Андрей был мужчина. Он приходил в себя, распрямлял красивые плечи, встряхивал кудрями волос и, открывая чистые белые зубы, смеялся:

– Пра-а-айдет!

Анна, благодарная ему за его легкость, откликалась:

– Пра-а-йдет!

Была осень.

Лили дожди.

Улицу имени Сакко и Ванцетти опять перекопали, троллейбус номер два перестал ходить своим маршрутом.

Саратов, одно слово. Несерьезный город.

Словарь

пра-а-айдет! *coll.* (*from* **пройдет**) – it will pass

долго ли коротко (*common phrase in Russian folklore*) – after a while

протяжно – slowly, drawlingly

ласково – tenderly

выпевать – to sing

шутливость – humour, playfulness

не дай бог – God forbid

укоризна – reproach

оттенок – hue, shade

бросить – to abandon, dump somebody

растерянно *adv.* – lost, confused

тоска – sorrow, sadness

ощущать/ощутить – to sense, feel, experience

распрямлять/распрямить – to straighten up, unbend

встряхивать/встряхнуть – to shake

откликаться/откликнуться – to respond

| Exercise 12

The way the characters speak reflects their intimacy and emotions. The sentences are short and there are numerous exclamations and emphatic rhetorical questions. The spelling of the key word «пра-а-айдет!» imitates how the word is pronounced by the characters. They use colloquial vocabulary and many emphatic words and constructions. They are puzzled, pretending nothing serious is happening, speaking in a joking manner:

не дай Бог – God forbid
что-то *coll.* – somehow
что ли *coll.* – (used in a question), something, perhaps, maybe, as if
ведь, же, уже *emph.* – indeed, sure, well, you know
бросил бы ты меня *emph.* – you should really dump me

Rewrite the dialogue in a neutral style, avoiding emphatic and emotional language.

| Exercise 13

Use the words **что** *or* **чтобы** *as appropriate. Put the verbs in brackets into the correct form.*

1 Анна говорит, _____ Андрей ей очень _____ (нравиться).
2 Он надеется, _____ это чувство _____ (пройти).
3 Анна просит, _____ Андрей _____ (не дать) ей влюбиться.
4 Анне кажется, _____ она хочет, _____ Андрей ее _____ (бросить).
5 Интересно, _____ у Анны «серо-голубые, да еще с карими, да еще с зелеными оттенками глаза».
6 На самом деле герои мечтали о том, _____ этот роман никогда не _____ (кончаться).

Exercise 14

Use the correct word (adjective or adverb) in the text below. If it is an adjective, make sure it is in the appropriate form.

Андрей – _____ (умный/умно) и _____ (красивый/красиво) мужчина. У него с Анной _____ (серьезный/серьезно) роман. Андрей женат, Анна замужем за _____ (хороший/хорошо) человеком. Сначала они говорят об отношениях _____ (легкий/легко) и _____ (шутливый/шутливо). Но скоро понимают, что попали в _____ (безвыходный/безвыходно) ситуацию. Любовь как _____ (тяжелый/ тяжело) болезнь, которая никак не проходит. Когда они вдвоем, они _____ (острый/остро) ощущают счастье жизни. Им очень _____ (легкий/легко) друг с другом. _____ (глупый/глупо) было бы осуждать их: каждый может попасть в такую _____ (неразрешимый/неразрешимо) ситуацию. Погода в Саратове _____ (дождливый/дождливо), поэтому чувствуешь себя _____ (тоскливый/тоскливо). Транспорт работает _____ (плохой/плохо), и, кажется, жизнь остановилась . . .

Exercise 15

The title **«Пра-а-айдет»** becomes the key word, threading through the whole story. The verb пройти is used in connection with feelings. Characters repeat the word again and again in the hope their feelings towards each other will go away.

The verb (идти/пройти) is also used with nature elements like дождь. The verb ходить/идти can also apply to public transport. *In the story find the examples with such meanings.* How do these sentences contribute to the main message of the story?

Exercise 16

The story **«Воспоминание»** takes us to some flat in the writer's memory: «Узкий темный коридор с паутиной чьих-то страхов, шепотов и вздохов, запахов детства и старости, разветвлялся: на кухню и к трем комнатам-квартирам . . . ». *What does it mean «комната-квартира»? What do you know about the type of accommodation known as «коммунальная квартира»?*

Воспоминание

Деревянная скрипучая лестница вела на второй этаж.

Обитая искусственной кожей дверь (клочья ваты лезли из дыр) тоже скрипела, но это был скрип не ветхости, а собственной тяжести, труда и времени.

Узкий темный коридор с паутиной чьих-то страхов, шепотов и вздохов, запахов детства и старости, разветвлялся: на кухню и к трем комнатам-квартирам.

Одна из дверей – легкая, белая.

Легко и в самой комнате, солнечный свет просторно льется в три высоких окна.

Лампа с матерчатым выцветшим абажуром висит под потолком незаметно, не привлекая к себе внимания – до вечера.

Справа от входа – тахта, застеленная клетчатым тканевым одеялом. Подушка уютно смята, притиснута в уголок: хорошо читать полулежа или просто разговаривать, видя всех в комнате. Над тахтой пестренький коверишко, на коверишке, на гвоздике, на алой ленте – гитара, заслуженный инструмент с продольной трещиной по корпусу и светлыми пятнами на черном грифе – там, где пальцы бывают чаще всего, прижимая струны к ладам, мои пальцы помнят эти жесткие, шершавые металлические струны, всегда расстроенные.

Возле тахты журнальный столик, на котором всегда несколько открытых книг: она всегда читала три-четыре книги одновременно – и, кажется, редко какую дочитывала до конца.

У окон два кресла, старые, глубокие, одинаковые, вспоминается странное мимолетное раздумье – в какое сесть, – словно от этого что-то зависело.

Телевизор, который никогда не работал.

Радиоприемник, который никогда не включался.

Магнитофон, который был всегда неисправен, но если уж музыка – то на полную громкость, приходилось перекрикивать, возникало обидное чувство, что ты не очень-то и нужен со своими разговорами.

Что еще?

Какой-то шкаф, какой-то стол, какой-то палас на полу.

За окнами – тишина переулка, – о чем я говорю, в нашем городе нет переулков, есть только короткие улицы.

Я видел день, видел вечер, но никогда не видел ночи из этих окон.

Я благословляю эту комнату в своей памяти.

Я проклинал бы ее, если бы жил сейчас в ней.

Словарь

скрипучий – creaky, squeaky

клочья – shreds, tatters

вата – cotton wool

ветхость – decay

паутина – web

шепот – whisper

вздох – sigh

разветвляться – to divide, to branch out

матерчатый *adj.* – fabric

выцветший (*part. from* **выцвести**) – faded

тахта – ottoman, divan

клетчатый – checked

тканевый *adj.* – fabric

смята (*part. from* **смять**) – creased, crumpled

притиснута (*part. from* **притиснуть**) – pressed, squeezed

пестренький *dim.* (*from* **пестрый**) – colourful

коверишко *dim.* (*from* **ковер**) – carpet

гвоздик *dim.* (*from* **гвоздь**) – nail

продольный – oblong, lengthwise

трещина – split, crack, fracture

струна – string

лады – frets

шершавый – rough, harsh, sandpapery

расстроенный – out of tune

раздумье – thought, reflection

неисправен – broken

обидный – bitter, hurtful

палас – rug

благословлять/благословить – to bless

проклинать/проклясть – to damn, curse

Exercise 17

There are a few diminutives used in the story «Воспоминание». *Identify them in the text (see the basic forms below). Comment on their function (smallness, affection, disparagement, irony, caring attitude, independent meaning, etc.) (Appendix 6).*

угол – угол**ок**
пестрый ковер –
гвоздь –
стол –

Exercise 18

Grammar. Long form and short form past passive participles (Appendix 1).

Choose the right form of the participle, change if necessary.

В рассказе _____ (описанная/описана) комната, в которой чувствуешь свободно, легко и уютно. Вы открываете _____ (обитая/обита) кожей дверь и входите в _____ (освещенная/освещена) солнечным светом комнату. Справа стоит тахта, она _____ (застеленная/застелена) одеялом. На стене _____ (расстроенная/расстроена) гитара. На столике лежат _____ (открытые/ открыты) книги. Вы видите _____ (неисправный/неисправен) магнитофон, радиоприемник _____ (выключенный/выключен). Почему не слушают радио в этой комнате, почему не смотрят телевизор? Только разговаривают, читают и слушают музыку? Когда все это было и где? Это время _____ (забытое/забыто)?

Exercise 19

Summarise the description of the room in the story, using the plan below:

под . . .
справа . . .
над . . .
возле . . .
у . . .
за . . .

Describe the room you are in at the moment, using the same prepositions.

Exercise 20

The description of the room in the story is a contrast to the world outside. *Skim the story and gather the vocabulary denoting colour, light, space and sounds in the room.*

Outside the room: «**узкий темный коридор** с паутиной чьих-то страхов, **шепотов** и вздохов, запахов детства и старости»

In the room: «дверь **белая, легкая ... солнечный свет. . . . просторно . . . разговоры . . .** »

Exercise 21

There are no people in the room, but the objects in it tell us what might usually have happened in that space. Imagine the room with its inhabitants. *What would they normally have been doing, and probably not have been doing and why?*

Model: Телевизор обычно не смотрели, он не работал.

Exercise 22

Как вы думаете?

1   Кто она, которая «всегда читала три-четыре книги одновременно – и, кажется, редко какую дочитывала до конца»?

2   Почему автор «видел день, видел вечер, но никогда не видел ночи из этих окон»?

3   Почему автор благословляет эту комнату в своей памяти, но и «проклинал бы ее, если бы жил сейчас в ней». Есть ли что-то подобное в ваших воспоминаниях?

Topics for discussions/essays

Музей М. Булгакова находится в бывшей коммунальной квартире, где писатель писал свои первые московские произведения. Просмотрите раздел «Булгаков о квартире 50» на сайте музея. В каких произведениях М. Булгаков упоминает атмосферу коммунальных квартир? Прочитайте раздел «Воспоминаия о доме и квартире». Опишите обстановку комнаты и быт писателя. Сравните описание и атмосферу булгаковской квартиры с воспоминаниями Слаповского. Знаете ли вы произведения других русских писателей, где упоминаются подобные квартиры?

Exercise 23

Skim the story «Лимон» for what belongs to тетя Маша?

_____ **тети Маши**

Лимон

Пройдя сквозь темную подворотню, вы попадете в солнечный дворик и увидите на веревках белье. Это белье тети Маши.

Здесь бродят два куренка, заложив руки за спину, как узники на прогулке, и выклевывают из земли всякую ерунду. Это курята тети Маши.

Сюда, топая ногами, спускается со второго этажа по деревянной лестнице бесстыдница Танька и, задевая головой белье, ищет бусы, которые выкинул из окна сын ее, придурок Лешка. Тетя Маша со своего крылечка видит, где бусы, но молчит. Танька – враг тети Маши.

Здесь, у крылечка, стоит в кадке лимонное деревце, и висит на нем настоящий, хотя еще и зеленый, лимон. Это Лимон тети Маши.

Она выносит его на солнышко и сидит около него целый день – стережет.

Через два месяца лимон созрел. Тетя Маша аккуратно сняла его, а потом целую неделю сидела у открытого окна, раскрасневшаяся, распаренная, пила чай и с великодушной улыбкой говорила соседям:

– Вот, со своим лимоном пью!

Словарь

подворотня – backstreet
веревка – rope
белье – laundry
куренок *coll. (uneducated use)* – chick
курята *coll. (uneducated use)* – chicks
узник *liter.* – prisoner
выклевывать/выклевать – to peck out
ерунда – rubbish, bits and pieces
бесстыдница *noun* – shamelessness

бусы – bead necklace
придурок *sl.* – simple, prat
сторожить/стеречь – to guard
зреть/созреть – to ripen
раскрасневшаяся (*part. from* **раскраснеться**) – red
распаренная (*part. from* **распариться**) – broken into a sweat
великодушный – generous, liberal, big-hearted

Exercise 24

There are a few diminutives used in the story «Лимон». *Identify them in the text (see the basic forms below). Comment on their function (smallness, affection, disparagement, irony, caring attitude, independent meaning, etc.)* (Appendix 6).

двор
крыльцо
дерево
солнце

Exercise 25

The words кур**енок** (chick) and кур**ята** (chicks) are regarded as uneducated usage, except to represent dialect speech. They are formed with the productive model _____ енок _____ ята (from **кура**). That is probably how тетя Маша calls her dear chickens. Stylistically the neutral words are **курица – цыпленок – цыплята**.

Give the words for the young of the following animals, singular and plural.

Model: **кот – котенок – котята**

тигр
лиса
гусь
утка
заяц
медведь
волк

Model: **овца – ягненок – ягнята**

лошадь
корова
свинья

Topics for discussions/essays

Для людей, воспитанных на советской идеологии, хотеть денег и вообще «иметь» было стыдно. После перестройки в России для многих деньги стали главным жизненным приоритетом. Ваше отношение к этому «естественному желанию»?

Exercise 26

The story **«Праздник»** is structured as a traditional, cumulative tale often used in folklore. The дорога/путь/тропа is a key element in magic tales (not just Russian) in which the hero sets off on a journey to a magic kingdom in search of some object/person and returns successfully at the end. The road/path similarly is inherent in many beliefs about death in many cultures (journey to the other world). The main character Потапов found ящик водки and collects his friends on the way to праздник.

Skim the story for information about participants on the journey: gender and occupations. Comment on their gender and the range of their social status. How many of them altogether managed to make it to the final 'celebration'?

Потапов, мужчина
Антипов, мужчина, актер драматического театра
Василевский
Боровков
Книгин
Яшудин
Володин
Усатов
Судец
Автор Слаповский
Алексей

Праздник

Потапов нашел ящик водки.

Он шел после работы к дому, как обычно сокращая путь – через пустырь, заросший густой травой.

В этой-то траве, чуть в стороне от протоптанной тропки, он и увидел ящик водки.

Не веря своим глазам, приблизился.

Точно: ящик водки.

Потапов не вор, не любитель чужого, поэтому он стоял возле ящика не меньше четверти часа и только после этого взвалил его на плечо, поняв, что ящик ничейный, взвалил – и понес. Он понес его, конечно, не домой, а к другу, кочегару Алексею, в котельную.

По пути ему встретился Антипов, актер драматического театра, который шел в театр играть драматическую роль в вечернем спектакле, но подумал, что еще сто раз успеет, и пошел с Потаповым, восхищаясь чудом такой находки.

Потом встретился хулиган и рэкетир Василевский, который направлялся на свидание с девушкой, но не с хулиганскими намерениями, а с любовью, с цветами. И он тоже пошел с Потаповым.

Потом встретился работник культуры Боровков, который вышел на свежий воздух собраться с мыслями, потому что обещал завтра утром сдать в одну из саратовских газет статью, а она не написана, придется сидеть вечер и, возможно, ночь, а раз так, время еще есть. И – присоединился.

Потом встретился совершенно необразованный человек, но с фамилией Книгин, которому надо было встретить жену из города Раскардака; он подумал, что жена и сама доберется до дому, не впервой, а вот друзей он сто лет не видел, да еще с таким поводом, – и пошел с друзьями.

Потом встретился сторож Яшудин, которому пора было заступать на суточную сторожевую смену, а сторожить, собственно, в унылом учреждении нечего, Яшудину было обидно, что государство не нашло лучшего применения его силам, он уже был близок к выводу, что жизнь никчемна и однообразна, и вот ящик водки, неожиданный, как океанский корабль в деревенском пруду, разубедил его, и от благодарности по отношению к своему просветлению он пошел за ящиком.

Потом встретился студент Володин, сдающий завтра госэкзамен и заранее готовящий для преподавателей такую длинную речь о необходимости поставить ему удовлетворительную отметку, с такими подробностями, деталями, частностями и логическими отступлениями, что, если бы записать эту речь, получился бы объем никак не меньше «Войны и мира». Ему-то примкнуть к компании сам Бог велел.

Наконец встретились кинокритик Усатов и интеллектуал-любитель Судец. Они шли в кинотеатр, где Усатов должен был предварить краткой лекцией показ нового фильма итальянского гения Узрелли, а Судец собирался ему оппонировать, считая Узрелли не гением, а всего лишь просто талантливым человеком. Увидев компанию с ящиком, Судец вдруг прекратил спор, сказав, что Узрелли, наверное, и в самом деле гений, а Усатов в ответ возразил, что Узрелли всего лишь просто талантлив. То есть они помирились – и грех это не отметить!

Они все были уже у входа в котельную, но тут Потапов посмотрел и увидел, что их десять человек, включая кочегара Алексея, четное число, плохая примета. Нужен одиннадцатый для нечетности. И, не снимая ящика с плеча (а отобрать у него эту честь никто и думать не смел), он пошел к телефону-автомату звонить мне. Я сказал, что, вопервых, творчески и плодотворно работаю, а во-вторых, как известно Потапову, совершенно не пью. Но Потапов рассказал о своей находке, и я, как русский человек, со всех ног помчался к котельной, заранее не веря глазам своим.

Но он был, он стоял среди нас – ящик с водкой, двадцать бутылок, одна к одной, мерцающие, словно люстра в торжественной и таинственной высоте темного замкового зала.

Потапов решился. Поперхав, чтобы придать голосу нарочитую грубую мужественность вместо просящейся нежности, он сказал: «Чего смотреть-то?» – и начал откупоривать бутылки и разливать по стаканам, которых было у Алексея достаточно.

Сглотнув от волнения, Потапов спросил:

– Ну? За что?

Мы не могли ответить.

Лики наши были светлы.

Мы верили в Бога и в будущее нашей великой обездоленной страны, мы верили в будущее человечества и Земли, мы верили, что где-то есть и другая Земля – и не одна, мы верили, что никогда не умрем.

Тихо заплакал светлыми слезами рэкетир и бандит Василевский.

– Выпьем, – тихо, из души произнес Потапов. И это стало тостом.

И мы выпили.

Словарь

ящик – box, case

сокращая (*from* **сокращать**) – shortening, cutting

пустырь – waste ground, common

заросший (*part. from* **зарасти**) – overgrown

протоптанный (*part. from* **протоптать**) – trailed

тропка *dim.* (*from* **тропа**) – path

взваливать/взвалить – to load

ничейный *coll.* – nobody's

кочегар – stoker

котельная – boiler room

чудо – miracle, wonder

намерение – intention

не впервой *coll.* – not for the first time

повод – excuse

заступать/заступить на смену – to come to take the place (of)
сторож – watchman, guard
унылый – sad
учреждение – institution, office
применение – application, use
никчемный *coll.* (*from* **ни к чему**) – good-for-nothing, useless
однообразный – unvaried, uneventful
корабль – vessel
разубеждать/разубедить – to talk out of
просветление – enlightenment
отступление – digression
объем – volume
примыкать/примкнуть – to join
Бог велел – God given, god says

предварять/предварить – to introduce
грех – sin
четное/нечетное число – even/odd number
примета – sign (*as superstitious belief*)
со всех ног – as fast as one's legs can carry one
мчаться/помчаться – to rush, dash
мерцающий (*part. from* **мерцать**) – gleaming, glimmering
нарочитый – deliberate, intentional, on purpose
откупоривать/откупорить – to uncork
лик – face, image, holy face
обездоленный (*part. from* **обездолить**) – deprived

Exercise 27

Grammar. Past active participles (Appendix 1).

Participle forms are not given in dictionaries. To find the meanings, you need to restore the verb from which they are formed.

Identify the verbs from which the following participles are formed.

past active participle	*past form*	*infinitive*
заросший	**зарос**	**зарасти**
несший	_____	_____
везший	_____	_____
собиравшийся	_____	_____
доставшийся	_____	_____
потрескавшийся	_____	_____
выцветший	_____	_____
раскрасневшийся	_____	_____

Exercise 28

The story develops around ящик водки, the finding of which is recognised as **чудо** (miracle). *Look through the text and find more vocabulary related to the atmosphere of some sort of miraculous religious event.*

«Не веря глазам . . .», «восхищаясь чудом . . .», . . .

Exercise 29

Comment on the atmosphere of the last scene in the story. Where did the journey lead all those Russian men? What is «Земля», that they are drinking to?

«котельная» «бутылки мерцают как люстра . . . » «торжественная и таинственная высота темного замкового зала . . . » «лики . . . светлы . . . » «светлые слезы . . . » «никогда не умрем»

Потапов carries the heavy case (20 bottles!) on his shoulder like Christ carried his cross, the others follow him. *Find the meaning of the expression* **«нести свой крест»** *in a dictionary.* How does this image contribute to the idea of the story?

Topics for discussions/essays

1   По данным Всемирной Организации Здравоохранения продолжительность жизни российских мужчин самая короткая среди населения Европы и Средней Азии: мужчины в России в среднем доживают лишь до 62,8 лет. Ваши комментарии?

2   Четное число – плохая примета среди русских. Какие еще русские приметы вы знаете? Сравните их с приметами в вашей стране.

3   Как вы относитесь к тому, что в 90-х годах в России были уничтожены многие памятники советской эпохи и некоторым улицам были возвращены дореволюционные названия? Вас может заинтересовать дискуссия жителей Саратова о переименовании улиц города.

4   Прокомментируйте следующее высказывание А. Слаповского: «Мне стали интересны нормальные люди – за то, что их в жизни принимают за ненормальных. И это, в общем-то, не ново, литература всегда интересовалась необычными характерами, а нормальные люди сейчас выглядят страшными оригиналами. Разгадка проста: нормального в мире стало меньше, чем ненормального, поэтому оно и кажется ненормальным». К стилю каких рассказов А. Слаповского, прочитанных вами, можно отнести это утверждение?

Further reading

1   А.П. Чехов. «Дама с собачкой». Edited with introduction, notes and vocabulary by P. Waddington. Bristol Classical Press.

2   Л. Улицкая (автор-составитель): «Детство 45–53: а завтра будет счастье» Москва, издательство АСТ, 2013 г.

3   А. Слаповский. «Антиабсурд, или Книга для тех, кто не любит читать»

4   М. Зощенко. Рассказы.

5   Ильф и Петров. «Двенадцать стульев»

6   А.Н. Толстой. Сказка «Колобок»

Chapter 5: Даниил Хармс

Daniil Kharms (Даниил Иванович Ювачёв) (1905–1942) was an early Soviet-era absurdist poet and writer, and a member of the group ОБЭРИУ (Объединение Реального Искусства). He was a tragic and eccentric figure, who struggled to make ends meet and managed to publish only his children's books during his lifetime. His other works became widely known only in the 1970s. He was arrested twice and died in a psychiatric hospital in St. Petersburg in 1942, most likely from starvation.

Whatever D. Kharms did was an artistic statement: his writing, behaviour, sayings, jokes (practical and otherwise), clothes and the decoration of his dwellings. One of his favourite fashion styles was à la Sherlock Holmes.

Who is Pushkin and who is Kharms in Figure 5.1? *Describe in Russian Kharm's looks and clothes*. Узнаете ли вы город, в который поместил встречу Хармса с Пушкиным художник Татарко?

Figure 5.1 Андрей Татарко. «Хармс и Пушкин»

In D. Kharms's story **«Пушкин»** the narrator tells a little boy **Кирилл** about the great Russian poet **Александр Сергеевич Пушкин**. *Skim the text and find the names of people and places associated with the poet. Before you read the text in detail discuss what you know about those people and places.*

Пушкин

(1)   Вот однажды подошёл ко мне Кирилл и сказал:
      – А я знаю наизусть «Буря мглою небо кроет, вихри снежные крутя».
      – Очень хорошо, – сказал я. – А тебе нравятся эти стихи?
      – Нравятся, – сказал Кирилл.
      – А ты знаешь, кто их написал? – спросил я Кирилла.
      – Знаю, – сказал он.
      – Кто? – спросил я Кирилла.
      – Пушкин, – сказал Кирилл.

(2)   – А ты понимаешь, про что там написано? – спросил я.
      – Понимаю, – сказал Кирилл, – там написано про домик и про старушку.
      – А ты знаешь, кто эта старушка? – спросил я.
      – Знаю, – сказал Кирилл, – это бабушка Катя.

(3)   – Нет, – сказал я, – это не бабушка Катя. Эту старушку зовут Арина Родионовна. Это няня Пушкина.
      – А зачем у Пушкина няня? – спросил Кирилл.
      – Когда Пушкин был маленький, у него была няня. И когда маленький Пушкин ложился спать, няня садилась возле его кроватки и рассказывала ему сказки или пела длинные русские песни. Маленький Пушкин слушал эти сказки и песни и просил няню рассказать или спеть ему ещё. Но няня говорила: «Поздно. Пора спать». И маленький Пушкин засыпал.

(4)   – А кто такой Пушкин? – спросил Кирилл.
      – Как же ты выучил стихи Пушкина наизусть и не знаешь, кто он такой! – сказал я.
      – Пушкин это великий поэт. Ты знаешь, что такое поэт?
      – Знаю, – сказал Кирилл.
      – Ну скажи, что такое поэт, – попросил я Кирилла.
      – Поэт, это который пишет стихи, – сказал Кирилл.

(5)   – Верно, – сказал я, – поэт пишет стихи. А Пушкин великий поэт. Он писал замечательные стихи. Всё, что написал Пушкин, – замечательно.
      – Ты говоришь, Пушкин был маленький, – сказал Кирилл.
      – Нет, – сказал я. – Ты меня не так понял. Сначала Пушкин был маленький, как и все люди, а потом вырос и стал большим.
      – А когда он был маленький, он писал стихи? – спросил Кирилл.
      – Да, писал, – сказал я. – Но сначала он начал писать стихи по-французски.

(6)   – А почему он писал сначала по-французски? – спросил меня Кирилл.

– Видишь ли ты, – сказал я Кириллу. – В то время, когда жил Пушкин, в богатых домах было принято разговаривать на французском языке. И вот родители Пушкина наняли ему учителя французского языка. Маленький Пушкин говорил по-французски так же хорошо, как и по-русски, прочитал много французских книг и начал сам писать французские стихи. С родителями Пушкин говорил по-французски, с учителем по-французски, с сестрой тоже по-французски. Только с бабушкой и с няней маленький Пушкин говорил по-русски. И вот, слушая нянины сказки и песни, Пушкин полюбил русский язык и начал писать стихи по-русски.

(7)   В это время часы, висевшие на стене, пробили два часа.

– Ну, – сказал я Кириллу, – тебе пора идти гулять.

– Ой, нет, – сказал Кирилл. – Я не хочу гулять. Расскажи мне ещё про Пушкина.

– Хорошо, – сказал я, – я расскажу тебе о том, как Пушкин стал великим поэтом.

(8)   Кирилл забрался на кресло с ногами и приготовился слушать.

– Ну так вот, – начал я, – когда Пушкин подрос, его отдали в Лицей. Ты знаешь, что такое Лицей?

– Знаю, – сказал Кирилл, – это такой пароход.

(9)   – Нет, что ты! – сказал я. – Какой там пароход! Лицей – это так называлась школа, в которой учился Пушкин. Это была тогда самая лучшая школа. Мальчики, которые учились там, должны были жить в самом Лицее. Их учили самые лучшие учителя и Лицей посещали знаменитые люди.

(10)   В Лицее вместе с Пушкиным училось тридцать мальчиков. Многие из них были тоже молодыми поэтами и тоже писали стихи. Но Пушкин писал стихи лучше всех. Пушкин писал очень много, а иногда бывали дни, когда он писал стихи почти всё время: и на уроке в классе, и на прогулке в парке и даже проснувшись утром в кровати он брал карандаш и бумагу и начинал писать стихи. Иногда ему стихи не удавались. Тогда он кусал от досады карандаш, зачеркивал слова и надписывал их вновь, исправлял стихи и переписывал их несколько раз. Но когда стихи были готовы, они получались всегда такие лёгкие и свободные, что казалось, будто Пушкин написал их безо всякого труда. Лицейские товарищи Пушкина читали его стихи и заучивали их наизусть. Они понимали, что Пушкин становится замечательным поэтом. А Пушкин писал стихи всё лучше и лучше.

(11)   И вот однажды в Лицей на экзамен приехал старик Державин . . .

– А зачем он приехал? – спросил меня Кирилл.

– Ах да, – сказал я, – ведь ты, может быть, не знаешь, кто такой Державин. Державин тоже великий поэт, и до Пушкина думали, что Державин самый лучший поэт, царь поэтов.

(12)   Державин был уже очень стар. Он приехал в Лицей, уселся в кресло и на воспитанников Лицея смотрел сонными глазами.

Но когда вышел Пушкин и звонким голосом начал читать свои стихи, Державин сразу оживился. Пушкин стоял в двух шагах от Державина и громко и сильно читал свои стихи. Голос его звенел.

(13) Державин слушал. В глазах его показались слёзы.

Когда Пушкин кончил, Державин поднялся с кресла и кинулся к Пушкину, чтобы обнять его и поцеловать нового замечательного поэта. Но Пушкин, сам не понимая, что он делает, повернулся и убежал. Его искали, но нигде не могли найти.

(14) – А где же он был? – спросил меня Кирилл.

– Не знаю, – сказал я. – Должно быть, куда-нибудь спрятался. Уж очень он был счастлив, что его стихи понравились Державину!

– А Державин? – спросил меня Кирилл.

– А Державин, – сказал я, – понял, что ему на смену появился новый великий поэт, может быть, ещё более великий, чем он сам.

(15) Кирилл сидел на кресле некоторое время молча. А потом вдруг неожиданно спросил меня:

– А ты видел Пушкина?

– И ты можешь посмотреть на Пушкина, – сказал я. – В этом журнале помещён его портрет.

– Нет, – сказал Кирилл, – я хочу посмотреть на живого Пушкина.

(16) – Это невозможно, – сказал я. – Пушкин умер ровно сто лет тому назад. Теперь нам дорого всё, что осталось от Пушкина. Все его рукописи, каждая даже самая маленькая записка, написанная им, гусиное перо, которым он писал, кресло, в котором он когда-то сидел, письменный стол, за которым он работал, – всё это хранится в Ленинграде в Пушкинском музее.

(17) А в Селе Михайловском ещё до сих пор стоит маленький домик, в котором когда-то жила пушкинская няня Арина Родионовна. Про этот домик и про свою няню Пушкин писал стихи. Это те стихи, которые ты выучил сегодня наизусть.

1936 г.

Д. Хармс

Словарь

наизусть – by heart
буря – storm
мгла – darkness
вихрь – squall
крутя (*from* **крутить**) – twisting
старушка *dim.* (*from* **старуха**) – old woman
няня – nanny
петь/спеть – to sing
песня – song
сказка – fairy tale
подрос *past* (*from* **подрасти**) – grew up a bit

пароход – steamboat
царь – tsar
досада – frustration
зачеркивать/зачеркнуть – to cross out
исправлять/исправить – to amend, correct
воспитанник (*from* **воспитать** to bring up) – student
сонный – sleepy
звонкий – clear, high
рукопись – manuscript
записка – note
гусиное перо – quill
село – village

Exercise 2

Different meanings of 'to ask' in Russian.

спрашивать/спросить – to ask (a question)
просить/попросить – to request

 cf.: «– Кто? – **спросил** я Кирилла» (1) «Пушкин **просил** няню рассказать . . .» (3)

Translate into Russian.

 The little boy asked me about Pushkin. I told him that Pushkin asked his nanny to tell him Russian folk tales and sing him Russian songs. The boy asked me if I'd seen Pushkin and also asked me to show him Pushkin's portrait. I am glad that a child asks about the great Russian poet. Russian schoolchildren are asked to learn Pushkin's poems by heart. Russians are often asked by foreigners whether Pushkin is such a great poet, because they are not able to read his poems in the original.

Exercise 3

In the story find the sentences with the derivatives from the root **пис-**. *Translate them into English.*

Кто их [стихи] написал? (1)
. . . про что там написано? (2)
надписывал . . . переписывал (10)
рукописи, записка, письменный стол (16)

How do you say in Russian (Appendix 4):

to sign
to describe
to subscribe
to prescribe
to copy (to rewrite)
to write out
to write down

Exercise 4

The words with the meanings of 'study', 'learn', 'teach' in Russian.

учить/выучить (trans.) – to learn something (*often* by heart)
изучать/изучить (trans.) – to study something
учиться – to study (to be a student)
учить/научить кого-либо чему-либо – to teach something to somebody
обучать/обучить (обучаться/обучиться) – to train (to be trained)

«Ты **выучил** стихи» (4)

«Мальчики . . . **учились** там . . . » (9) «Их **учили** самые лучшие учителя . . . » (9)

Speak about your experiences of learning Russian.

Where do you study?
For how long have you been studying Russian?
Do you have to learn Russian poems by heart?
Did you ever teach Russian to anybody?
Do you need to be trained to teach Russian?

Exercise 5

Discuss different meanings of the words 'French' ('in French') and 'Russian' ('in Russian') in the following sentences from the story.

(6) « . . . В то время, когда жил Пушкин, в богатых домах было принято разговаривать **на французском языке** . . . Маленький Пушкин говорил **по-французски** так же хорошо, как и **по-русски**, прочитал много **французских книг** . . . С родителями Пушкин говорил **по-французски** . . . Только с бабушкой и с няней маленький Пушкин говорил **по-русски**. И вот, слушая нянины сказки и песни, Пушкин полюбил **русский язык** . . . »

Translate into Russian.

A. Pushkin is a great Russian poet and the founder of modern Russian literature. His father was Russian, his mother had African blood. His great-grandfather was brought over from Africa and was brought up by Peter the Great to become an aristocrat. In the 19th century French was the language of the Russian aristocracy. Russian aristocrats very often spoke French better than Russian and learned Russian from servants and peasants. Pushkin's nanny spoke Russian to him, sang him Russian songs and told him Russian folk tales. Pushkin's works inspired Russian composers. The best-known Russian operas based on Pushkin's creations are Tchaikovsky's *Eugene Onegin* and *The Queen of Spades*, Glinka's *Ruslan and Lyudmila*, Mussorgsky's *Boris Godunov* and Dargomyzhsky's *Rusalka*.

The poet was killed in a duel by George d'Anthes. Both were injured. Pushkin died, but the Frenchman survived.

Exercise 6

In the poem **«Зимний вечер»** (mentioned in Kharms's story) A. Pushkin uses alliteration (consonants з/с/ж/ш; г/к/х) to create the sound effect of the storm howling, the wind whistling and the spinning-wheel buzzing. *Recite the poem in Russian, imitating sounds and noises of the storm.*

А.С. Пушкин

ЗИМНИЙ ВЕЧЕР

Буря мглою небо кроет,
Вихри снежные крутя;
То, как зверь, она завоет,
То заплачет, как дитя,
То по кровле обветшалой
Вдруг соломой зашумит,
То, как путник запоздалый,
К нам в окошко застучит.

Наша ветхая лачужка
И печальна и темна.
Что же ты, моя старушка,
Приумолкла у окна?
Или бури завываньем
Ты, мой друг, утомлена,
Или дремлешь под жужжаньем
Своего веретена?

Выпьем, добрая подружка
Бедной юности моей,
Выпьем с горя; где же кружка?
Сердцу будет веселей.
Спой мне песню, как синица
Тихо за морем жила;
Спой мне песню, как девица
За водой поутру шла.

Буря мглою небо кроет,
Вихри снежные крутя;
То, как зверь, она завоет,
То заплачет, как дитя.
Выпьем, добрая подружка
Бедной юности моей,
Выпьем с горя; где же кружка?
Сердцу будет веселей.

1825

Winter Evening

The storm covers the heaven with darkness, twisting snowy squalls; now it howls like a beast, now it cries like a child, now over the crumbling roof it suddenly stirs the straw, now, like a late traveller, it knocks at our window.

Our decrepit hovel is sad and dark. Why have you, my old woman, fallen silent by window? Oh, my friend, are you tired by the storm howling, or are you dozing to the buzz of your spinning-wheel?

Let us drink, good old friend of my poor youth, let us drink from grief; where's the jug? The heart will feel better. Sing me a song about the blue-tit living quietly overseas; sing me a song about the maiden fetching water in the morning.

The storm covers the heaven with darkness, twisting snowy squalls; now it howls like a beast, now it cries like a child. Let us drink, good old friend of my poor youth, let us drink from grief; where is the jug? The heart will feel better.

English prose version (The Garnett Book of Russian Verse,
edited by D. Rayfield, The Garnett Press, London, 2000)

Exercise 7

Identify the diminutives in Pushkin's poem (see the basic forms below). Comment on their function (smallness, affection, disparagement, irony, caring attitude, independent meaning, etc.):

окно
лачуга
старуха
подруга

Exercise 8

Consonant alteration **г/ж**.

снег (snow) – **снеж**ный (snowy)

Identify the roots in the following adjectives. Give nouns with the same root.

Model: **снеж**ный – **снег**

1   дорожный
2   влажный
3   окружающий
4   божественный
5   дружеский
6   нежный

Exercise 9

Word formation. Prefix **за-** (perfective: to start doing something): воет – **завоет** (Appendix 4).

Form imperfectives from the following verbs in the poem:

заплачет
зашумит
застучит

Exercise 10

In Pushkin's poem the word жужжанье ('buzz') refers to the spinning-wheel. In different languages the sounds (associated with their referents) for forming such words may be different.

Guess the meanings of the following Russian verbs. Match them with the nouns.

шипит   пчела (bee)
скрипит   змея (snake)
шуршит   ручей (stream)
жужжит   дверь (door)
журчит   бумага (paper)
рычит   кошка
мурлыкает   собака

Exercise 11

The poem by D. Kharms is called **Иван Иваныч Самовар**. *Do you know what* **самовар** *is, what it is used for and how to use it?*

The author personifies **самовар**, giving a name to it. *What is its* ФИО*?*

Фамилия _____Имя _____Отчество _____

Иваныч *coll.* (shortened in *spoken* Russian) is formed from patronymic **Иванович**

Restore the patronymic names from the shortened forms:

Кирилыч
Василич
Николавна
Дмитрич
Сергеич

In London there is a Russian restaurant called Mari Vanna. *What would be the full Russian name for this restaurant and how would you spell it in Cyrillic?*

Даниил Хармс

ИВАН ИВАНЫЧ САМОВАР

Иван Иваныч Самовар
Был пузатый самовар,
Трехведёрный самовар.

В нем качался кипяток,
Пыхал паром кипяток,
Разъярённый кипяток;

Лился в чашку через кран,
Через дырку прямо в кран,
Прямо в чашку через кран.

Утром рано подошёл,
К самовару подошёл,
Дядя Петя подошёл.

Дядя Петя говорит:
«Дай-ка выпью, говорит,
Выпью чаю», говорит.

К самовару подошла,
Тётя Катя подошла,
Со стаканом подошла.

Тётя Катя говорит:
«Я, конечно, говорит,
Выпью тоже», говорит.

Вот и дедушка пришёл,
Очень старенький пришёл,
В туфлях дедушка пришёл.

Он зевнул и говорит:
«Выпить разве, говорит,
Чаю разве», говорит.

Вот и бабушка пришла,
Очень старая пришла,
Даже с палочкой пришла.

И подумав говорит:
«Что-ли, выпить, говорит,
Что-ли, чаю», говорит.

Вдруг девчонка прибежала,
К самовару прибежала –
Это внучка прибежала.

«Наливайте! – говорит,
Чашку чая, говорит,
Мне послаще», говорит.

Тут и Жучка прибежала,
С кошкой Муркой прибежала,
К самовару прибежала,

Чтоб им дали с молоком,
Кипяточку с молоком,
С кипячёным молоком.

Вдруг Сережа приходил,
Всех он позже приходил,
Неумытый приходил.

«Подавайте! – говорит,
Чашку чая, говорит,
Мне побольше», говорит.

Наклоняли, наклоняли,
Наклоняли самовар,
Но оттуда выбивался
Только пар, пар, пар.

Наклоняли самовар,
Будто шкап, шкап, шкап,
Но оттуда выходило
Только кап, кап, кап.

Самовар Иван Иваныч!
На столе Иван Иваныч!
Золотой Иван Иваныч!

Кипяточку не дает,
Опоздавшим не дает,
Лежебокам не дает.

всё.

Словарь

пузатый – round bellied
трехведерный (*from* **ведро** bucket) – of three buckets
качаться – to swing, wobble
кипяток – boiled water
пыхать (*from* **пыхтеть**) – to puff, pant
пар – steam
разъярённый – furious, burning with anger
кран – tap
дырка – hole
дай-ка *coll.* – let me
стакан – glass
туфли – shoes
зевать/зевнуть – to yawn
разве *coll.* – perhaps, really, only
палочка *dim.* (*from* **палка**) – stick

что-ли *coll.* (used in a question) – something, perhaps, maybe, as if
девчонка (*from* **девочка**) – girl
внучка – granddaughter
послаще *comp.* (*from* **сладкий**) – sweeter
Жучка – common name for a dog
Мурка – common name for a cat
чтоб *coll.* (*from* **чтобы**) – so that
кипяченый – boiled
неумытый (*part. from* **умыть**) – unwashed
наклонять – to tilt
шкап *arch. or dial.* (*from* **шкаф**) – cupboard
кап – drop
капать – to drip
золотой – golden, darling (*about people*)
опоздавший (*part. from* **опоздать**) – late
лежебока – couch potato

Exercise 12

Word formation. Compound adjectives with the genitive form of the numeral.

Form compound adjectives according to the model.

> *Model:* **трех**ведерный самовар – в самоваре **три** ведра (воды/кипятка)

_____этажное здание	– в здании шестнадцать этажей
_____комнатная квартира	– в квартире четыре комнаты
_____главый орел	– у орла две головы
_____звездочная гостиница	– у гостиницы пять звезд

Exercise 13

Grammar. Partitive genitive in **-у/-ю**.

Выпью **чаю** (чая = чаю) *coll.*
Дали . . . **кипяточку** (кипяточка = кипяточку) *coll.*

Give the forms with the partitive genitive in **-у/-ю**

> *Model:* Ты выпьешь (**чая**) _____? – Ты выпьешь **чаю**?

Ты хочешь (супа) _____?
Тебе налить (коньяка) _____?

В Москве столько (снега) _____ выпало этой зимой.
Тебе положить (сахара) _____ в чай?
Should I make some (coffee?) _____?

Exercise 14

Identify the diminutives in Kharms's poem (see the basic forms below). Comment on their function (smallness, affection, disparagement, irony, caring attitude, independent meaning, etc.):

старый дед
старуха с палкой
кипяток

Exercise 15

Grammar. Verbal aspects.

Imperfective with the meaning of 'no result' of the action, when it wasn't successfully completed.

Scan the poem «Иван Иваныч Самовар» and comment on the usage of the aspects of the verbs of motion in it.

подошел . . . ; подошла . . . ; пришел . . . ; пришла . . . ; прибежала . . . – *perfective*
приходил . . . – *imperfective*

Кто выпил чаю? Кому не удалось и почему?

Topics for discussions

1   Skim the poem Иван Иваныч Самовар and gather vocabulary used to attribute human characteristics to the самовар. What is the 'moral' of the poem?

2   The poem uses so-called cumulative structure: the repetitive action (approaching and asking for tea) builds up around the huge самовар. Do you know a Russian folk tale with the almost identical sequence of characters? They are in a line for some gigantic vegetable:

> «мышка за кошку,
> кошка за Жучку,
> Жучка за внучку,
> внучка за бабку,
> бабка за дедку,
> дедка за . . . !»

Which vegetable did they pull out at the end of the tale?

The following pieces by Kharms seem very simple and fun. If you read them to a child they will find the stories nonsensical and funny. However, for an adult the stories have a sinister meaning behind the seemingly simple narrative.

«Жил один рыжий человек . . .» was written by D. Kharms in the times of Stalin's terror, when people disappeared without trace.

***

Жил один рыжий человек, у которого не было глаз и ушей. У него не было и волос, так что рыжим его называли условно.

Говорить он не мог, так как у него не было рта. Носа также у него не было.

У него не было даже рук и ног. И живота у него не было, и спины у него не было, и хребта у него не было, и никаких внутренностей у него не было. Ничего не было! Так что непонятно, о ком идёт речь.

Уж лучше мы о нём не будем больше говорить.

Д. Хармс. 1937.

Словарь

рыжий – ginger
условно – provisional, conditional
живот – belly, stomach

хребет – back
внутренности – guts, inside

Topics for discussions

1   There are not many verbs in «Жил один рыжий человек . . .», as it is mostly description. However, the verb **говорить** appears twice. *Discuss why in those times the choice* «говорить или не говорить» *could be a question of life and death?*

2   One of Kharms's favourite writers was N. Gogol. *In which story by Gogol is there a character with a part of the body missing?*

Kharms wrote the poem **«Из дома вышел человек»** in 1937 after the mysterious disappearance of the writer Leonid Dobychin, who was also bullied by the authorities for 'formalism'. The body of Dobychin was eventually found in the river Neva.

ИЗ ДОМА ВЫШЕЛ ЧЕЛОВЕК

Из дома вышел человек
С дубинкой и мешком
И в дальний путь,
И в дальний путь
Отправился пешком.

Он шёл все прямо и вперёд
И всё вперёд глядел.
Не спал, не пил,
Не пил, не спал,
Не спал, не пил, не ел.

И вот однажды на заре
Вошёл он в тёмный лес.
И с той поры,
И с той поры,
И с той поры исчез.

Но если как-нибудь его
Случится встретить вам,
Тогда скорей,
Тогда скорей,
Скорей скажите нам.

Словарь

дубинка – truncheon, club   **заря** – sunrise, dawn
мешок – sack

Topics for discussions

Below there are quotes from an Internet forum, sharing opinions about the poem **«Из дома вышел человек»**. *What do you think the poem is about?*

- «Здорово написано. Снимаю перед Хармсом шляпу. Даже примитивная рифмовка (вам-нам) почему-то этому стихотворению не вредит, а идет на пользу. Пока не понимаю – почему, но факт налицо»
- «Считается, что в этом стихотворении Хармс предсказал свою собственную судьбу»
- «Да есть ли среди нас хоть один человек, чью судьбу он в нем не предсказал?»

Try to 'decipher' the following pieces by D. Kharms.

Встреча

Вот однажды один человек пошёл на службу, да по дороге встретил другого человека, который, купив польский батон, направлялся к себе восвояси.

Вот, собственно, и всё.

> ## Словарь
>
> **батон** – baguette   **собственно** – actually
> **восвояси** – to go your own separate way

Тигр на улице

Я долго думал, откуда на улице взялся тигр. Думал, думал, думал, думал, думал, думал, думал, думал . . . В это время ветер дунул, и я забыл, о чём я думал.

Так я и не знаю, откуда на улице взялся тигр.

> ## Словарь
>
> **взяться** – to appear suddenly   **дунуть** – to blow

Северная сказка

Старик, не зная зачем, пошёл в лес. Потом вернулся и говорит: – Старуха, а старуха! – Старуха так и повалилась.

С тех пор все зайцы зимой белые.

> ## Словарь
>
> **повалиться** – to collapse   **заяц** – hare

Забыл, как называется

Один англичанин никак не мог вспомнить, как эта птица называется.

– Это, – говорит, – крюкица. Ах нет, не крюкица, а кирюкица. Или нет, не кирюкица, а курякица. Фу ты! Не курякица, а кукрикица. Да и не кукрикица, а кирикрюкица. Хотите я вам расскажу рассказ про эту крюкицу? То есть не крюкицу, а кирюкицу. Или нет, не кирюкицу, а курякицу. Фу ты! Не курякицу, а кукрикицу. Да не кукрикицу, а кирикрюкицу! Нет, опять не так! Курикрятицу?

Нет, не курикрятицу! Кирикрюкицу? Нет опять не так! Забыл я, как эта птица называется. А уж если б не забыл, то рассказал бы вам рассказ про эту кирикуркукукрекицу.

Which bird, do you think, is implied in the story «Забыл, как называется»? Which word was the Englishman trying to remember?

Topics for discussions/essays

Как лично вы понимаете Д. Хармса?

In your discussion use the information about his personality from the quotes below.

«Я не сразу поняла, что это за человек. Он был совершенно необычайным, не похожим ни на кого, ни разговором, ни поведением, – человеком неповторимым. Казалось, он весь состоял из шуток. Сейчас я понимаю, что иначе он и не представлял себе своего существования. Чудачество было ему свойственно и необходимо».

Алиса Порет

«У Дани было правильное лицо, классическое. Очень высокого роста. Худой, конечно, в те годы молодые. Всегда аккуратно и чисто одет был, причесан. Очень вежлив, хорошо воспитан. С девушками разговаривал на вы. Однажды он пришел в новом костюме. И один лацкан в нем был длинный, до колен у него. Я сказала:
– Почему так шит костюм?
А он сказал:
– Я так велел портному, мне так понравилось.
Но когда он в следующий раз пришел к нам, то этого лацкана уже не было.
– Он мне надоел, и я его отрезал.
Он любил придумывать всякие чудачества. Он одевался как мальчик: всегда брюки гольф, под коленкой пуговки застегивались. Он не носил длинных брюк».

Эмма Мельникова

«Подобно всем обэриутам, Хармс рисовал. Он разрисовал стену своей комнаты, интересны были его рисунки на бумажном абажуре висящей лампы, рисунки тушью, по принципу мнимой симметрии. Хармс любил живопись, но его любовь к музыке была беспредельна. Букстехуде, Гендель, Бах, Моцартт – вот те, которых он обожал. Густым и приятным голосом он часто пел Lacrimosa. Почти ежедневно к нему приходил Я. Друскин, вдохновеннейший музыкант, по памяти игравший на фисгармонии творения исполинов XVIII века. Из современников Хармс ценил Шостаковича, особенно его оперу «Нос», которая после нескольких спектаклей была 'запрещена'».

Николай Харджиев

«Хармсу было весьма важно сделать свою жизнь как искусство. У него было ощущение жизни как чуда, и не случайно у него много рассказов о чуде . . . »
«Хармс в некоторых своих рассказах был андерсоновским мальчиком, который не побоялся сказать: «А король-то ведь гол». Он видел ничтожность и пустоту механизированной жизни, окостеневшей в автоматизме мысли, чувства и повседневности; пустоту и бессмысленность существования, определяемого словами: «как все», «так принято». В его рассказах и стихах встречается то, что называют бессмыслицей, алогизмом. Не рассказы его бессмысленны и алогичны, а жизнь, которую он описывает в них. Формальная же бессмысленность и алогизм ситуаций в его вещах, так же как

и юмор, были средством обнажения жизни, выражения реальной бессмыслицы автоматизированного существования, некоторых реальных состояний, свойственных каждому человеку. Поэтому он и говорил, что в жизни есть две высокие вещи: юмор и святость. Под святостью он понимал подлинную – живую – жизнь. Юмором он обнажал неподлинную, застывшую, уже мертвую жизнь: не жизнь, а только мертвую оболочку жизни, безличное существование».

Я. Друскин

«Юмор, фокусы, розыгрыши, конструирование смешных ситуаций также были частью его жизни. Более того, по воспоминаниям многих знавших его людей, Хармс любил при знакомстве ошарашивать человека «абсурдным» вопросом и следить за его реакцией. Зачастую эта реакция и определяла весь дальнейший ход его общения с этим человеком на годы».

«Примерно с конца 1980-х годов, когда в России началась массовая публикация произведений Хармса, стало ясно, что это далеко не только детский поэт, каким его знали читатели, и вовсе не юморист, которым его представляли советские издания, а писатель первого ряда русской литературы, открывший в ней вместе со своим другом Александром Введенским новое направление, предвосхитившее европейскую «литературу абсурда», получившую развитие уже после Второй мировой войны».

А. Кобринский

«Хармс и его единомышленники воспринимали окружающий мир как абсурд. Вокруг была советская абсурдная действительность. Вести себя в этом мире нормально означало выламываться из действительности, противостоять – не важно чем: поведением в быту, стихами, прозой, философскими сочинениями, которые и отражали эту действительность в системе гротеска и алогизма».

Г. Евграфов

Further reading

1. А.С. Пушкин. «Пиковая дама». Edited with introduction, notes and vocabulary by J. Forsyth. Bristol Classical Press, 1992.
2. А.С. Пушкин. «Повести покойного Ивана Петровича Белкина». Edited with introduction, notes and glossary by B.O. Unbegaun. Bristol Classical Press, 1991.
3. Н.В. Гоголь. «Нос». Edited by Ruth Sobel. Bristol Classical Press, 1994.
4. Д. Хармс. ВСЁ ПОДРЯД: В 3 т. (М.: Захаров, 2005). Т. 1: 1910–1931; Т. 2: 1932–1935; Т. 3: 1936–1941.
5. Русская народная сказка «Репка».

Chapter 6: Геннадий Гор. «Маня»

The writer Gennady Gor graduated from Leningrad (now Saint Petersburg) State University where he studied literature. He was expelled from the university for the publication of his short stories, being accused of 'formalism' for their lack of a political agenda. Later he was reinstated. Gor's novel «Корова», written in the 1930s, was published only in 2000. Gor's literary style, formed in the 1920s, was influenced by the avant-garde literature of the time, especially by Konstantin Vaginov and Leonid Dobychin. It is marked by a strong connection with Daniil Kharms, one of the heads of the avant-garde group ОБЭРИУ (Объединение реального искусства).

From 1942 to 1944, in besieged Leningrad and after evacuation, Gor wrote a collection of poems. The collection was fully published in Russia only in 2012 (Геннадий Гор. Стихотворения 1942–1944. Москва: Гилея). For Soviet readers Gor was mainly known for his science fiction written in the 1960s and 1970s.

The story «Маня» is one of Gor's early works.

Figure 6.1 Геннадий Самойлович Гор (1907–1981)

The story **«Маня»** is about a husband who does not appreciate his wife, who 'sees through her'. It is a story about how she is leaving him gradually, disappearing, in a literal sense, 'losing one part of the body after another' every time he looks at her. So one day he discovers that not much is left of her.

«ни рук, ни ног, ни туловища – ничего» (6)
(нет/не осталось + genitive)

Give the genitives of the following nouns from the extract.

nominative singular	genitive singular	genitive plural
туловище	туловища	туловищ
голова	_____	_____
лицо	_____	_____
глаз	_____	_____
нос	_____	_____
подбородок	_____	_____
ухо	_____	_____
бровь	_____	_____
нога	_____	_____
рука	_____	_____
зуб	_____	_____
голос	_____	_____
волос	_____	_____
шея	_____	_____
колено	_____	_____

Маня

(1) На службе он молчал, отвечал только на необходимые, неотложные, деловые, то есть служебные, вопросы.

(2) Дома он думал: от неё ушел нос, и волосы, и подбородок, и брови. То есть не от неё, а от меня. А я внешне физически прежний. Но с каждым днём я что-то теряю невидимое, что-то теряю в чувствах неуловимое, и ничто уже не радует меня, и вся жизнь становится безразличной.

(3) К ней в спальню он заходил только по делу. Правда, он, пожалуй, даже немножко привык к её лицу. В конце концов он совсем бы привык и, может, даже смирился бы, но однажды произошло следующее. Он вошел в комнату к ней с книгой в руке. Это было его давней обязанностью – выбирать для неё книги. Она читала много, и это скрашивало его жизнь. Она могла читать и понимать написанное, она была ещё человеком. Итак, он вошёл в спальню и остановился.

(4) – Маня! – окликнул он её.

– Это ты, Виктор? – услышал он её прежний милый голос, голос, который каждый раз заставлял его вздрагивать и надеяться.

– Где же ты, Маня? – спросил он удивлённо.

– Да здесь, боже мой, на кушетке, ты ослеп?

(5) Он подошёл к кушетке и посмотрел: никого.

– Где же ты? Куда ты спряталась?

Он зажёг свет и увидел комок, что-то вроде мяча, да, действительно на кушетке. Он подошёл ближе и отпрянул.

– Боже, боже мой!

(6) То, что ещё недавно было Маней, то, что ещё недавно было его женой, то, что вчера ещё было чем-то, сейчас было ничего. На кушетке лежала голова. Ни рук, ни ног, ни туловища – ничего. Всё исчезло сразу за одно утро, пока он ходил за хлебом.

Всё ушло от него, и только два глаза, и её уши, и голос её, да ещё золотой зуб – вот и всё.

(7) – Почитай мне, Витя, – сказала она. – Ты принёс Чехова. Почитай мне «Даму с собачкой». Я сегодня не могу поднять ни рук, ни ног. Такое чувство, что их нет. Ты знаешь, Витя, какое-то необыкновенное лёгкое чувство, как будто я стала маленькой-маленькой. Ну подойди, милый, ну обними меня.

Обнять? Ну что он мог обнять? Он мог обнять шар, её голову, то, что недавно было её лицом . . .

– Что же это? За что? За что?

(8) Он закрыл лицо и выбежал из комнаты. Он упал на диван, чтобы заплакать, но он не умел плакать. Какое-то чувство мешало плакать, какое-то странное холодное чувство, словно посторонний наблюдал за ним. Но, боже мой, куда же всё ушло, куда исчезло? Не превратилось же оно в воздух. Ведь существует же закон сохранения энергии. Кажется, так? Ведь не может же всё исчезнуть бесследно.

– Абсурд, – подумал он вслух, – что за абсурд. К чему этот абсурд. Для чего этот абсурд?

(9) Он подошёл к столу, вырвал из блокнота чистый лист и начал писать:

«Многоуважаемый профессор, – писал он. – Ваше имя известно всему человечеству. Вы сделали открытие за открытием для науки. Но то, что случилось с моей женой, так противоречит законам природы, законам науки и здравому смыслу, что мне пришлось в течение двух недель скрывать это от знакомых и родных, от всех людей. Но я больше не могу. Я не могу смотреть, как близкий мне человек постепенно уходит от меня. Сначала ушла рука, потом подбородок, потом брови, нос, сегодня я уже нашёл одну голову, даже без шеи. Ушло от меня туловище и ноги, её чудесные круглые ноги, на которые я так любил смотреть, когда она, надев шёлковые чулки, в лёгких туфлях шла по Невскому.

Я не могу больше смотреть, как постепенно уходит от меня любимый и самый дорогой человек Мария, моя Маня.

Заклинаю вас, профессор, именем Вашей жены, спасите, если наука может вернуть, – верните её мне.

В. В. Петров (экономист). Улица Плеханова, 2, кв. 12».

(10) Он свернул лист и положил его в конверт. Он принял твёрдое решение – сейчас же, немедленно к профессору и привести, притащить его сюда. Письмо он взял с собой на тот случай, если профессора не застанет дома.

Решение это немножко успокоило его. Надежда вспыхнула в нём на мгновение и погасла, как спичка в подземелье, где сырой воздух, как последняя спичка, и он остался в темноте.

Трамвай уже тронулся с места, когда он подходил к остановке, он вскочил на ходу. Он шёл очень медленно, этот трамвай, чёрт подери. Они всегда ходят медленно, эти трамваи, слишком медленно, чёрт подери.

(11) Когда он вбежал к профессору, он сказал одно только слово:

– Ради . . . – и остановился. Ему показалось, что он падает, голова кружится, и он протянул профессору письмо, которое могло рассказать лучше, чем сумел бы он. Профессор прочёл письмо, корректный, посмотрел на ручные часы и сказал:

– Ну что же. Идемте. Я готов.

(12) Они всю дорогу молчали, и только уже на лестнице перед дверью профессор сказал как бы сам себе:

– Паралич. Да. Медицина тут едва ли чем сможет помочь.

Петров открыл дверь французским ключом, зажёг свет в прихожей. Её шуба, муфта и боты – все было на месте. Сердце его заныло: к чему? Теперь-то ей не нужны ни шуба, ни муфта, тем более боты.

С профессором они пошли прямо к ней в спальню.

(13) – Маня, ты не спишь? – окликнул он её ещё из столовой.

Она не ответила. «Наверно, спит», – подумал он.

Чтоб подготовить профессора к неожиданному, невероятному, ужасному, он напомнил ему у входа в спальню:

– Одна голова, без туловища.

– То есть как голова? Атрофировались ноги и руки?

– Нет, всё исчезло вдруг.

(14) В спальне Мани не оказалось ни на кушетке, ни на кровати, ни в кресле у окна, где она любила сидеть.

«Может быть, она пошла в ванную или уборную», – подумал уже он, но вдруг мысль, холодная, страшная, остановила его: постой, ведь она не могла выйти из комнаты без ног и туловища, она исчезла вся, пока я ходил.

(15) – Где же больная? – осведомился профессор.

– Она исчезла. Впрочем, может, она упала с кровати и где-нибудь здесь на полу. Я поищу.

– Вы шутите? Что за дурацкая мистификация! Если вас бросила, ушла от вас жена, то при чём здесь медицина. Впрочем, не будем рассуждать. Рассуждения едва ли вам помогут. Я понимаю ваше состояние.

Профессор поклонился и, даже не потребовав гонорара, вышел.

(16) «Боже мой, она исчезла, пока я ходил, её нет, она ушла. Но может быть, хоть что-нибудь осталось от неё, или, возможно, она упала под кровать, закатилась за шкаф».

Он начал искать её под кроватью и под кушеткой, ползая и ощупывая каждый сантиметр пола. Но её не было.

Он приподнялся, отдышался и снова возобновил свои поиски. Он решил осмотреть все углы – и под шкафом, и под комодом, и возле зеркала. Он приподнял ковёр и встряхнул его: ведь не могла же она исчезнуть вся, хоть что-нибудь да осталось от неё, какая-нибудь мелочь.

(17) Он подошёл к гардеробу, встал на колени, просунул руку, и вдруг что-то маленькое, тёплое, живое нащупал он, что-то нежное, и вытащил ухо. Её, Манино ухо, розовое, чистое, ну да. Он поцеловал ухо и спрятал его в боковой карман и возобновил поиски. Он искал час, два, всю ночь и все утро следующего дня, во всех комнатах, но ему ничего не удалось найти, даже золотого зуба. Всё, что оставила ему Маня, – это ухо, маленькое, розовое, нежное. Он вытащил его из бокового кармана и поцеловал.

(18) Потом он подумал: а можно ли «её» носить в боковом кармане, ведь он мог обронить «её» раздеваясь, наконец, какой-нибудь хулиган мог по ошибке выхватить у него «её» в трамвае, незаметно засунув руку в боковой карман, как это делают воры в трамвае. Он сшил для «неё» (ухо для него было больше чем простым ухом, и он мысленно не называл его ухом) особый потайной карман и положил «её» туда.

(19) Началась трудная жизнь.

Да, «она» была у него в кармане, вернее, остаток её, ухо, но надо было придумать что-то, чтоб ответить любопытным, где она, куда она ушла. И он решил отвечать так:

– Она уехала в Тамбов к бабушке.

Никто из знакомых не знал, что бабушка, которая действительно жила когда-то в Тамбове, скончалась уже, кажется, пять лет тому назад.

Да, решил он, она уехала в Тамбов к бабушке. И ему самому казалось: а не уехала ли она, в самом деле в Тамбов и, может, скоро вернется. Должна же она в конце концов вернуться?

(20) Однажды, возвращаясь со службы, он встретил Соню, подругу Мани, и уже хотел отвернуться, но уже было поздно. Она узнала его.

– Виктор, – сказала она игривым тоном. – Ты куда?

– Домой.

Он уже приготовился сообщить ей о бабушке из Тамбова, куда уехала Маня, как вдруг Соня сделала сочувственное лицо и сказала:

– Ничего, Витя. Привыкнешь. Это бывает со многими.

(21) «Боже мой, – подумал он, – неужели ещё с кем-нибудь произошло нечто подобное. Но откуда же она знает о том, что исчезла Маня?»

– Ничего, Витя. Привыкнешь. Ты себе найдешь другую. А она поступила решительно и внезапно. Но что делать? Таков у неё характер. Решила уйти и ушла.

– Но зачем же таким образом, так ужасно?

– Всякий поступает по-своему, – сказала Соня.

– Большинство уходит сразу. А она уходила от тебя понемножку. Такой уж у неё характер.

– Но куда, куда она ушла? Ведь её нет. Она исчезла совсем. Вопреки законам природы.

– Ну, как сказать. Для кого – совсем, а для кого не совсем. А насчёт природы – успокойся. Природе нет до этого дела. И вообще, смешно рассуждать о природе, когда уходит жена.

(22) – Но где же она? Где?

– Не скажу, – ответила Соня. – Да и зачем тебе, Витя? Ты еще не стар и найдёшь другую.

Она махнула сумочкой и побежала на тонких своих дамских ножках, на быстрых ножках, похожих на козьи.

(23) Придя домой, он вытащил ухо из кармана и нежно поцеловал его. Да, это всё, что она оставила ему, немного, но лучше мало, чем ничего.

Он вспомнил слова Сони и усомнился. Может ли быть так, что она ушла от меня к другому? Нет, она исчезла вопреки законам природы. Можно ли верить Соне, этой сплетнице и чёрствой душе? Да если бы она и ушла, зачем бы она оставила ухо? Маня так любила свои уши. Да, он был уверен, что Соня все выдумала. Разве можно ей верить. Ей даже не верила Маня, когда была здорова и невредима. С этой мыслью он лёг спать.

(24) Но утром – может ли это быть? – он встретился лицом к лицу с ней, ну, разумеется, с Маней, возле сосисочной на Михайловской. Она шла под ручку с каким-то и смеялась. И рот её был прежним, и подбородок. Боже мой. И тот, что был с ней, в сером коверкотовом пальто, держал крепко её под ручку и тоже смеялся. Боже мой, и ноги, и туловище, и руки её, Манины руки. Петров растерялся. Он чуть не позвал её: Маня! Она взглянула на него синими прекрасными глазами и удивленно подняла брови, словно не она исчезла, а он исчез вопреки законам природы.

(25) Тогда он, Виктор Владимирович Петров, подошёл к ней, приподнял её шляпу и увидел, что у неё не хватает одного уха.

– Позвольте, – сказал её спутник. – Я позову милиционера. Вот нахал!

– Нет. – Сказал Петров. – Я не отдам тебе ухо. Я не дам тебе ухо. Я не отдам. И, повернувшись, пошёл домой.

Геннадий Гор

Словарь

подбородок – chin

безразличный – indifferent, all the same

обязанность – duty

окликать/окликнуть – call

прежний – previous, former

вздрагивать/вздрогнуть – to shudder, quiver

ослеп past (*from* **ослепнуть**) – became blind

прятаться/спрятаться – to hide

комок – lump, bundle

туловище – body

исчезать/исчезнуть – to disappear

обнимать/обнять – to embrace, hug

плакать/заплакать – to cry

посторонний – stranger, outsider

превращаться/превратиться – to turn into

сохранение – conservation, preservation

вырывать/вырвать – to snatch

противоречить – to contradict

смысл – meaning, sense

постепенно – gradually

притаскивать/притащить *coll.* – to bring

успокаивать/успокоить – to calm, quieten

вспыхивать/вспыхнуть – to break out

тронуться – to set off

вскакивать/вскочить – to leap up

черт подери! – hell (the devil take it!)

кружиться – to whirl, spin (feel giddy)

ныть/заныть – to ache, moan

уборная – toilet

бросать/бросить – to throw, dump

рассуждение – reasoning, argument, debate

кланяться/поклониться – to bow, to greet

катиться/закатиться – to roll

ползать/ползти – to crawl

отдышаться – to recover one's breath

возобновить – to resume, renew

встряхивать/встряхнуть – to shake

целовать/поцеловать – to kiss

боковой – side

карман – pocket

ронять/обронить – to drop

выхватывать/выхватить – to snatch out

засовывать/засунуть – to mislay

вор – thief

шить/сшить – to sew

любопытный – curious

скончаться – to pass away

отворачиваться/отвернуться – to turn away

поступать/поступить – to act

вопреки – in spite of, contrary to

махать/махнуть – to wave

невредима (*from* **невредимый**) – in one piece

разумеется – it goes without saying

растеряться – to get lost, confused, dismayed

Exercise 2

Put the following words from the extract into thematically related groups and give each group a heading in English.

комната

спальня

кушетка

диван

стол

чулки

туфли

часы

лестница

дверь

прихожая

шуба

муфта

боты

кушетка

кровать

кресло

окно

ванная

уборная

пол

кровать

шкаф

угол

комод

зеркало

ковер

гардероб

карман

сумочка

пальто

шляпа

Exercise 3

Grammar. Verbs of motion.

Comment on the usage of the verbs of motion (unidirectional/multidirectional, prefixed – Appendix *2) in the following sentences.*

1   К ней в спальню он <u>заходил</u> только по делу. (3)
2   Итак, он <u>вошел</u> в спальню и остановился. (3)
3   Он <u>подошел</u> к кушетке и посмотрел: никого. (5)
4   Все исчезло сразу за одно утро, пока он <u>ходил</u> за хлебом. (6)
5   Все <u>ушло</u> от него . . . (6)
6   – Почитай мне, Витя, – сказала она. – Ты <u>принес</u> Чехова. (7)
7   Он закрыл лицо и <u>выбежал</u> из комнаты. (8)
8   Он <u>подошел</u> к столу, вырвал из блокнота чистый лист и начал писать . . . (9)
9   Я не могу смотреть, как близкий мне человек постепенно <u>уходит</u> от меня. (9)
10 <u>Ушло</u> от меня туловище и ноги, ее чудесные круглые ноги, на которые я так любил смотреть, когда она, надев шелковые чулки, в легких туфлях <u>шла</u> по Невскому. (9)
11 Он <u>шел</u> очень медленно, этот трамвай, черт подери. (10)
12 Они всегда <u>ходят</u> медленно, эти трамваи, слишком медленно, черт подери. (10)
13 Когда он <u>вбежал</u> к профессору, он сказал одно только слово . . . (11)
14 С профессором они <u>пошли</u> прямо к ней в спальню. (12)
15 «Может быть, она <u>пошла</u> в ванную или уборную», – подумал уже он, но вдруг мысль, холодная, страшная, остановила его: постой, ведь она не могла <u>выйти</u> из комнаты без ног и туловища, она исчезла вся, пока я <u>ходил</u>. (14)
16 Если вас бросила, <u>ушла</u> от вас жена, то при чем здесь медицина. (15)
17 Профессор поклонился и, даже не потребовав гонорара, <u>вышел</u>. (15)
18 «Боже мой, она исчезла, пока я <u>ходил</u>, ее нет, она <u>ушла</u>. (16)
19 Он <u>подошел</u> к гардеробу, встал на колени . . . (17)
20 Она <u>уехала</u> в Тамбов к бабушке. (19)
21 Решила <u>уйти</u> и <u>ушла</u>. (21)
22 Она махнула сумочкой и <u>побежала</u> . . . (22)
23 <u>Придя</u> домой, он вытащил ухо из кармана . . . (23)
24 Она <u>шла</u> под ручку с каким-то и смеялась. (24)
25 Тогда он, Виктор Владимирович Петров, <u>подошел к ней</u> . . . (25)
26 – Нет. – Сказал Петров. – Я не отдам тебе ухо . . . И, повернувшись, <u>пошел</u> домой. (25)

Exercise 4

Word formation. Adjectives formed from nouns denoting animals.

козьи ножки (22)
коза – козий (m.), **козья** (f.), **козье** (n.), **козьи** (pl.)

Form the adjectives from the following nouns denoting animals.

рыба – _____ рот; лиса – _____ шуба; коза – _____ молоко; корова – _____ глаза

Exercise 5

Word formation. Possessive adjectives in **-ин**.

Манино ухо (17) = ухо Мани (Manya's ear)
Маня – **Манин** (m.), **Манина** (f.), **Манино** (n.), **Манины** (pl.)

Form the adjectives from the following nouns denoting persons (usually kinship).

Модель: книга сестры – сестрина книга

письмо мамы   –   _____ _____
телефон дяди   –   _____ _____
вещи Саши   –   _____ _____
машина Володи   –   _____ _____
деньги бабушки   –   _____ _____

Fill in the gaps with the appropriate form of the adjectives in **-ин**.

Я – бедная студентка. Живу в _____ и _____ доме
(*в доме папы и мамы*). Езжу на _____ машине (*на машине папы*).
Мне повезло, у нас с мамой один размер: ношу _____ куртку (*куртку
мамы*) и _____ кроссовки (*кроссовки мамы*), и когда она разрешит,
только по особым случаям, _____ пальто (*пальто мамы*). Между
нами говоря, ездила на каникулы отдыхать на _____ деньги (*на деньги
бабушки*) с _____ чемоданом (*с чемоданом дедушки*). Что за жизнь!
Недавно уронила и разбила мобильник. Моя подруга Лена отдала мне свой старый.
Слава богу, могу теперь пользоваться _____ телефоном (*телефоном
Лены*) . . .

Exercise 6

Grammar.

под, **за** + **accusative** (movement to a position under/underneath)
под, **за** + **instrumental** (under/underneath)

cf.: «Может она упала **под кровать** . . . » – « . . . он стал искать **под кроватью** . . . » (16)
    (за шкаф – за шкафом; под кушетку – под кушеткой)

Put the nouns in the appropriate case.

1   – Ты не знаешь, где мои очки? Мне кажется, я положил их на _____ (стол)
    – Поищи за _____ (стол). Может быть, они упали за _____ (стол).
2   Я не могла найти мою кредитку вчера. Искала её по всей квартире. Нашла её под
    _____ (ковёр)! Невероятно, как она попала под _____ (ковёр)?

3 В советское время русские не могли ездить за _____ (граница). Сейчас же они часто проводят отпуск за _____ (граница).

4 Обед готов, садитесь за _____ (стол). Смотри, а дети уже за _____ (стол)!

5 – Я вижу, ваш кот любит сидеть под _____ _____ (журнальный столик).
– Точно! Он забирается под _____ _____ (журнальный столик), потому что оттуда он может наблюдать за всеми.

6 – Маня была _____ (замуж)?
– Да, она ушла к другому два года назад и развелась. Представляешь, она опять выходит _____ (замуж), свадьба будет весной.

| Exercise 7

Meanings of 'then' in Russian: **потом** (then: 'afterwards', 'later'), **тогда** (then: 'it was when . . .', 'at that time/point'; 'in that case')

> cf.: «Сначала ушла рука, потом подбородок, **потом** брови, нос, сегодня я уже нашел одну голову . . .» (9) (then, 'later')

«Она взглянула на него синими прекрасными глазами и удивленно подняла брови, словно не она исчезла, а он исчез вопреки законам природы. **Тогда** он, Виктор Владимирович Петров, подошел к ней . . .» (24–25) (then, 'it was when he . . .', 'at that point')

What do **потом** *and* **тогда** *mean in the following sentences?*

1 «А что потом? Что же тогда?» (the translation of the Turkish film title *Ya Sonra?* – 'And Then What?')

2 «Об уровне образования тогда, сейчас и потом» (a topic of an Internet forum)

3 «Потом тогда поговорим» (a chat room message)

4 «Кофе пьем на ночь, и потом не спим? Тогда Вам сюда . . .» (an invitation to join a chat room group)

5 «Невозможно любить, а потом ничего не чувствовать. Либо ты врал тогда, либо ты врешь сейчас» (a contribution to a teenage forum on the Internet)

6 «Сначала судья отменил гол, а потом засчитал. Если сначала система говорит одно, а потом другое, где тогда правда?» (a comment on a sport site)

Fill in the gaps with the right word in the text below.

Действие пьесы происходит в 90-х годах. _____ (потом/тогда) в России появились так называемые «новые русские». Есть старый дом, в котором такой «новый русский» устраивает на чердаке свадьбу. На свадьбу приходит мать невесты, а _____ (потом/тогда) старые друзья жениха и его партнеры по бизнесу. Жених любит этот дом и не хочет делать из него валютный отель, и _____ (потом/тогда) его быстро выбрасывают из фирмы. _____ (потом/тогда) выясняется, что американский партнер «новых русских» – бандит, и он уже захватил их фирму, и у него совсем другие планы на этот старый дом . . . Хотите узнать, чем заканчивается пьеса? _____ (потом/тогда) читайте пьесу Слаповского «Мой вишневый садик».

Exercise 8

Find sentences with the following words in the extract. Explain in Russian the meaning of the words.

Модель: неотложные (вопросы) (1) – вопросы, которые нельзя отложить.

1   необходимые (1)
2   невидимое (2)
3   неуловимое (2)
4   недавно (6)
5   необыкновенное (7)
6   немедленно (10)
7   неожиданное (13)
8   невероятное (13)
9   незаметно (18)
10 немного (23)
11 невредима (23)

Exercise 9

Skim the extract and reconstruct the appearance and personality of Manya.

(4)   . . . милый голос . . .
(6)
(9)
(17)
(21)
(24)

Skim the extract and reconstruct the appearance and personality of Sonya.

(20)   . . . сказала она игривым тоном . . . ; . . . сделала сочувственное лицо . . .
(22)
(23)

Exercise 10

Comprehension check.

Answer the questions.

1   Какую книгу принес Виктор почитать жене. Как вы думаете, почему автор рассказа выбрал именно эту книгу?
2   Как зовут главного персонажа и кем он работает?
3   Почему жене Виктора не нужны ни шуба, ни муфта, ни боты? (12)

4 Что, в конце концов, осталось от Мани, и где Виктор носил это?

5 Что вы думаете о Викторе и о Мане? Почему она ушла к другому?

6 Что вы думаете о Соне? Как можно охарактеризовать того, к кому ушла Маня?

7 Как вы понимаете конец рассказа?

Topics for discussions/essays

1 Comment on the following quote:

«Он сказал не то, что хотел сказать, а то, что думал» (Г. Гор. «Корова»)

2 Comment on A. Bitov's memory of his first reading of the story 'Manya':

«Я читал с доброжелательным предубеждением и . . . восторгом! Там жена уходила от мужа по частям: сначала рука, потом нога . . . сначала брови, потом подбородок . . . в конце концов осталось одно ухо, но и оно исчезло при встрече с женою на улице.

Такая боль расставания!

– Гениально! – восклицал я, в тайно обусловленном месте возвращая автору рукопись.

– Надо печатать.

– Нельзя! – испуганно озирался он.

– Почему же нельзя! – возмущался я. – Уже можно. «Превращение» же напечатали!

– Я Кафку тогда не читал . . . Я сам это написал.

– Тем более! Кафке можно, а вам нельзя?

– Вам уже можно.

– Вы же теперь фантастику пишете, выдайте рассказ за фантастику, Геннадий Самойлович.

– Ну что вы, право, Андрей Георгиевич. Как ребенок . . . Это не фантастика.

– Что правда, то правда . . . »

Further reading

1 Г. Гор. Рассказ «Маня». Сборник «Корова», Москва, «Независимая газета», 2001.

2 А. Битов. «Перепуганный талант, или Сказание о победе формы над содержанием». «Звезда» 2000, №10.

3 Д. Гранин. «Причуды моей памяти».

Chapter 7: Андрей Зорин. «Ничему нельзя научиться в душной аудитории»

Andrei Zorin is an internationally renowned scholar of literature and culture. He is a professor at both the University of Oxford and the Russian State University for the Humanities (РГГУ). His research interests include Russian literature and Russian culture of the eighteenth and the beginning of the nineteenth centuries in the context of Europe, the history of emotional attitudes and the history of the intelligentsia in Russia and the USSR.

Exercise 1

In the interview «Ничему нельзя научиться в душной аудитории» A. Zorin talks about the problems of higher education in Russia and what is needed to improve it. *Look through the questions asked by the interviewer and discuss in Russian what the interview is about and which issues it deals with.* You may need the following phrases: журналист задает вопрос о том, что, как, когда, почему, чем . . . , интервью затрагивает вопросы . . . , в интервью обсуждаются проблемы . . . , в нем говорится о том, что, как, когда, почему, чем . . . , здесь поднимается вопрос о том, что, как, когда, почему, чем . . .

Exercise 2

Before you read the interview make sure you know the key words for the topic. *Explain their meanings in Russian.* Use a dictionary if necessary.

> *Model:* **вуз (Высшее учебное заведение)** – институт или университет; организация, где получают диплом о высшем образовании

вуз (Высшее учебное заведение)
высшее образование
вступительные экзамены
выпуск выпускник
лекция
занятия в малых группах
зачет
сессия
экзамен
аудитория
аудиторная нагрузка (load)

Ничему нельзя научиться в душной аудитории

Интервью с Андреем Зориным

© Shutterstock.com / Wavebreakmedia

– Что необходимо российскому высшему образованию?

– Мне представляется, что существует определенная мировая динамика рынка труда, от которой российское образование отстает, и если не начать принимать меры, отстанет катастрофически. Причем в обозримый период. То есть лет через 10–15 Россия просто исчезнет с карты мира как страна, где можно получить качественное высшее образование. Проблема, прежде всего, вот в чем: из нашего лексикона уходит понятие «работа по специальности». Рынок труда изменяется с невероятной скоростью: невозможно сказать, какие работы будут востребованы через четыре года; мало того, зачастую невозможно сказать, какие работы вообще будут на рынке существовать. Очень быстро появляются совершенно новые области деятельности, о которых мы не имели никакого представления. И ригидная номенклатура выпуска по специальности в этом случае становится безнадежной. Самая большая проблема современного высшего образования – человек на выходе с дипломом не может работать. Причем есть два множества людей – с одной стороны те, которые плачут, что не могут найти работу по специальности, что им некуда приложить свои силы и умения, попросту негде заработать. А, с другой, я часто разговариваю с работодателями, которые тоже плачут, потому что им некого нанять. Они просто не могут найти людей, способных что-нибудь сделать! И если эта стена не будет пробита, если мы будем продолжать производить неконвертируемых специалистов, то катастрофа наступит неизбежно.

– Проблема, что выпускники с узкой специальностью не могут найти работу, касается всех областей знания?

– Практически. Я, конечно, в первую очередь имею в виду образование гуманитарное, но я много разговаривал со специалистами, технического образования это тоже во многих отношениях касается. Массовое образование по узким специальностям просто не отвечает сегодняшнему дню. Ну не может ему отвечать доставшаяся нам от культурной революции 30-х годов система, когда людей загоняют в аудиторию и заставляют слушать лекцию, которую они не понимают. А если понимают одну, то не понимают следующую. А потом им устраивают сессию, они в лучшем случае что-то судорожно перед экзаменом учат, забывая это на следующий день после того, как все заканчивается. Это стандартная студенческая практика, я ничего не придумываю. Мы ведь ставим молодого человека 17 лет в позицию тяжелейшего стресса, говоря, что ему нужно выбрать специальность на всю жизнь.

– Что Вы предлагаете? Как можно решить эту проблему?

– Мне кажется, что к высшему образованию должны быть приложены совершенно другие критерии. Оно должно готовить человека, обладающего достаточными интеллектуальными навыками, гибкостью ума, кругозором, способностью ориентироваться на рынке. Оно должно делать его таким, чтобы он мог на постоянно изменяющемся рынке переучиться, добрать нужные ему навыки, поймать что-то на месте. И мне кажется, что этим задачам соответствует тип образования, который в Америке называется liberal arts . . . Что такое liberal arts? Это образование предполагает, что человек выбирает специализацию, поступив в университет, послушав разные курсы и сориентировавшись в том выборе, который ему предлагается. И специализация не подразумевает, что ты выбрал одно и отметаешь все остальное. Происходит заточка неких универсальных способностей. Специальность нужна не только для того, чтобы ты мог по ней работать, но даже в большей степени – чтобы ты вообще понимал, что такое специализация. Причем, как правило, их две – основная и вспомогательная. Я вот только что в Оксфорде наблюдал девушку, у которой основная была по биохимии, а вспомогательная – по музыковедению. В Америке такое никого не удивляет. А в Оксфорде она изучала математику и русскую философию.

– А что новая система предполагает сделать с лекциями? Их вообще не должно быть?

– Нет, должны быть. Лекция – это важный формат, но их должно быть мало, они должны быть редкостью для студента. Один лекционный курс в семестр – этого достаточно. Все остальное – это занятия в малых группах. Плюс, поскольку современные технологии позволяют, большая часть работы должна происходить дома – самостоятельно, но под контролем преподавателя. Когда люди на Западе узнают, какова аудиторная нагрузка студентов и преподавателей в русском институте, они бледнеют, белеют и синеют. Они не могут понять, как может нормальный студент 28 часов в неделю проводить в аудитории. А в реальности их всегда больше. Ничему нельзя научиться, если ты столько времени проводишь в душной аудитории. Это отучает человека работать, включать собственные мозги. А система liberal arts дает человеку больше ориентиров в мире, позволяет ему вычертить свою индивидуальную траекторию, самому собрать собственную образовательную модель. Плюс к тому очень важную роль играет второй уровень, магистерский.

— У нас сейчас вроде тоже пытаются ввести магистерский уровень?

— Да, но в России эта двухуровневая система принимает вид совершенно нелепый. Считается, что бакалавриат – это усеченная специализация, когда ты в четыре года втискиваешь то, что раньше занимало пять лет. А магистратура – расширенная, когда ты, наоборот, отжимаешь до шести. На самом деле бакалавриат должен давать широкий профиль, а в магистратуре происходит конкретный выбор специальности. Проучившись четыре года, ты понимаешь, что хочешь делать, и выбираешь место, где тебе дают конкретные навыки. Причем магистратура совершенно необязательно должна быть на той же специальности, на которой ты учился в бакалавриате.

— У нас еще с советских времен заложено представление о том, что высшее образование должно быть всеобщим. Вы согласны с этим?

— Знаете, меня трудно заподозрить в чрезмерной любви к Советскому Союзу, разве что в чрезмерной ненависти. Но советское высшее образование всеобщим не было. В советское время поступить в университет было довольно трудно, надо было сдать сложные вступительные экзамены. Конечно, была коррупция, вранье, что ее не было, был гигантский блат – но всеобщим образование не было. Всеобщим оно стало в постсоветское время. Это завоевание последних двадцати лет. Другой вопрос, что и в плохом высшем образовании есть реальный смысл.

— Какой смысл в плохом высшем образовании?

— Западные социологи недавно проводили исследование, связанное с нашим демографическим кризисом, и попробовали выстроить какие-то корреляции. Оказалось, что человек, получивший высшее образование, любое, как правило, существенно дольше живет. Нетрудно понять почему. У тебя так или иначе возникает навык откладывания действий, получения результата. Условно – ты можешь сейчас не выпить, потому что завтра зачет. Возникают какие-то практики в голове – даже при самом скверном преподавании. Люди, которые идут в институт только получать бумажку, они все же полагают, что в результате все-таки получат какое-то трудно формулируемое благо. Другое дело, что здесь возникает большая опасность в виде неоправданных социальных ожиданий. «У меня диплом, я имею право». Конечно, если ты вообще ничему в вузе не научился, то и прав у тебя никаких нет.

— Насколько те люди, которые поступают в университет сейчас, отличаются от тех, которые поступали, скажем, 10 лет назад?

— Отличия колоссальные, и это глобальный процесс. Мы имеем дело с совершенно другими молодыми людьми. Когда я учился, можно было встретить молодого человека, который не знает, кто написал «Евгения Онегина». Но можно было быть уверенным, что этот молодой человек – идиот. Эта корреляция была безошибочной. Сейчас мы запросто можем встретить чрезвычайно умного молодого человека, который не знает, кто написал «Евгения Онегина», и слабо понимает, кто такой Пушкин. Исчез круг обязательных представлений, который все должны знать. Преподавать в таких условиях очень трудно.

– Почему это произошло?

– Им неинтересно. Они ощущают, что это не имеет никакого отношения к их жизни. Ну был какой-то Пушкин и был. Молодым людям вообще намного труднее работать со словесными текстами. И это не проявление их дурости – я, например, не могу работать с таким количеством визуальной информации, с каким они легко справляются. У них по-другому устроена голова. Им куда сложнее понимать тексты, но необходимость-то в этом не пропадает – тем более нужно их этому научить! Опять же, поменялось представление об истории. Идея о том, что то, что было вчера, как-то определяет сегодня, неочевидна. Всякое решение всегда принимается с нуля. Очень трудно их поставить в логику причинно-следственных связей. Это невероятный сдвиг – и я думаю, что он связан с тем, что молодые люди романов не читают. Европейский роман – и русский в том числе – был на этом основан: герой приехал в такой-то город, и раз он приехал в этот город, события будут происходить именно в нем. Потом он женился на этой девушке, а на той не женился, и оттого что-то произошло в его жизни необратимое.

– То есть причинно-следственные связи у молодежи подменены своего рода клиповым сознанием?

– Да. Это колоссальное изменение, вероятно, всемирно-историческое. Вопрос – что с этим делать? Ликвидировать это невозможно и, вероятно, не нужно – этим людям жить в современном мире, а не в каком-то другом. Но я убежден, что наряду с этим необходимо сохранение базовых навыков из предыдущей культуры. Потому что если их совсем нет – то и тем, что есть, никак оперировать невозможно.

(АФИША, май 2012 г.)

Словарь

душный – stuffy
высшее образование – higher education
рынок труда – labour market
отставать/отстать – to be behind
принимать меры – to take measures
обозримый – foreseeable
исчезать/исчезнуь – to disappear
качественный *adj.* – quality
скорость – speed
востребованы (*part. from* востребовать) – claimed
зачастую – often
область – field
деятельность – activity
представление – idea
выпуск – alumni, a year of graduates
выпускник – graduate
плакать – cry
прикладывать/приложить – to apply
умение – skill, ability
попросту – simply
зарабатывать/заработать – to earn
работодатель – employer
нанимать/нанять – to hire, employ
способный – capable
пробита (*part. from* пробить) – broken through
производить/произвести – to manufacture, produce
отношение – respect, relation
отвечать – to answer requirements
доставшийся (*part. from* достаться) – left from
загонять/загнать – to herd into
судорожно – jerkily, in a panic, in a rush
вспомогательный – secondary, subsidiary
наблюдать – to observe
музыковедение – music studies
редкость – rarity
самостоятельно – independently
нагрузка – load
бледнеть (*from* бледный) – to become pale
белеть – to become white
синеть – to become blue

отучать/отучить – to lose the skill of doing something
мозги – brain
вычертить – to draw
вводить/ввести – to introduce
расширенный – extended
отжимать – to squeeze, press out
навык – skill
заложено (*part. from* заложить) – is put, laid
заподозрить – to suspect
чрезмерный – extreme
ненависть – hatred
поступать/поступить – to enter
вступительный *adj.* – entrance
вранье – lies
блат *sl.* – connections
завоевание – achievement
проводить исследование – to do research
связанный (*part. from* связать) – linked, connected
откладывание – postponing
условно – assume
зачет – pass, test
скверный – nasty, bad
благо – benefit, good
неоправданный – unjustified
вуз *abbr.* (*from* Высшее учебное заведение) – Higher Educational Establishment
безошибочный – certain
обязательный – compulsory, obligatory
ощущать/ощутить – to feel, sense
словесный – verbal
дурость – stupidity
справляться/справиться – to cope
неочевидный – not obvious
причина – reason
следствие – result, consequence
сдвиг – shift
основан (*part. from* основать) – is based
именно – in particular
необратимый – irreversible
сознание – mind
сохранение – preservation
предыдущий – preceding, previous

Exercise 3

The words with the meanings of 'study', 'learn' and 'teach' in Russian.

учить/выучить (*trans.*) – to learn (often by heart) something
изучать/изучить (*trans.*) – to study something
учиться – to study (to be a student)
учить/научить кого-либо чему-либо – to teach something to somebody
преподавать что-либо кому-либо – to teach something to somebody
научиться чему-либо – to learn, master something
обучать/обучить (обучаться/обучиться) – to train (to be trained)

Translate the following sentences from the interview paying attention to the key words with the meanings of 'study', 'learn' *and* 'teach'.

1   «Ничему нельзя <u>научиться</u> в душной аудитории»
2   «Они [российские студенты] что-то судорожно перед экзаменом <u>учат</u>»
3   «Образование должно делать его [человека] таким, чтобы он мог ... <u>переучиться</u>»
4   « ... в Оксфорде она [студентка] <u>изучала</u> математику и русскую философию»
5   «Ничему нельзя <u>научиться</u>, если ты столько времени проводишь в душной аудитории. Это <u>отучает</u> человека работать, включать собственные мозги»
6   «<u>Проучившись</u> четыре года, ты понимаешь, что хочешь делать, и выбираешь место, где тебе дают конкретные навыки. Причем магистратура совершенно необязательно должна быть на той же специальности, на которой ты <u>учился</u> в бакалавриате»
7   «Когда я <u>учился</u>, можно было встретить молодого человека, который не знает, кто написал «Евгения Онегина»
8   «<u>Преподавать</u> в таких условиях очень трудно»
9   «Им [молодым людям] сложнее понимать тексты, но необходимость-то в этом не пропадает – тем более нужно их этому <u>научить</u>»

Exercise 4

Skim the interview and gather the information about how Russian higher education compares with the Western system. Which descriptions characterise the Russian one and which is typical of the Western system, according to A. Zorin?

●   образование отстает (<u>в России?</u>/на Западе?)
●   можно получить качественное образование (в России?/на Западе?)
●   человек с дипломом не может найти работу (в России?/на Западе?)
●   массовое образование по узким специальностям (в России?/на Западе?)
●   в 17 лет человеку нужно выбрать специальность на всю жизнь (в России?/на Западе?)
●   человек выбирает специализацию, поступив в университет и послушав разные курсы (в России?/на Западе?)
●   в вузе две специализации (основная и вспомогательная) (в России?/на Западе?)
●   образование готовит человека ... с гибкостью ума, чтобы он мог ориентироваться на рынке труда, переучиться ... (в России?/на Западе?)

- много душных лекций (в России?/на Западе?)
- большая аудиторная нагрузка (в России?/на Западе?)
- лекций мало, больше занятий в малых группах (в России?/на Западе?)
- самостоятельная работа под контролем преподавателей (в России?/на Западе?)
- бакалавриат с широким профилем (в России?/на Западе?)
- магистратура с конкретным выбором специальности (в России?/на Западе?)

Exercise 5

Verbs in **-еть** derived from adjectives.

бледнеть from **бледный** (pale); **белеть** from **белый** (white); **синеть** from **синий** (blue)

Translate the following sentence from the interview:

«Когда люди на Западе узнают, какова аудиторная нагрузка студентов и преподавателей в русском институте, они **бледнеют, белеют и синеют**»

бледнеть/побледнеть; белеть/побелеть; синеть/посинеть

Form the verbs (imperfective/perfective) from the following adjectives:

умный (clever); веселый (cheerful); худой (slender)

How would you say in Russian:

I would like to

- get cleverer
- become more cheerful
- get slimmer

Exercise 6

Put the words in brackets into the correct grammar form. Use prepositions if necessary.

- отставать (рынок, Запад, жизнь, современные требования, общий уровень)
- иметь представление (область деятельности, существующая система образования, вступительные экзамены, состояние рынка труда)
- иметь в виду (гуманитарное образование, гибкость ума, вспомогательная специализация, интеллектуальные навыки)
- научиться (русский язык, разговорные навыки, понимание на слух)
- проводить (исследование, опросы, конференция, собрание, лекция, семинар)
- связано (демографический кризис, экономическое положение, условия труда, потребности рынка, уровень преступности, гибкость образования)

- нет (какие-то права, кругозор, интеллектуальные навыки, гибкость ума, способность ориентироваться, скучные занятия)
- имеет дело (другие молодые люди, другое поколение, другая молодежь, другие представления, колоссальные изменения)

Exercise 7

Comprehension check.

Answer the questions.

1 Почему российской системе высшего образования необходимы реформы?
2 Почему молодой человек в 17 лет не должен выбирать специальность, по мнению А. Зорина?
3 Какого выпускника должно готовить высшее образование сегодня?
4 Нужны ли лекции в вузах, на взгляд А. Зорина, сегодняшнему студенту?
5 Каковы цели бакалавриата и магистратуры, по мнению автора?
6 Как характеризует А. Зорин советское высшее образование?
7 Чем отличается сегодняшняя молодежь от молодых людей 10 лет назад, по наблюдениям профессора?

Exercise 8

Look through the students' discussion below. Which questions were they asked, in your opinion?

Вопрос 1
Вопрос 2
Вопрос 3
Вопрос 4

Джордж Паркер, 20 лет
«Я изучаю русский язык и историю на кафедре славистики в Университетском колледже Лондона. Учусь на втором курсе. С нетерпением жду поездки в Россию в следующем году. Тема курсовой работы связана с проблемами миграции в России. Чем буду заниматься после окончания университета, пока не знаю. Это не так важно, буду думать потом, может, на четвертом курсе начну подыскивать возможные варианты. Самое главное, мне нравятся предметы и курсы, которые я прохожу здесь в университете. Мечтаю найти работу в каком-нибудь журнале, но посмотрим. Могу, в принципе, работать, где угодно: в банке, юристом, в Министерстве иностранных дел. Самое главное закончить университет с хорошими результатами . . . »

Анатолий Орешков, 24 года
«Учусь на филфаке на отделении английского языка в Калининградском государственном университете. Хочу попытаться поступить в аспирантуру при университете, заниматься наукой, преподавать. Интересуюсь проблемами неологизмов в современном английском языке, особенно сетевым жаргоном. Много общего с языком молодых людей в России. В Англии ни разу не был. Очень хотелось бы туда съездить, а то у нас в городе практически нет носителей английского. Больше немецких туристов»

Даша Барбер, 21 год

«Я – студентка инженерного факультета в Лондоне. Перешла на второй курс. На третьем курсе могу поехать учиться за границу на год: в Австралию, Канаду, Японию или Германию. Правда, если я решу учиться год за границей, тогда точно моей специальностью будет инженер-строитель. А я еще не решила, какую выбрать специализацию. Летом подрабатываю в инженерной фирме, разрабатывающей оборудование для морских нефтяных вышек. Хотя поступила на строительный факультет, теперь очень привлекает механика. В идеале хочу получить степень бакалавра как строитель, а в магистратуру пойти по специальности инженер-механик. Но время еще терпит . . . »

Томек Холовяк, 28 лет

«Я из Польши. Приехал в Англию, чтобы пройти курс магистратуры. По образованию я – экономист, но здесь занимаюсь русским языком. Намереваюсь найти работу в Лондоне после магистратуры»

Алиса Уйат, 34 года

«Я по образованию искусствовед. Но здесь на кафедре славистики прохожу курс магистратуры по русскому языку. Я увлекаюсь русским балетом, хотела бы использовать русские источники для моих исследований. Работаю журналистом. Пишу статьи о русском балете в Лондоне. Сами понимаете, русский балет очень популярен на Западе. К нам часто приезжают на гастроли известные российские труппы»

Алла Бареева, 22 года

«Я учусь в педагогическом институте в Казани по специальности русский язык и литература. Мечтала стать учителем с детства. До окончания института остался год. Выпускникам пединститута найти работу в городе трудно. В стране вообще слишком много образованной молодежи. Наверно придется поработать год-два где-то в деревне. Либо попытаюсь устроиться не по специальности, секретарем в фирме или воспитателем в детский сад»

Contribute to the discussion about your plans for the future.

Exercise 9

Meaning of the words **курс** and **год**.

«учусь на втором курсе» « . . . мне нравятся предметы и курсы . . . » «учебный год начинается в сентябре»

Translate into Russian.

I am a second-year student at UCL. Next year I and my course mates are going abroad. We will take a course in a foreign university and write a year abroad project. Course coordinators help us to choose topics for our research. There are 4 years of study altogether with my department and one academic year we spend abroad. In the final year we do not have so many lectures and we study more independently. I like my university course.

Exercise 10

To have an idea about the 'stuffy' atmosphere of Russian university classrooms watch the short comedy **«Наваждение»** *('Delusion') by* Леонид Гайдай. *Though the film was made in 1965, it still gives you a surprisingly true idea about student life in Russia.*

Словарь

конспект – lecture notes

горю *coll.* (*from* **гореть**) – I desperately need

переворачивать/перевернуть страницу – to turn over the page

экзаменационный билет – exam card (exam cards normally laid out upside down on the table for a student to pick up)

зачёт – pass, test

зачётка *coll.* (*from* **зачётная книжка**) – record book for your passes/assessment/exam marks

приём – receiving (phrase used when receiving a signal on a radio device)

при нём – задача – with it [exam card] – there is a practical task

сдал? (*from* **сдать**) – have you passed [the exam]?

оценки – marks

отл. *abbr.* (*from* **отлично** mark 5) – excellent (the highest mark/distinction)

хор. *abbr.* (*from* **хорошо** mark 4) – good (equivalent to second class)

уд. *abbr.* (*from* **удовлетворительно** mark 3) – satisfactory (pass)

неуд. *abbr.* (*from* **неудовлетворительно**) – no pass

не отвлекайся! (*from* **отвлекаться**) – do not get distracted!

отвлекающий маневр – a trick to distract

не мешай! (*from* **мешать**) – do not interrupt!

горчичка *dim.* (*from* **горчица**) – mustard

духота/душно – stuffy

изобретение – invention

колбаса докторская – type of sausage – lean ('the one a doctor would recommend')

колбаса любительская – type of sausage – fatty ('for somebody who likes their food')

снотворное (*from* **сон**) – sleeping medicine

While watching the film answer the questions.

1   Students use some nicknames
    студент – **Дуб** (oak tree)
    Как вы думаете, этот студент – умный?/тупой?/глупый?/высокий?/сильный?
    профессор – **Лопух** (burdock – растение с большими листьями)
    Как вы думаете этого профессора так называют, потому что он – умный?/простой?/ глупый?/доверчивый (верит всему, что ему скажут)?/мягкий?
2   Что спрашивает Лида у соседки?
3   На каком этаже живет Лида?

4   Что Саше кажется знакомым, когда он приходит в квартиру Лиды во второй раз: предметы?/мебель?/запахи (smells)?/звуки (sounds)?

5   Лида пишет записку (желание): «Найти _____»

6   Саша отгадал желание Лиды?

Fill in the blanks in the story of the film.

Саша _____ (studies) в университете. _____ (he needs) конспект, чтобы _____ (to pass his exam in Physics). Он _____ (was walking along the street) и _____ (suddenly saw) студентку с нужным ему конспектом. Саша _____ (set off) вместе с ней. Они _____ (got in the tram). Они _____ (were travelling on the tram), _____ (while reading) конспект. Затем они _____ (got off the tram), _____ (set off along the street) и, наконец, _____ (arrived at her home). Они _____ (were so busy with the notes) что не заметили, что были вместе. Студенты так много _____ (study).

Topics for discussions/essays

1   Почему вы изучаете русский язык? Кем вы хотели бы работать после окончания университета? Намерены ли вы применять знания русского языка в вашей будущей профессии? Пойдете ли вы учиться в магистратуру?

2   Сравните систему образования в России и в вашей стране. Преимущества и недостатки? Какая лично у вас специализация и каковы перспективы устройства на работу после окончания вуза?

3   Согласны ли вы с А. Зориным в том, что «и в плохом высшем образовании есть реальный смысл»?

4   Согласны ли вы с А. Зориным в том, что у современных молодых людей «по-другому устроена голова», и что им труднее работать со «словесными текстами»?

5   Должен ли современный человек знать, кто написал «Евгения Онегина»? Согласны ли вы с А. Зориным, что безошибочная корреляция «человек, который не знает, кто написал «Евгения Онегина» – «идиот» не актуальна в современных условиях?

Further reading

1   *Read the quotes from A. Zorin's lecture on* «Споры о русской истории» (ПостНаука. 04.02.2014).

Как мы воспринимаем государственные праздники? Почему возникает потребность в едином учебнике истории? И как формировалось современное отношение к Великой Отечественной войне? Об этом рассказывает доктор филологических наук Андрей Зорин.

«Русская культура отмечена повышенным историзмом, вниманием к истории, так было всегда. Но на сегодняшний день есть еще ряд специфических моментов, связанных с родовой травмой нынешней российской государственности. Как мы хорошо понимаем, она родилась в 1991 году. Никогда страны, которая бы называлась Российской Федерацией, не было. Никогда страны с такой границей не было. Никогда на этой территории не было страны с таким государственным устройством – президентской республикой. Совершенно новое государство . . . »

«Возникает проблема оценки тех или иных деятелей, исторических событий. Это хорошо видно по календарю праздников. На всю страну остается два общенациональных праздника. Один из них сугубо приватный – Новый год. Его действительно празднуют все, Новый год объединяет страну. Все смотрят телевизор, все слушают речь президента – самую рейтинговую передачу на современном телевидении, – и все, конечно, используют речь в качестве будильника. Происходит приватизация государственного праздника: как только на экране появляется президент, это значит, что пора скоро открывать шампанское и переставать резать салаты. Самый глупый вопрос, который один человек может задать другому в новом году: «А что, собственно, сказал президент?»

«9 мая – грандиозный национальный праздник. И поскольку опыт войны остался единственным, вокруг него такое неимоверное символическое напряжение, что попытки как-то по-новому взглянуть на историю, пересмотреть хотя бы те или иные ее моменты вызывают чудовищную ярость и озлобление»

Какие государственные праздники отмечают в вашей стране? Какие праздники справляете лично вы?

Вы можете увидеть полную видео лекцию на сайте postnauka.ru

2 А. Зорин «Где сидит фазан . . . ». Очерки последних лет. Москва, 2003.

Chapter 8: Почему в Москву возвращаются те, кто долго жил за границей

© www.Shutterstock.com/ kryzhov

Exercise 1

The Internet journal 'The Village' gathered stories of Russians, who emigrated to the West at some point in their lives, but then decided to return to Russia. They discuss why «московская неустроенность лучше западной стабильности». *Explain in Russian the two key words* «**неустроенность**» (*from* **устроиться** – to settle in) and «**стабильность**».

Skim all four stories and get the general information about the people: names, age, occupation, countries they emigrated to, how many years they lived abroad and what they did there. Compare the information and comment on the range of personalities.

You may need the following phrases: если сравнивать возраст, то . . . ; что касается страны, куда . . . ; одни . . . , другие . . . ; все они . . . ; с одной стороны . . . , с другой стороны . . .

Имя	О. Федотов	Ф. Буримский	А. Шафорост	А. Камынина
Возраст				
Работа				
Когда уехал и когда вернулся?				
Где жил за границей?				
Чем занимался за границей?				

Люди

Почему в Москву возвращаются те, кто долго жил за границей

Интернет-издание 'The Village' поговорил с горожанами, которые когда-то уехали из страны, но затем вернулись по собственной инициативе, о том, почему московская неустроенность лучше западной стабильности.

Опросы показывают, что мечтающих эмигрировать из России не меньше 20%, и кажется, абсолютно все, у кого есть возможность уехать учиться или работать в Европу или США, не упустят своего шанса. Но встречается и обратная ситуация. 'The Village' собрал истории людей, которые могли остаться, но, пожив за границей, почему-либо решили вернуться.

Олег Федотов

32 года, креативный директор в 'Look At Media'

Страны: Австралия, Сингапур, Гонконг. Уехал в 1999 г., вернулся в 2012 г.

Чем занимался за границей:

Учёба: национальная школа дизайна в Мельбурне.

Работа: Арт-директор 'Tatler' в Гонконге, креативный директор издательского дома 'Edipress' в Сингапуре, арт-директор дизайн-студии 'Sense' в Мельбурне.

Почему уехал?

Первый раз я уехал из Москвы в 1999 году – поехал учиться в Сидней в колледж, потом поступил в университет в Мельбурне – я изучал графический дизайн. Уехал потому, что тогда в Москве получить эту специальность было вообще негде. Я просто собрал необходимые документы, пошёл на экспресс-курсы английского языка. Это всё было ужасно муторно и непросто, но я поставил себе цель и добился её.

После этого я работал в Москве, Австралии, потом в Гонконге, Сингапуре, потом снова в Австралии и сейчас вернулся в Москву. Всё это заняло почти десять лет моей жизни, и всё было прекрасно. Но однажды я осознал, что добился там всего, чего хотел, и нужно либо эмигрировать навсегда, либо возвращаться. И эмигрировать я не захотел. Я понял, что никогда этого по-настоящему не хотел.

Почему вернулся?

Вы знаете, я жил в одной из самых комфортных стран мира, но сейчас, вернувшись в Москву, я не чувствую, что с бытовой точки зрения мне стало намного хуже. Пробки, часы пик в метро, грязные улицы – да, всё это в Москве есть, но в Мельбурне свои недостатки. Там суперкомфортные поезда в метро, каждый вагон стоит миллионы долларов, но если ты опоздаешь на один, то тебе придётся ждать около часа другой поезд. В каждом городе есть свои минусы и плюсы.

Тем более Москва тоже сильно изменилась за последние годы. Тут, в общем, есть всё что нужно: кафе, магазины, рестораны. И возможности профессионального развития тоже есть. Может, в Европе, в Америке, даже в Азии больше простора для карьеры: там рынки глобальнее. Но простора для личностного развития там нет – ты навсегда останешься экспатом.

Я понял, что все мои знакомства там будут связаны с профессиональной деятельностью. Про меня будут говорить: «О, это прекрасный арт-директор такого-то агентства». И только в Москве есть люди, с которыми мы пиво пили на улице много лет назад, которые знают, что я способен на какие-то сумасшедшие поступки. К таким друзьям я всегда могу прийти – хоть ночью, хоть пьяный, хоть грустный, хоть трезвый. Такого за границей у меня никогда не будет.

Словарь

неустроенность (*from* **устроиться** to settle in) – unsettled state, disorder, disarray
упускать/упустить – to miss, let go
издание (*from* **издавать/издать** to publish) – publication
издательский дом, издательство – publishing house, publishers
муторно – disagreeable, sickening, unpleasant

бытовой *adj.* (*from* **быт** way of life, everyday life, living conditions) – everyday, household
пробка – cork, traffic jam
личностный *adj.* (*from* **личность** personality) – personal
деятельность – activity
сумасшедший – crazy
поступок – act, action, behaviour
трезвый – sober

Exercise 2

Different words for 'who' in Russian subordinate clauses.

« . . . в Москву возвращаются **те, кто** долго жил за границей . . . »

« . . . **все, у кого** есть возможность . . . »

«Журнал собрал истории **людей, которые** могли остаться»

« . . . с **горожанами, которые** уехали . . . »

« . . . **людей, которые** могли остаться . . . »

Fill in the gaps with **кто** *or* **который** *in the appropriate form.*

Почти все те, _____ переехал на Запад, довольны своей жизнью.

В Москве есть люди, с _____ мы пиво пили много лет назад.

Среди тех, _____ вернулся в Москву, люди разных возрастов и профессий.

Те люди, о _____ рассказано в статье, некоторое время жили за рубежом, но в конце концов решили вернуться в Россию.

Те россияне, _____ хотят вернуться в Россию, должны обратиться в посольство России.

Тех, _____ хочет вернуться, не так уж много.

Exercise 3

Gather information from Oleg's story of how in his opinion the West compares with Russia. Decide which description goes with which place.

Запад   пробки

                часы пик в метро

                грязные улицы

                суперкомфортные поезда

                все, что нужно: кафе, магазины, рестораны

                возможности профессионального развития

                больше простора для карьеры

                нет простора для личностного развития

Россия   всегда можно прийти к друзьям – хоть ночью

Summarise in Russian why Oleg Fedotov moved back to Russia. (Хотя . . . , Несмотря на то, что в России . . .)

Exercise 4

Look through the story of **Ф. Буримский** *and comment on the context in which the following words are used. Explain in Russian the meanings of the words.*

Русские друзья **необязательные** и совершают **необдуманные** поступки.
В России – **неустроенность.**

Фрол Буримский

26 лет, бренд-менеджер 'Ulyana Sergeenko'

Страна: Франция. Уехал 2008 г., вернулся в 2010 г.

Чем занимался за границей:

Работа: управляющий бутиком 'Damir Doma'

Почему уехал?

Я вырос в Петербурге, в семнадцать лет на несколько месяцев уехал изучать голландский язык в небольшой городок Утрехт в Нидерландах. Меня тогда, конечно, в Европе всё поразило. Мне казалось, что это совершенно другой мир, какой-то рай на земле. Наверное, у каждого русского есть представление о том, что Европа – это рай. С тех пор я часто думал о том, что здорово было бы уехать жить за границу. И вот четыре года назад мне такая возможность представилась: меня пригласили работать в Париж, в 'Damir Doma'. И я с большим удовольствием согласился.

Первое время я, конечно, наслаждался Парижем. Элементарная прогулка за хлебом там превращается в эстетическое удовольствие. Это город, в котором можно гулять. Когда я в последний раз просто гулял по Москве, я не помню, наша столица для этого совсем не приспособлена. Или, например, еда в Париже намного лучше.

Почему вернулся?

Я планировал остаться в Европе, у меня был контракт, который я мог продлить, была возможность получить вид на жительство. Но через два года прекрасной жизни я понял, что что-то не так. Я по-другому посмотрел на Россию. Во-первых, я понял, что такое русская душа. Это твои друзья, которые достаточно отчаянны, чтобы совершать какие-то необдуманные поступки, они, может, люди необязательные, но всегда помогут, если ситуация критическая. В России самые базовые вещи требуют несопоставимых усилий, и те люди, которые готовы их прикладывать, добиваются действительно впечатляющих результатов.

Возможно, я просто скучал по своим близким, но мне кажется, что европейцы всё-таки совсем другие. При этом все бытовые трудности перестали казаться такими уж важными. Я перестал так сильно чувствовать разницу между европейским благополучием и российской неустроенностью, перестал жаловаться.

Что касается профессиональных вопросов – в Москве можно добиться большего. В Европе настолько заполнен рынок труда, что вклиниться очень сложно, особенно с новым проектом. Москва же – благодатное поле. Тут есть деньги, есть люди, которым интересно жить, работать, пробовать новое. При этом ощущается острый дефицит профессионалов. Я организовывал показы для марки 'Ulyana Sergeenko', где и сейчас работаю, – так ничего нельзя было отдать на аутсорс, все мелочи приходилось делать самим, потому что вокруг необязательность, безалаберность. То есть, если ты хороший профессионал, ты всегда найдёшь себе работу.

Не могу сказать, что теперь я стал каким-то большим патриотом. Но мне нравится здесь и сейчас в Москве. Сейчас и здесь есть место, где я могу приложить свои навыки, приобретённые в Париже, есть мои друзья, и всё прекрасно. Но я с удовольствием отправился бы ещё куда-нибудь пожить. Только чтобы вернуться снова. Для меня поездки куда-то – это не попытка сбежать от российской действительности, а скорее возможность приобрести ценный опыт.

Словарь

управляющий (*from* **управлять** to manage) – manager
поражать/поразить – to strike
рай – paradise
наслаждаться – to enjoy
приспособлен (*part. from* **приспособить** to adapt, to adjust) – designed, fitted, adjusted
продлевать – to prolong, to extend
вид на жительство – residence permit
необязательный – unreliable (about people)
отчаянный – desperate

несопоставимый (*from* **сопоставить** to compare, to contrast, to oppose) – extraordinary, incomparable
впечатляющий (*part. from* **впечатлять** – to impress) – impressive
благополучие – prosperity, well-being
вклиниться – to wedge in, cut in
благодатный – blessed, favoured
безалаберность – complacency
навык – skill, experience
приобретать – to acquire
опыт – experience

Exercise 5

Constructions with the meaning of 'wrong' ('not what was or is intended', 'not the one'). Demonstrative pronouns (**не**) **тот/та/то/те** or adverbs (**не**) **так/там/туда**.

«Но через два года прекрасной жизни я понял, что что-то **не так**» – . . . I realised something was **wrong**.

More examples:

'The wrong door' (DVD with comedy sketches) – «**Не та** дверь»
'Wrong Turn' (film) – «Поворот **не туда**»
«**Не те** новости» – политическая сатира в интернете
«**Не так**» – передача на радио «Эхо Москвы»

Fill in the gaps with the appropriate form of **тот/та/то/те** *in the well-known poem of Евгений Евтушенко.*

Со мною вот что происходит:
ко мне мой старый друг не ходит,
а ходят в мелкой суете
разнообразные не _____ *(the wrong ones)*
И он
не с _____ *(with the wrong ones)* ходит где-то
и тоже понимает это,
и наш раздор необъясним,
мы оба мучаемся с ним.

Со мною вот что происходит:
совсем не _____ (*the wrong one, about a female*) ко мне приходит,
мне руки на плечи кладёт
и у другой меня крадёт . . .
А той –
скажите, бога ради,
кому на плечи руки класть?
Та,
у которой я украден,
в отместку тоже станет красть . . .

Exercise 6

Gather information from Frol's story of how in his opinion the West compares with Russia. Decide which description goes with which place.

Запад	что-то не так
	друзья необязательные, но всегда помогут
	базовые вещи требуют несопоставимых усилий
	неустроенность
	можно добиться большего
	заполнен рынок труда
	есть деньги
	есть люди, которым интересно пробовать новое
	острый дефицит профессионалов
	безалаберность
Россия	необязательность

Summarise in Russian why Frol Burimsky moved back to Russia. (Хотя . . . , Несмотря на то, что в России . . .)

Exercise 7

А. Шафорост tells in her story that she « . . . **переселилась** в маленькую деревушку», at some point they «**перескочили** в самое сердце Нью-Йорка» и потом she «много **переез-жала**». *Comment on the meaning of the words with the prefix* **пере-**.

Александра Шафорост

39 лет, владелица компании по производству натуральной еды «Общество с натуральным вкусом № 1»

Страны: США, Великобритания, Франция, Италия. Уехала в 1992 г., вернулась в 2005 г.

Чем занималась за границей:

Учеба: MBA INSEAD.

Работа: Консультант в 'Value Partners' (Рим), старший менеджер в 'EADS' (Париж).

Почему уехала?

Моя мама всегда мечтала о загранице в глубокие советские времена, и когда папа со своей новой семьей решил уехать, меня отправили с ними в США. Я уж точно не планировала никуда уезжать из Киева, от друзей . . . Но мы уезжали навсегда, и в планах было помочь маме и младшей сестре добраться до Америки при первой возможности.

Первые полгода были ужасны. Из большого бурного города я переселилась в маленькую деревушку Байон в Нью-Джерси. Со второго курса по прикладной математике и вычислительной технике, с планами на аспирантуру – в грязненькую прачечную, где мне приходилось работать за минимальную зарплату. Я рыдала, просила маму забрать меня обратно в Киев, но она мудро посоветовала: потерпи, выучи язык, продолжай учебу, и, возможно, тебе понравится. Денег на обратный путь не было, те 300 долларов, что я привезла в Америку, пошли в семейную копилку.

Выбора не было: подучила язык, поступила через восемь месяцев в колледж, вышла замуж за такого же эмигранта из СССР, работала и училась целыми днями и постепенно поднималась по социальной лестнице – прижилась. Мы жили в Квинсе в подвале, в Джерси-Сити в шикарной квартире с видом на Манхэттен, потом перескочили в самое сердце Нью-Йорка. Потом я много переезжала: пять лет работы в Англии, Франции, Италии. А в 2005 году поняла, что хочу вернуться – на постсоветское пространство.

Почему вернулась?

Я чувствую себя дома именно здесь, в Москве, несмотря на грязь, серость, частое хамство. Здесь интересно, весело, людно и просто непочатый край с точки зрения бизнеса. По сравнению с США, здесь нет почти ничего и можно дерзать. В большинстве случаев, по крайней мере среди моих друзей, в Россию возвращаются потому, что здесь астрономические зарплаты в корпоративном мире, по сравнению даже с Лондоном и Нью-Йорком. Они падают последние несколько лет, но все же они очень высокие для определённого типа людей: образование в Ivy League университетах, владение несколькими языками, опыт работы как в иностранных, так и в российских компаниях.

В собственном бизнесе все сложнее. В США его можно начать с максимальными грантами и минимальными собственными средствами, а там уж как получится. В России же надо выложить или поднять среди инвесторов суммы в десятки раз больше, и каждая деталь бизнеса будет обходиться дороже. Но здесь гигантский потенциал роста, а в США часто закрадываются мысли, что все уже придумали и действительно хорошо. Здесь немного сложнее, и в этом прелесть для меня.

При этом в Москве есть все, чего мне так не хватало за границей: понимание со стороны близких, возможность не только встречаться, но и очень быстро сближаться с безумно интересными людьми. В окружающих такое животное желание прорваться – это здорово, это создаёт ощущение жизни, а не спячки, как в Америке.

Словарь

бурный – stormy, wild, exciting (*about places*)

прикладная математика – applied mathematics

вычислительная техника – computer engineering

аспирантура – postgraduate course, doctoral degree

прачечная – laundry

копилка – money box, piggy bank

перескакивать/перескочить – to jump over

серость – 'greyness', drabness

хамство – rudeness

непочатый – untouched

дерзать – to dare, aspire

закрадываться – to creep in

прорываться/прорваться – to break through

спячка – hibernation, sleep

Exercise 8

Identify the diminutives in Alexandra's story (see the basic forms below). Comment on their function (smallness, affection, disparagement, irony, caring attitude, independent meaning, etc.):

деревня
грязная прачечная

Exercise 9

Gather information from Alexandra's story of how in her opinion the West compares with Russia. Decide which description goes with which place.

Запад	грязь, серость, хамство
	интересно, весело, людно
	непочатый край с точки зрения бизнеса
	нет почти ничего
	астрономические зарплаты в корпоративном мире
	в собственном бизнесе все сложнее
	можно начать бизнес с минимальными средствами
	гигантский потенциал роста
	понимание близких
	спячка
Россия	ощущение жизни

Summarise in Russian why Alexandra Shaforost moved back to Russia. (Хотя . . . , Несмотря на то, что в России . . .)

Exercise 10

Анна Камынина is a scientist. Before you read her story make sure you know the vocabulary associated with doing research. *Match the definitions in the right column to the words on the left.*

научный сотрудник	postgraduate student
соискатель	doctoral candidate
ученый	academic, scientist
аспирант	academic supervisor
постдок	postdoctoral position (usually temporary)
научный руководитель	researcher, research assistant

Анна Камынина

26 лет, научный сотрудник *Института биоорганической химии РАН*

Страна: Великобритания. Уехала в 2011 г., вернулась в 2011 г.

Чем занималась за границей:

Работа: в институте нейрологии университетского колледжа в Лондоне

Почему уехала?

Я готовилась к защите диссертации – изучала методы, с помощью которых можно победить болезнь Альцгеймера. Я была соискателем в институте биоорганической химии. Поначалу работа не складывалась: то реактивов нет, то финансирования, то условий для работы. Я не сдавалась, искала возможность сделать то, что нужно. В России не получалось никак. По стечению обстоятельств набрела на профессора в Лондоне, русского, он согласился помочь «отчаявшейся москвичке» – так он меня потом и называл. Мне удалось получить грант, которого хватило на дорогу до Англии и скромное проживание там. За два месяца я сделала работу, которую здесь пыталась сделать два года. Я попала в один из самых сильных институтов по нейрологии мира. Работать там – одно удовольствие. Всё отлажено, необходимые реактивы в течение дня у тебя на столе, оборудование сверхновое, условия по высшему разряду.

Только вот день на третий моего там пребывания я начала потихоньку замечать недостатки. Коллектив интернациональный, очень доброжелательный, но со своими особенностями – это вам не с подружкой за жизнь поговорить. Там общаются не о своей жизни, а о новостях в газете, о погоде. Ничего личного. И не смей лезть в душу. Это не принято, это дико для них. Ещё они жуткие трудоголики, по крайней мере те, с кем общалась я. В общем, пока я там была, большую часть времени я общалась с русскими. Они и выслушают, и поймут, и поддержат.

Ещё одна большая проблема – жильё. Ты студент, аспирант, постдок. Что ты можешь себе позволить – комнату в пятикомнатной квартире с общей маленькой кухонькой и туалетом. Плюс транспорт безумно дорогой. В общем, из зарплаты учёного на собственные нужды остаётся не так уж много. Мой лондонский научный руководитель предлагал мне остаться работать в Англии после того, как я защитила диссертацию, предложения поступили и от израильских и немецких научных институтов. Но я никуда не поехала.

Почему вернулась?

Возвращаясь из Англии с пятью килограммами реактивов, которых не достанешь в России, я поняла, что не перееду ни в какую другую страну. Слишком много там минусов, несмотря на хвалёную стабильность. Когда ты поживёшь в Англии, ты увидишь, какие у них проблемы с транспортом и что люди не всегда такие уж корректные, как нам представляется. Бюрократия в Англии – отдельная тема, по крайней мере для экспатов там возни с бумажками не меньше, чем тут.

Если бы в Москве было совершенное болото в области науки, я бы уехала, но здесь уже не болото. У нас было испытание нищетой, теперь испытание богатством: например, на то же «Сколково» выделили огромные деньги, и как они распределяются – большой вопрос. Есть те, кто продолжает трудиться для достижения фундаментальных целей и живёт в нищете, есть бизнесмены, которые делают на науке баснословные деньги. Но есть те, кто делает серьёзную науку и получает за неё соответствующе. Всё зависит от желания, принципиальности, здоровой амбициозности. Надо общаться, заводить знакомства, искать финансирование – возможности есть, надо только их увидеть. Сейчас вопрос места жительства у меня отпал сам собой. Буду пытаться построить что-то вокруг себя, а не бежать из ниоткуда в никуда.

Словарь

защита диссертации – defence of a thesis

складываться/сложиться – to develop, work

набрести – to trip across, come across

сдаваться – to give up

отчаявшийся (*part. from* **отчаяться** to despair) – desperate

отлажен (*part. from* **отладить** to fine tune) – tuned, sorted, working well

оборудование – equipment

высший разряд – top rank

болото – swamp

нищета – poverty, destitution

Сколково – Russia's largest state-sponsored innovation hub outside Moscow, the 'Russian Silicon Valley'

соответствующе – accordingly, adequately

| Exercise 11

Gather information from Anna's story of how in her opinion the West compares with Russia. Decide which description goes with which place.

Запад   сверхновое оборудование

все отлажено

доброжелательный коллектив

общаются о погоде

можно серьезно заниматься наукой за хорошие деньги

проблема с жильем

тебя выслушают, поймут и поддержат

безумно дорогой транспорт

бюрократия

бизнесмены делают баснословные деньги на науке

Россия   трудоголики

Summarise in Russian why Anna Kamykina moved back to Russia. (Хотя . . . , Несмотря на то, что в России . . .)

Exercise 12

Idiomatic expressions with the word «душа»

лезть в душу – intrude on someone's feelings
поговорить за душу, **поговорить по душам** – to have a heart-to-heart talk
душа нараспашку – open-hearted
открыть душу – to open one's heart, to reveal one's soul
жить душа в душу – to live in perfect harmony
вложить душу – to put one's heart into something
в глубине души – at heart, in one's heart of hearts
всей душой – with all one's heart
от (всей) души – wholeheartedly; from the bottom of one's heart
брать за душу – touch the heart
до глубины души – to the depth/bottom of one's heart

Insert the appropriate expressions with the word **душа** *in the text below. Make sure you put them in the correct form.*

Все участники форума отмечают, что на Западе люди общаются по-другому. Хотя они дружелюбны, с ними нельзя запросто _____ (to have a heart-to-heart talk). У русских же обычно_____ (open-hearted). Они могут _____ (to open one's heart) первому встречному. С другой стороны, можно сказать, люди ни Западе _____ (do not intrude on someone's feelings), они уважают твое личное пространство.

Хотя всем этим русским нравилось жить на Западе, _____ (in one's heart of hearts) они скучали по дому. Все они профессионалы высшего разряда и _____ (to put one's heart into) в работу. Им только можно пожелать удачи _____ (from the bottom of one's heart).

Exercise 13

Put the words in brackets into the correct grammatical form. Use prepositions if necessary.

- добиться (поставленая цель, хорошие результаты, всемирное признание, большие успехи, высокие показатели)
- наслаждаться (Париж, прогулка, жизнь, вид, летняя погода, морской пейзаж, теплая ночь)
- скучать (дом, близкие, домашняя атмосфера, Москва, общение, удобная постель, мамины блинчики)
- мечтать (успешная карьера, прекрасное будущее, спокойная старость)
- зависеть (желание, жилищные условия, погода, рынок, уровень, собственные средства, зарплата, настроение)
- приобретать (опыт, собственность, футбольная команда, необходимые знания, новые друзья)

Topics for discussions/essays

1   Что такое русская душа?

2   Согласны ли вы с тем, как описываются и оцениваются места и люди на Западе участниками интервью?

3   Сравните образ жизни в России и на Западе. Поделитесь вашим опытом. Преимущества и недостатки?

4   Прокомментируйте положение «Концепции демографической политики Российской Федерации на период до 2025 года»:

    «Решение задачи по привлечению мигрантов в соответствии с потребностями демографического и социально-экономического развития включает в себя:

    содействие добровольному переселению соотечественников, проживающих за рубежом, на постоянное место жительства в Российскую Федерацию, а также стимулирование возвращения в Российскую Федерацию эмигрантов . . . » (Указ Президента Российской Федерации N 1351 от 9 октября 2007)

5   Просмотрите последние вакансии в технопарке «Сколково». Представьте, что вы подаете на одно из этих мест. Составьте резюме и напишите сопроводительное письмо.

Further reading

1   Евгений Евтушенко. Стихотворение «Со мною вот что происходит . . . ».

2   Вас может заинтересовать информация об инновационном центре Сколково в интернете.

Chapter 9: Евгений Гришковец. «Америка»

Figure 9.1 Евгений Гришковец

Evgeny Grishkovets is a versatile artist, widely known as a writer, playwright, director, actor and singer. The author tours around Russia with his witty solo shows (моноспектакли). Amongst the most popular ones there are such plays as «Одновременно», «Ох, сказал бы я вам . . . », «Как я съел собаку», «У матросов нет вопросов» and «Прощание с бумагой». He has written novels «Рубашка» (2004) and «Асфальт» (2008) and has published two collections of stories «Зима» (2005) and «Сатисфакция» (2010). The writer was born in 1967 in Kemerovo (Siberia). He was awarded the title of an 'honoured citizen' of Kaliningrad, where he currently lives with his family. The extract below is from his novella «А . . . . а» («Америка»).

Exercise 1

In the story «America» E. Grishkovets ridicules the fact that very often an ordinary Russian, who has never been to the United States, gets an idea about the country from common images of Hollywood films, which are based on clichés. He mentions such places as Нью-Йорк, Манхэттен, Уолл-стрит, Бродвей, Центральный парк, Тайм Сквер, Бруклин и Бруклинский мост, Брайтон Бич, Квинс, Бронкс, Гарлем, Гудзон, каньоны. *Do you recognise the names?*

The author comments, that it is only amongst the skyscrapers of New York, that there could be such 'wonderful superheroes' as **Человек-паук**, **Бэтмен** and **Супермен** (13). *Translate passage 13.* Why would it not be possible for Человек-паук to exist in a Russian town?

There is no place for the American superheroes in Europe either. *Look through passage 14. Which characters, according to the extract, feel at home in Europe?*

The author describes with humour the 'terrible scenes' in which the wonderful American cities were mercilessly 'destroyed' by Hollywood directors of disaster movies (passage 11).

Match the titles of the movies with the descriptions of the scenes below.

Фильмы: «Годзилла», «Кинг-Конг», «Парк Юрского периода», «Послезавтра», «Война миров», «Марс атакует», «Столкновение с бездной» ('Big Impact'), «День независимости»

(11):
«гигантские океанские волны накатывали на Манхэттен . . .» –   _____

« . . . Нью-Йорк, замороженный лютой стужей и засыпанный снегом . . .» –   _____

« . . . на небоскрёбы падали астероиды из космоса . . .» –   _____

« . . . землетрясения сотрясали небоскрёбы, вулканическая лава . . .» –   _____

« . . . инопланетяне применяли по небоскрёбам безжалостное оружие . . .» –   _____

« . . . роботы устраивали битвы на улицах американских городов . . .» –   _____

« . . . динозавры и ящеры чудовищных размеров бегали по Нью-Йорку . . .» –   _____

| Exercise 2

In his story the writer also mentions landmarks usually associated with Moscow (5, 15): Московский университет, Министерство иностранных дел, Кремль, Красная площадь, площадь Пушкина, Садовое кольцо, Москва-река, Цветной бульвар, улица Петровка, гостиница «Москва», Останкино. *Discuss what you know about these sights and how you happen to know about the places.*

A . . . . . a

(1)   Я никогда не был в Америке. Мне уже за сорок, я любознательный и активно живущий человек, во всяком случае, мне так кажется. Я довольно много путешествовал и продолжаю это делать. Но в Америке, в смысле в Соединённых Штатах Америки, я не был никогда.

(2)   Не правда ли, странно, что во всех, а точнее, в большинстве фантастических фильмов и книг, если инопланетяне прилетают на Землю, то они непременно прилетают в Соединённые Штаты. И это не объясняется только тем, что в основном эти фильмы и книги создаются в Америке. А просто представить себе сложно, что инопланетяне прилетят куда-то в другое место. Например, в Китай. Ну что в этом будет интересного?! Инопланетяне прилетели к инопланетянам. Никакого конфликта, никакого удивления друг от друга. Или как можно вообразить высадку инопланетян в Чехии, Венгрии, Финляндии или хоть в Бельгии? Во-первых, с какой стати? Очень странный выбор! Во-вторых, американцы там тут же окажутся, чтобы всё выяснить. Так что зачем терять инопланетянам время? А они, коль скоро долетели до нас, уж точно не дураки. Так что лучше сразу, не теряя времени, в Америку.
Так что только в Соединённые Штаты!

(3) Про Америку, про Соединённые Штаты, я знаю, казалось бы, довольно много. Я читал много книг американских писателей, от самых первых до самых современных, я видел много документальных фильмов про Америку, смотрел бессчётное количество американских художественных фильмов разных жанров и качества, у меня есть знакомые, которые бывали в Америке. Они мне много рассказывали про Соединённые Штаты. Я каждый день вижу Америку в новостях. Я знаю, как зовут нынешнего президента Соединённых Штатов, как звали прошлого и трёх предыдущих. Я прекрасно знаю, как выглядит американский флаг, как звучит американский гимн, и у меня есть американские деньги. И при этом я совершенно уверен, что я ничегошеньки про Америку не знаю. Точнее, все мои знания – культурные, географические, исторические, экономические и пр. – об Америке не складываются ни в какую понятную композицию. Никакая внятная картина из моих представлений об Америке не вырисовывается. И я понимаю, что, прочитай я вдвое больше книг и посмотри я втрое внимательнее фильмы про Америку, картина и композиция не станут более ясными и цельными. А ещё Америка не уложена комфортно и спокойненько в моем сознании в хранилище моих представлений о географическом, и не только географическом, устройстве мира. Америка тревожит меня, беспокоит, заставляет думать о себе, заставляет удивляться, гневаться, восхищаться . . . Она пугает меня, наконец.

(4) Удивительное ощущение. Вот я сижу у себя дома, пишу это, за окном знакомая улица, через улицу, чуть правее, светятся окна магазинчика, где я покупаю хлеб, молоко, воду и ещё что-то. Магазин закрыт. Сейчас ночь. Машины проезжают редко. Город, в котором я живу, спит. Где-то сейчас спят мои друзья, знакомые. Мысленно я могу проехать по моему городу. Я помню все основные улицы, я знаю, как город устроен. А где-то в Америке сейчас утро. Я знаю, что Америка существует. Она точно есть! Этот факт не подлежит сомнениям. За Европой, за Британскими островами, за океаном есть страна – Соединённые Штаты Америки. Она реальна. Но мне трудно представить себе американское утро. Трудно поверить, что то же самое солнце, которое освещало мой дом, пробивалось сквозь стёкла и занавески в моё окно, теперь делает то же самое в Америке, с чьим-то домом и чьим-то окном. Почему меня это удивляет, почему Америка не укладывается у меня в голове во что-то целое и хоть сколько-нибудь понятное?

(5) Когда-то слово «небоскрёб» меня забавляло. Когда-то для детско-школьного моего слуха оно было странным и смешным. Как только я его услышал в первый раз, я сразу понял, из каких частей оно состоит, из слов – «небо» и «скрести». Это как овощерезка, картофелечистка или дырокол. Когда же я увидел небоскрёбы в кино, то понял, что эти дома вполне заслуживают своего названия. Когда в нашем городе, а я к тому времени уже закончил школу, построили гостиницу аж в двадцать два этажа, и она обогнала по росту старенькие шестнадцатиэтажки, многие горожане сразу стали называть новую гостиницу «небоскрёбом». А гостиница имела претензии на такое звание. Узкое это здание блестело большими зеркальными окнами, сверкало стальными рамами и углами, вот только высотой было всего двадцать два этажа. Поэтому городские жители, говоря про новую гостиницу, произносили слово «небоскрёб» иронично, шутейно и всегда вставляли перед словом «небоскрёб» слово «наш». А в мире много высоких зданий, которые при желании или даже по сути можно назвать небоскрёбами. Но про знаменитые высотные здания в Москве мы

говорим: «московские высотки». Потому что здание Московского университета или Министерства иностранных дел – это именно высотки, а не небоскрёбы. Но даже совершенно похожие на американские небоскрёбы высоченные здания в любых странах мира, кроме Америки, всегда требуют уточнения: парижский небоскрёб, или арабский, или сингапурский, сиднейский, шанхайский . . . Да какой угодно! И только американские небоскрёбы не требуют никаких дополнительных уточнений. «Американский небоскрёб» – звучит нелепо. Небоскрёб в Америке, он тебе и есть небоскрёб. При слове «небоскрёб» у любого человека, ни разу не побывавшего, как и я, в Америке, сразу же в памяти и сознании проявляются картинки из бесчисленных фильмов, передач, журналов . . . И это прежде всего Нью-Йорк, Манхэттен . . . Америка! А как же?! Небоскрёбы же там родились, они там свои, они там коренные жители.

(6) Я не слыхал про эмигрантов и эмиграцию из Америки. Иммигрировали и продолжают иммигрировать скорее туда. Но вот небоскрёбы за пределами Америки кажутся эмигрантами из Соединённых Штатов.

(7) Скребущие небо дома! Как в них живут люди? Я это себе не представляю. При этом я знаю, что многие небоскрёбы являются жилыми домами. В них есть квартиры, а значит, есть шторы на окнах, кухни, спальни, детские комнаты. В каждой квартире свой запах, своя жизнь. Мне трудно это представить, точнее, я этого совсем представить не могу.

(8) Не представляю, потому что в моих ощущениях небоскрёбы построены не для того, чтобы в них жить, и даже не для того, чтобы в них сделать офисы и там работать. Они в моих ощущениях сделаны исключительно для того, чтобы создать особый, неповторимый и отдельный от всех других стран и континентов ландшафт и пейзаж. Небоскрёбы, Манхэттен и центры многих больших американских городов – это какие-то особые условия жизни, какие-то рукотворные скалы и каньоны, в которых протекает, осуществляется, пульсирует неведомая мне американская жизнь. А иногда мне кажется, что небоскрёбы – это самая грандиозная и дорогостоящая декорация для американских фильмов.

(9) Сколько же я видел фильмов, действие которых происходит среди небоскрёбов! Не сосчитать этих фильмов. И сколько я видел узких улочек, зажатых между глухих стен, уходящих куда-то ввысь. Чаще всего в кино эти улочки фигурируют ночью. Большие мусорные баки, железные лестницы вдоль стен, из канализационных люков вырывается и клубится пар, обычно подсвеченный синим светом. И всегда на этих улочках творится беззаконие и ужас. Звуки сирен полицейских машин долетают в эти тёмные щели между небоскрёбами уже приглушёнными и издалека.

(10) Бесконечное количество раз я вместе с героями американских фильмов летал на вертолёте над Нью-Йорком и над другими большими американскими городами. Летал над самыми крышами небоскрёбов и даже между ними. Я видел множество этих гигантских зданий издалека, вблизи и при любом освещении, но не понимаю, как в них можно жить.

(11) А сколько раз американские кинематографисты подвергали эти великолепные огромные строения разрушению или обрушивали на них ужасы и стихии. Я видел множество вариантов разрушений Нью-Йорка и других городов Америки. Видел я,

как на Манхэттен накатывали гигантские океанские волны, и в этих волнах гибло большинство жителей. Видел Нью-Йорк, замороженный лютой стужей и засыпанный снегом, в котором небоскрёбы стояли по пояс. На моих глазах, а точнее, на экране, на небоскрёбы падали астероиды из космоса, страшные землетрясения сотрясали их, вулканическая лава вырывалась из трещин в асфальте улиц между небоскрёбами. Безжалостные инопланетяне применяли по этим домам своё инопланетное оружие. Я видел огромных роботов, которые устраивали битвы на улицах американских городов и тем самым несли разрушение и смерть. Динозавры или вышедшие из океанских глубин ящеры чудовищных размеров бегали по Нью-Йорку и крушили всё на своём пути. А кто не помнит очень большую обезьяну на крышах Манхэттена?!

(12) Меня всегда удивляло и удивляет, с каким удовольствием американские кинематографисты разрушают свои города. С особым наслаждением они уничтожают именно Нью-Йорк. Им почему-то это нравится. Но и американским зрителям, то есть жителям этих городов, тоже, должно быть, это нравится. Если бы им не нравилось, они бы не ходили и не смотрели такие фильмы.

(13) Конечно же, только среди небоскрёбов могли завестись такие герои, как Человек-паук, Бэтмен или Супермен. Ни в одном нашем городе или в Европе они не появились бы. Как нелепо выглядел бы Человек-паук среди наших типовых пяти-, девяти-, двенадцатиэтажек, из которых в основном состоят наши областные центры. Эти дома невысокие, а улицы довольно широкие. Так что паутина Человека-паука провисла бы из-за расстояния и под весом самого Человека-паука. Тогда он грохнулся бы об асфальт, или на трамвайные пути, или, того хуже, запутался бы в проводах. Так что у нас не могут завестись и появиться такие чудесные герои.

(14) Ну а в старой Европе им тоже делать нечего. Там дивная архитектура, но там нет небоскрёбов. Для них там не будет размаха. К тому же там давно фигурируют граф Дракула, Джек Потрошитель, Мистер Хайд и Человек-невидимка. У них там уже сложился определённый репертуар, традиционный стиль поведения, действуют они по старинке, к ним все уже давно привыкли. Там их территория. Поэтому сложно представить себе Человека-паука в Венеции, на Монмартре или на Биг-Бене. Равно как и Дракула вряд ли убедительно смотрелся бы летящим над Гудзоном, на фоне знаменитых небоскрёбов. Он же граф . . .

(15) Сколько знает мой соотечественник, который ни разу не был ни в Москве, ни в Нью-Йорке, нью-йоркских и московских названий? Какие московские названия он сможет вспомнить? Ну например: Кремль, Красная площадь, площадь Пушкина, Садовое кольцо, Москва-река, Цветной бульвар (и то только потому, что на нём находится знаменитый на всю страну цирк), улица Петровка (потому что на ней в доме находится Московский уголовный розыск, известный по многим кинофильмам), гостиница «Москва» (потому что это здание изображено на этикетке знаменитой водки «Столичная»), Останкино (потому что там находится главное телевидение страны). Человек, читающий литературу, вспомнит названия нескольких прудов и бульваров. Те, у кого есть в Москве родственники, могут припомнить их адрес, если отправляли или передавали что-нибудь по этому адресу. Кто-то знает названия московских аэропортов.
Не очень много. А Москва – это всё-таки столица нашей Родины и страны!

(16) Зато многие и многие, ни разу не побывав в Нью-Йорке, как я, например, запросто вспомнят и назовут: Манхэттен, Уолл-стрит, Бродвей, Центральный парк, Тайм Сквер, Бруклин и Бруклинский мост, Брайтон Бич, Квинс, Бронкс, Гарлем, Гудзон . . . Мы почему-то хорошо знаем, что Манхэттен – это остров и что там есть улицы, которые просто пронумерованы, а также есть разные авеню. Эти улицы идут параллельно друг другу, а авеню перпендикулярно улицам.

(17) Вполне понятно, почему мы это знаем. Мы видели этот город в огромном количестве фильмов, в новостных репортажах и выпусках. Мы видели фильмов про Нью-Йорк больше, чем про Москву. Но всё-таки мне кажется, что дело не только в этом.

(18) О, как же много у меня вопросов к Америке! Но это не вопросы типа «когда?», «сколько?», «зачем?» и «почему?». Это другого рода и сути вопросы. Эти вопросы не оформляются короткой фразой с вопросительным знаком в конце. Это скорее какие-то видения и смутные желания, которым требуются не ответы, а подтверждения или опровержения. И почему-то так хочется именно подтверждений. При этом боюсь и ожидаю именно опровержений.

(19) Живу я себе, ни разу не побывав в Америке, но с уверенностью в том, что если захочу, то всегда смогу съездить. Но разве я не хочу?! Наверное, хочу. Тогда почему не еду? Чего боюсь?
Боюсь разочарований? Боюсь, что рухнет, разобьётся о конкретную и реальную Америку приятный и любимый литературно-киношный сложившийся годами миф? Или боюсь, что мне понравится конкретная и реальная Америка? Понравится, и это разрушит мою сложившуюся жизнь? Боюсь того, что захочу всё бросить и остаться там? Да нет. Не боюсь я этого. Точнее, не очень боюсь. А если миф разобьётся и рухнет сложившаяся жизнь, то чего же тогда они стоят?
А если не боюсь, то почему я не был там до сих пор?
Не знаю!
Наверное, действительно чего-то боюсь. Вот только чего? К чему не готов? К чему?
А вот к чему . . . Ну приеду я туда, точнее, прилечу . . . И что?!!!

(20) Я как только подумаю об этом, так сразу чувствую растерянность и смятение. С чего начать моё знакомство с Америкой? Что мне там делать? Куда податься? Куда сначала? В музей? В какой тогда музей? На Бродвей? А что там делать? Или лучше сразу полететь в Лос-Анджелес? Или в Чикаго? Или в Сан-Франциско? А может быть, лучше начать с Канзаса?
Или плюнуть на всё – и сразу по магазинам? А по каким магазинам? Зачем?

Словарь

любознательный – curious

точнее *comp.* (*from* **точный**) – more exact, precise

инопланетяне – aliens

удивление – amazement

с какой стати? *coll.* – why on earth?

оказываться/оказаться – to turn up

современный – contemporary, modern

количество – quantity

художественной – feature

качество – quality

предыдущий – the one before, previous

уверен – sure

знание – knowledge

складываться/сложиться – to form, develop

внятная – clear

представление – idea

внимательнее *comp.* (*from* **внимательный**) – more thorough, attentive

цельный – whole

сознание – mind

хранилище – storage, archives, thesaurus

тревожить – to alarm

беспокоить – to worry

заставлять/заставить – to make somebody do something

удивляться/удивиться – to be surprised

гневаться – to be angry, enraged

восхищаться/восхититься – to admire

пугать/испугать – to scare

ощущение – feeling, sensation

мысленно – mentally, conceptually, in your thoughts

устроен (*part. from* **устроить**) – designed (how it works)

освещать/осветить – to light up

занавеси – curtains

укладываться (в голове) – to sink in

небоскреб – skyscraper

забавлять – to entertain, amuse

смешной – funny

состоять – to be made of, constructed of, consist of

скрести – to scrape

заслуживать/заслужить – to deserve

обгонять/обогнать – to overtake, advance

блестеть – to shine

зеркальный *adj.* – mirror

сверкать – to sparkle, to glisten

рама – frame

шутейно *coll.* – as a joke, jokingly

вставлять/вставить – to insert

по сути – in fact, in itself, by definition

высотка *coll.* – multi-storey building

дополнительный – additional

звучать – to sound

нелепо – awkward, out of place

коренной – native, local

предел – border

представлять/представить – to have an idea, imagine

жилой – residential

шторы – blinds

запах – smell

исключительно – exclusively

особый – special

условие – condition

рукотворный – manmade

скала – cliff

зажатый (*part. from* **зажать**) – squeezed

глухой – solid, thick

мусорный – garbage, rubbish

канализационный бак – sewer, drainage

железный *adj.* – iron

лестница – stairs

вырываться/вырваться – to break free, erupt, escape

клубиться – to curl, roll

пар – steam

беззаконие – unlawfulness

ужас – terror

щель – gap

приглушенный (*part. from* **приглушить**) – muffled

вертолет – helicopter

крыша – roof

подвергать/подвергнуть – to subject

великолепный – magnificent

разрушение – destruction, demolition, devastation

обрушивать/обрушить – to crack down, crush

стихия – force of nature

гибнуть/погибнуть – to perish

замороженный (*from* **заморозить**) – frozen

лютый – severe

стужа – cold, frost

засыпанный (*part. from* **засыпать**) – buried

пояс – waist

экран – screen

землетрясение – earthquake

сотрясать – to shake

трещина – cracks

безжалостный – without mercy, cruel

применять/применить – to apply

оружие – arms

битва – battle

смерть – death

ящер – lizard

чудовищный – monstrous

размер – size

крушить – to crush

обезьяна – ape

наслаждение – pleasure, enjoyment

заводиться/завестись – to appear, nest, breed

провисать/провиснуть – to hang down, sag down

расстояние – distance

вес – weight

грохнуться *coll.* – to crash down

запутаться – to tangle, get entrapped

провод – wire, cable

дивный – wonderful, amazing

размах – swing

определенный – certain

поведение – behaviour

привыкать/привыкнуть – to get accustomed

граф – count, earl

соотечественник – compatriot

цирк – circus

уголовный розыск – criminal investigation department

изображено (*part. from* **изобразить**) – with an image of

этикетка – label, tag

запросто *coll.* – easy, 'easy-peasy'

остров – island

пронумерован (*part. from* **пронумеровать**) – numbered

выпуск – issue

вопросительный *adj.* – question

знак – mark, sign

смутный – vague, indistinct, elusive, uncertain

подтверждение – confirmation

опровержение – disprove, overturn

бояться – to be afraid of

разочарование – disappointment

рухнуть – to collapse

разбиваться/разбиться – to break

бросить – to abandon, dump, give up

Exercise 3

Word formation. Compound words.

Read the definition of the word 'skyscraper'.

(5) «Когда-то слово **«небоскрёб»** меня забавляло. Когда-то для детско-школьного моего слуха оно было странным и смешным. Как только я его услышал в первый раз, я сразу понял, из каких частей оно состоит, из слов – **«небо»** и **«скрести»**. Это как **овощерезка**, **картофелечистка** или **дырокол**»

Explain the meaning of the words below using the model.

   Model: **небоскрёб – «скребёт» небо**

овощ**е**резка (5)	–	(овощи, резать)
картофел**е**чистка (5)	–	(картофель, чистить)
дыр**о**кол (5)	–	(дыра, колоть)
рук**о**творные скалы (8)	–	(рука, творить)
дорог**о**стоящая декорация (8)	–	(дорого, стоить)
верт**о**лёт (10)	–	(вертеть, лететь)
земл**е**трясение (11)	–	(земля, трясти)

Exercise 4

Word formation. Colloquial words in **-ка**.

Высот**ка** (5) *coll. from* **высот**ное здание (multi-storey building)
шестнадцатиэтаж**ка** (5) *coll. from* **шестнадцатиэтаж**ное здание

Guess the meanings of the following colloquial words and give the 'original' two-word construction:

минералка
столовка
коммуналка
читалка
Мариинка
человек-невидимка (14)

Exercise 5

Word formation. Preposition/negative word + noun/adjective/verb

бесконечный (10) = **без** конца (endless, 'without end')
«**без**» – «**бес**» (devoiced in front of the devoiced consonant of the root)

Give synonyms for the following words from the extract. Explain the meaning of the words, giving the roots/words from which they are formed.

бессчётное количество (3)
бесчисленные фильмы (5)
неповторимый ландшафт (8)
неведомая жизнь (8)
подсвеченный пар (9)
беззаконие (9)
безжалостные инопланетяне (11)

Exercise 6

Translate the following sentences, paying attention to the words with diminutive/augmentative suffixes (diminution? augmentation? affection? disparagement?).

1 И при этом я совершенно уверен, что я <u>ничегошеньки</u> про Америку не знаю. (3)
2 А ещё Америка не уложена комфортно и <u>спокойненько</u> в моём сознании в хранилище моих представлений о географическом, и не только географическом, устройстве мира. (3)
3 Но даже совершенно похожие на американские небоскрёбы <u>высоченные</u> здания в любых странах мира, кроме Америки, всегда требуют уточнения: парижский небоскрёб, или арабский, или сингапурский, сиднейский, шанхайский. (5)
4 Вот я сижу у себя дома, пишу это, за окном знакомая улица, через улицу, чуть правее, светятся окна <u>магазинчика</u>, где я покупаю хлеб, молоко, воду и ещё что-то. (4)
5 Когда в нашем городе, а я к тому времени уже закончил школу, построили гостиницу аж в двадцать два этажа, и она обогнала по росту <u>старенькие</u> шестнадцатиэтажки, многие горожане сразу стали называть новую гостиницу «небоскрёбом». (5)
6 И сколько я видел узких <u>улочек</u>, зажатых между глухих стен, уходящих куда-то ввысь. (9)

Exercise 7

Grammar. Full and short forms of past passive participles.

Give full forms of the participles according to the model.

Model: Магазин **закрыт**. (4) – Мы подошли к закры**тому** магазину *(dat.)*

1 Я знаю, как город <u>устроен</u>. (4)
   Мне нравятся хорошо _____ города.
2 Небоскребы <u>построены</u> не для того, чтобы в них жить. (8)
   Туристы восхищаются _____ в Нью-Йорке небоскребами.
3 Небоскребы <u>сделаны</u>, чтобы создать неповторимый ландшафт. (8)
   Зрители по достоинству оценили хорошо _____ картину.
4 Здание гостиницы <u>изображено</u> на этикетке водки «Столичная». (15)
   Мы узнали _____ на этикетке здание гостиницы.
5 Там есть улицы, которые просто <u>пронумерованы</u>. (16)
   Турист может легко разобраться в _____ улицах.

Exercise 8

Grammar. Past passive participles from the perfective verbs ending in **-ить** in the infinitive (Appendix 1).

Identify the infinitives and the first-person singular forms of the verbs from which the following participles are formed.

> *Model:* «из канализационных баков клубится пар, **подсвеченный** синим светом» (9)
> подсвеченный – **подсветить** (perfective inf.) – подсвечу (first-person singular)

«звуки сирен долетают в темные щели уже <u>приглушенными</u>» (9)
«видел Нью-Йорк, <u>замороженный</u> лютой стужей» (11)
«это здание <u>изображено</u> на этикетке знаменитой водки «Столичная» (15)

*Form past passive perfective participles from the verbs in **-ить** in the infinitive:*

представить (to present), разгромить (to destroy), захватить (to invade), бросить (to abandon), оставить (to leave), поставить (to stage, direct), приготовить (to prepare), купить (to buy), уложить (to pack up), потратить (to spend), изучить (to study), возвратить (to return)

Столица Америки обычно _____ (is presented) в голливудских фильмах.
Нью-Йорк часто _____ (is destroyed) и _____ (is invaded) инопланетянами в фильмах-катастрофах, машины _____ (are left), дома _____ (are abandoned). Эти картины _____ (are directed) известными режиссерами и обычно имеют большой кассовый успех.

Представьте, вы едете в Америку, все _____ (is prepared): билет _____ (is bought), вещи _____ (are packed up) в чемодан, _____ (is spent) много времени на чтение путеводителя, он внимательно _____ (is studied) и _____ (is returned) в библиотеку.

Exercise 9

Grammar. Verbs of motion (Appendices 2, 3).

Comment on the usage of the verbs of motion (unidirectional/multidirectional; prefixed) in the following sentences.

1　Если инопланетяне <u>прилетают</u> на Землю, то они непременно <u>прилетают</u> в Соединённые Штаты. (2)
2　А они, коль скоро <u>долетели до</u> нас, уж точно не дураки. (2)
3　Машины <u>проезжают</u> редко. (4)
4　Мысленно я могу <u>проехать</u> по моему городу. (4)
5　Бесконечное количество раз я вместе с героями американских фильмов <u>летал</u> на вертолёте над Нью-Йорком и над другими большими американскими городами (10)
6　Ящеры чудовищных размеров <u>бегали</u> по Нью-Йорку. (11)
7　Живу я себе, ни разу не побывав в Америке, но с уверенностью в том, что если захочу, то всегда смогу <u>съездить</u>. (19)

Exercise 10

Grammar. Plurals.

Some masculine nouns form plurals with **-а**, rather than **-ы/-и**

Give plurals of the following nouns:

sing.	*pl.*
провод	**провода**
магазин	**магазины**
фильм	
город	
остров	
адрес	
дом	
дурак	
поезд	
рубль	
глаз	
вечер	
паспорт	

Exercise 11

Grammar. Negatives with **ни-** and **не-**.

 cf.: «Я **ни**когда **не** был в Америке» (1) – *double negation*
  I have never been to America.

  « . . . в старой Европе им делать **не**чего» (14) – *impersonal construction with dative*
   (the verb is in the infinitive form)
  There is nothing for them to do in old Europe.

Translate into Russian.

I do not read anything. There is nothing to read.
I do not go anywhere. There is nowhere to go.
I do not do anything. There is nothing to do.
I do not speak Russian to anybody. There is nobody to speak Russian to.
I never watch TV. I do not have time.
I do not phone anybody. There is nobody to phone.

Exercise 12

Comprehension check.

Answer the questions.

1   Почему в голливудских фильмах инопланетяне прилетают в Соединенные штаты?
2   Какие чувства вызывает Америка у автора?
3   Какое здание в городке, где живет автор, называли «наш небоскреб» и почему? Сколько в нем было этажей? Какие московские высотки упоминаются в тексте?
4   Для чего построены небоскребы в американских городах, по ощущениям автора?
5   Какие вопросы у автора к Америке? Почему он боится и ожидает опровержений?

Topics for discussions/essays

1   Какие стереотипные представления существуют на Западе о России? На чем базируются эти представления (фильмы, литература, СМИ и т.д.)? Изменились ли ваши представления о России и о русских после того, как вы побывали в России или с тех пор, как вы стали изучать русский язык? Разбился ли ваш «литературно-киношный миф» о реальную Россию?
2   Как вы думаете, какие стереотипы существуют об Америке и американцах? Согласны ли вы с ними, почему?
3   Как вы относитесь к современной архитектуре? Какие города вы предпочитаете, старинные или современные? Опишите ваш любимый город.
4   Представьте, что к вам в город приезжает русский знакомый. Посоветуйте, что ему/ей обязательно надо посмотреть у вас в городе, куда сходить и почему.
5   Вы когда-нибудь жили в небоскребе? Какое жилье предпочитаете вы? Квартиру или дом с садом? Почему?

Further reading and activities

1   Прочитайте интервью Евгения Гришковца с корреспондентом газеты «Московский комсомолец» от 4-го октября 2012 года (№26058) «Я ушел из соцсети сознательно и навсегда».

Согласны ли Вы с писателем, когда он говорит:

«. . . я убежден, что мы доживем до того момента, когда люди массово будут уходить из соцсетей. Это будет мода. Как сейчас есть мода обратная. Между прочим, на поддержку этой моды работает гигантская индустрия, задействованы такие гигантские деньги, которые сопоставимы только с нефтяной промышленностью. Людям надо понять, что человеческое общение – оно незаменимо. Всё остальное – фикция . . . »

«Мы расстаемся не с бумагой, а расстаемся с образом жизни. Уже не будет многих моментов, связанных, например, с литературой и искусством. Последнее поколение писателей не оставит черновиков, и мы не будем знать, как они работали над текстом, – нечего будет изучать. Не будет рисунков на полях . . . »

2   Посмотрите моноспектакль Е. Гришковца «Прощание с бумагой».
Отзыв о спектакле:

«У спектакля «Прощание с бумагой» на самом деле не один, а два сюжета – общий и частный. Частный легко вычитывается из названия: Гришковец размышляет о том, как электронные носители информации вытесняют бумажные. Общий же не столь очевиден. Автор говорит о времени, о пустоте и о том, что технический прогресс для каждого отдельного человеческого существа – это приближение к небытию, потому что прогресс приходит со временем. А время это и есть осознание небытия. Поэтому Гришковец начинает рассказ со слов «никогда» и «навсегда» – и они потом откликаются воспоминанием о детском страхе перед чернотой в щели почтового ящика, да и той видимой чернотой, что просматривается в финале за шеренгой синхронно открывшихся за спиной Гришковца дверей. Да и смиренный, молчаливый уход героя в конце спектакля несет в себе что-то большее, чем просто прощание с бумагой»

(Р. Должанский, «Коммерсант»)

3   Посмотрите «Настроение улучшилось», фильм студии rec.production по произведению Евгения Гришковца. Музыка М. Сергеева и «Бигуди», продюсер Ю. Дорохин.
Один из эпизодов:

« . . . случилось несчастье – сосед по дому купил старенькую подержанную машину, и она каждую ночь орёт сигнализацией, мигает фарами, каждую ночь! И ты целый месяц не спишь, худеешь, нервничаешь, болеешь, и вдруг – целая ночь в тишине, и следующая ночь – тишина, и целая неделя, и ты встречаешь во дворе соседа и спрашиваешь: «Слушай, что-то давно не слышно было твоей машины?». А он говорит: «Да подонки, сволочи, угнали мою машину!». А ты говоришь: «Да ты что?! Ой-ой-ой!», а настроение в этот момент улучшилось . . . »

Chapter 10: Герман Карпов. «Великое посольство и первое заграничное путешествие Петра I»

Figure 10.1 Готфрид Кнеллер. «Пётр I». 1698. Peter the Great, Tsar of Russia. Sir Godfrey Kneller (artist). Signed and dated 1698. Royal Collection Trust / © Her Majesty Queen Elizabeth II 2014

In 1697–1698 the Russian Tsar Peter the First went to Western Europe with a Russian Diplomatic Mission, the Grand Embassy (Великое посольство). Its main aims were to strengthen the economic and diplomatic ties between Europe and Russia. Travelling incognito under the name of Pyotr Mikhaylov, the young Russian tsar learned about the customs, culture and scientific advances of the West. The extract in this chapter is taken from an essay by the Russian historian G.M. Karpov and tells us about Peter the Great's visit to England.

Discuss what you know about Peter the Great. What do you think was of interest for the Russian monarch in England and why? Do you know any places associated with him in London? In the portrait, what clue does Godfrey Kneller give with regards to Peter's first and foremost passion? What ties, if any, existed between Russia and England in the late seventeenth century?

Exercise 1

The statements below relate to the main developments in the text. *Guess the meaning of the underlined words from the extract.*

1   Яхта Петра прибыла в Англию. (1)
2   В Англии Петр посетил доки и верфи. (4)
3   В Англии Петр познакомился с Кармартеном. Кармартен – лорд, капитан, контр-адмирал, маркиз. (7)
4   Петру понравился напиток бренди. (7)
5   Петр переехал в городок Дептфорд, теперь это квартал Лондона. (9)
6   Петра интересовали морской арсенал и артиллерийский завод. (9)
7   Петру понравились морские маневры. (10)
8   В морских учениях принимал участие Митчелл, адмирал английского морского флота. (10)
9   Квакеры – религиозная секта. (11)
10 Петр купил в Англии математические инструменты. (12)
11 Математик Андрей Фергансон поехал работать в Россию в качестве профессора для будущей навигационной школы. (12)
12 Петр посетил обсерваторию в Гринвиче. (13)
13 Анонимный автор сделал прогноз о будущем России. (16)

Великое посольство и первое заграничное путешествие Петра

Англия: Новые впечатления и приобретения

Прибытие в Англию

(1)   Яхты, войдя в Темзу, встали на якоря ниже Тауэра 11-го января 1698 года. Царь Петр Первый отказался сесть в специально посланную королевскую лодку и воспользовался лодкой, предназначенной для перевозки багажа. Никем не замеченный, он быстро прошел в один из домиков, арендованных для русских гостей.

(2) Такое поведение русского царя вызвало вполне понятную иронию английского короля Вильгельма, считавшего чудачеством фанатичное увлечение русского царя кораблями и мореплаванием и его полное равнодушие к красотам природы, великолепным зданиям и садам. Действительно, далеко не все поступки царя понятны. Так, очевидно некоторое несоответствие: открытость, публичность деятельности Петра, с одной стороны, и желание укрыться от любопытных глаз – с другой. Эту особенность поведения царя, возможно, объясняет следующее замечание Маколея: он «избегал толпы с гордой застенчивостью». Понятно, что такое поведение только разжигало любопытство англичан.

Лондон

(3) Главная цель приезда царя в Англию – изучение теоретических основ судостроения. Однако приступить к этим занятиям он смог не сразу. Лондон, самый крупный город тогдашней Европы (с населением около 700 тысяч человек), поражал путешественников не только своими размерами, но и многочисленными достопримечательностями. Ненасытная любознательность Петра нашла здесь достойную пищу.

(4) Несомненно, царя в первую очередь интересовали верфи, доки, промышленные предприятия, торговые заведения, вообще самые разнообразные ремесла. Так, посетив мастерскую часовщика Карте, русский монарх заинтересовался работой сложных механизмов и в короткое время научился их собирать и разбирать.

(5) Петр прибыл в Англию, когда ее столица переживала процесс обновления после великого пожара 1666 года. Хотя грандиозный проект перепланировки Лондона, разработанный выдающимся архитектором раннего классицизма Кристофером Реном (1632–1723), не был реализован полностью, все же отдельные здания и целые городские ансамбли, площади не могли не обратить на себя внимания. Петр вряд ли оставался равнодушным, осматривая великолепные старые дворцы и новые здания, среди которых выделялся достраивающийся тогда величественный собор Святого Павла.

(6) Русские путешественники, конечно, заметили, что по ночам улицы города освещаются фонарями, что столичная публика с удовольствием посещает кофейни – своеобразные клубы, где обсуждались политические, коммерческие, театральные новости, велись литературные и научные споры.

(7) В Лондоне Петр подружился с маркизом Кармартеном, страстным моряком и тонким знатоком корабельного дела, склонным к приключениям, занимательным собеседником и любителем веселой дружеской компании. Контр-адмирал Кармартен участвовал во многих сражениях в качестве капитана корабля. Во время устраиваемых лордом прогулок на яхте по Темзе Петр имел возможность в дружеском общении пополнить свои знания. В компании Кармартена царь пристрастился к новому напитку моряков – бренди, настоенном на перце. Таким образом, в общении с адмиралом сочеталось приятное с полезным.

(8) Следует упомянуть еще одно событие из лондонской жизни Петра. По желанию короля Вильгельма художник Готфрид Кнеллер, ученик Рембрандта, находившийся в ту пору в Лондоне, начал писать портрет молодого царя. Художник создал несколько идеализированный и весьма эффектный, но вместе с тем, как свидетельствуют современники, узнаваемый образ портретируемого. На портрете изображен – в

царственной позе и парадной одежде – 25-летний молодой человек с привлекательными чертами лица, открытым энергичным взглядом, с большими карими глазами.

Дептфорд. Морские маневры

(9) Познакомившись с английской столицей, 9 февраля Петр Первый переехал в Дептфорд, небольшой городок, расположенный на Темзе ниже Лондона (теперь это один из кварталов столицы). Там находились королевские верфи. Дом, снятый для высокого гостя, был окружен большим садом. В ограде сада для царя проделали дверь, через которую он в любое время, избегая внимания любопытствующих, мог попасть на верфи, откуда Петр совершал прогулки по реке. Яхта чаще всего останавливалась у Вулича, где находились интересовавшие Петра объекты: морской арсенал и артиллерийский завод. Поездки в Вулич участились после того, как 2-го марта царь получил долгожданный подарок – королевскую яхту, которую по поручению Вильгельма передал ему адмирал Митчелл.

(10) Самое яркое впечатление произвело на Петра в Англии устроенное для него королем показательное морское сражение у острова Уайт недалеко от главной военно-морской базы Портсмут. Перед маневрами Петр получил возможность осмотреть все наиболее крупные корабли английского флота. Кульминацией пребывания в Портсмуте явились сами маневры. Восторг Петра от этого зрелища, по преданию, выразился в его признании Митчеллу, что «он предпочел бы быть английским адмиралом, чем русским царем». В литературе можно встретить и другой вариант словесного восхищения Петра маневрами: «У адмирала в Англии более веселая жизнь, чем у царя в России».

Другие аспекты пребывания Петра в Англии

(11) В Англии Петр уделил довольно пристальное внимание проблемам религии и Церкви. Одним из частых собеседников царя в Лондоне был епископ Бернет. Не менее заинтересовано знакомился Петр с одной из многочисленных религиозных организаций Англии – сектой квакеров. Возможно, царя привлекала приверженность ее сторонников нравственным ценностям христианства при отрицании официальной церковной организации.

(12) 16-го апреля был подписан Табачный договор, в соответствии с которым Кармартену предоставлялось монопольное право на ввоз и продажу табака в России. Полученные от договора 4 тысячи фунтов в течение двух-трех дней ушли на уплату счетов, покупку лекарств, математических инструментов (их покупал Яков Брюс, изучавший в Англии математику), на приобретение чертежей английских кораблей, на жалованье специалистов, нанятых Петром на русскую службу. Среди специалистов, отправлявшихся в Россию (около 60 человек), отметим капитана Джона Перри, который должен был продолжить работы по прорытию канала между Волгой и Доном, и математика Андрея Фергансона, который был приглашен в качестве профессора для будущей навигационной школы.

(13) В весенние апрельские дни Петр много времени проводил в познавательных поездках. Царь часто наблюдал заседание парламента, на котором присутствовал король. Петр посетил обсерваторию в Гринвиче, провел два дня в Оксфорде, в городе, имевшем «славный» университет со «славной» библиотекой.

(14) После более чем трехмесячного пребывания в Англии Петр покинул гостеприимные берега Темзы. Его поездка оказалась весьма полезной и существенно обогатила его реформаторские замыслы.

Англичане о русских и их государе

(15) Многие англичане, знавшие о пребывании русских в Англии, проявляли живой интерес к тому, как оно отразилось на состоянии дел в России.

(16) Довольно продолжительное пребывание Петра на острове вызвало повышенный интерес английского общества не только к его особе, но и к стране, правителем которой он являлся. Непосредственно под влиянием этого визита вышли одна за другой в 1698 и в 1699 гг. две книги о России. Это были не оригинальные работы, а пересказ трудов европейских путешественников, побывавших в России, и перевод с немецкого двух сочинений анонимного автора.

(17) Заканчивая описание современного состояния России, он делает такой прогноз: страна, считавшаяся прежде варварской, благодаря стараниям молодого государя «теперь спорит о первенстве со всякою державою в Европе . . . и может, по всей вероятности, сделаться сильнейшим и страшнейшим государством на свете», используя свои огромные богатства и создав сильный морской флот.

(18) Известный английский историк XIX века заметил: «Его (Петра – Г.К.) путешествия – эпоха в истории не только его страны, но и нашей, и всего человечества».

Словарь

якорь – anchor	**сражение** – battle
предназначенный (*part. from* **предназначить**) – intended	**настоенный** (*part. from* **настоять**) – infused
арендованный (*part. from* **арендовать**) – rented	**событие** – event
	свидетельствовать – to testify
король – king	**ограда** – fence
корабль – ship	**военный** – military
любопытный – inquisitive	**зрелище** – show
особенность – feature	**приверженность** – devotion
застенчивость – shyness	**нравственный** *adj.* – moral
разжигать/разжечь – to kindle	**договор** – treaty
судостроение – shipbuilding	**лекарство** – medicine
промышленный – industrial	**чертеж** – drawing
предприятие – enterprise	**жалованье** – salary
торговый *adj.* – trade	**прорытие** – digging
заведение – establishment	**заседание** – session
пожар – fire	**замысел** – idea
дворец – palace	**правитель** – ruler
собор – cathedral	**держава** – power
фонарь – street-lamp	**человечество** – mankind
приключение – adventure	**Великое посольство** – Grand Embassy

Exercise 2

Look through the extract. Arrange the following statements in the order they appear in the text.

1   Петр наблюдает морские маневры у берегов острова Уайт.   _____
2   Петр присутствует на заседаниях английского парламента.   _____
3   Петр знакомится с маркизом Кармартеном.   _____
4   Петр проявляет интерес к религиозной жизни англичан.   _____
5   Петр посещает часовую мастерскую Карте.   _____
6   Петр переезжает из Лондона в Дептфорд.   _____
7   Петр совершает поездки на артиллерийский завод в Вуличе.   _____
8   Петр подписывает Табачный договор.   _____
9   Петр позирует Готфриду Кнеллеру.   _____
10   Петр открывает для себя новый напиток – перцовое бренди.   _____

Exercise 3

Idioms.

Paraphrase the following sentences paying attention to the idioms and metaphors.

1   Поведение русского царя <u>разжигало</u> любопытство англичан. (2)
2   <u>Ненасытная</u> любознательность Петра нашла в Лондоне достойную <u>пищу</u>. (3)
3   Общаясь с Кармартеном, Петр сочетал <u>приятное с полезным</u>. (7)
4   Россия <u>спорит</u> о первенстве со всякой державой в Европе. (17)

Exercise 4

Guessing new words from context.

Choose the best definition for the underlined words, using the first as a model.

1   Вильгельм считал увлечение Петра мореплаванием и равнодушие к искусству <u>чудачеством</u>.
     a. wonder   b. norm   c. <u>extravagance</u>

2   По словам Маколея, российский монарх «избегал толпы <u>с</u> гордой <u>застенчивостью</u>». (2)
     a. shyness   b. fear   c. contempt

3   <u>Ненасытная</u> любознательность Петра нашла здесь достойную пищу. (3)
     a. hungry   b. insatiable   c. newly awakened

4   Собор Святого Павла <u>выделялся</u> среди всех других зданий Лондона. (5)
     a. towered   b. differed   c. stood out

5   Петр познакомился со <u>склонным</u> к приключениям маркизом Кармартеном. (7)
     a. wary   b. prone to   c. reluctant

6 <u>По поручению</u> Вильгельма адмирал Митчелл передал яхту Петру. (9)
   a. request   b. order   c. suggestion

7 <u>Восторгу</u> Петра от морских учений не было предела. (10)
   a. delight   b. satisfaction   c. disappointment

8 Петру понравилась <u>приверженность</u> квакеров христианской морали. (11)
   a. agreement   b. acceptance   c. commitment

9 Часть денег ушла на <u>жалованье</u> специалистов. (12)
   a. lodging   b. salaries   c. insurance

Exercise 5

Form adjectives from the nouns below that can be used to describe somebody's personality.

любопытство	(2)	любопытный
застенчивость	(2)	_____
любознательность	(3)	_____
равнодушие	(5)	_____
молодость	(8)	_____
энергичность	(8)	_____
сила	(7)	_____
открытость	(8)	_____
живость	(15)	_____
страсть	(7)	_____

Exercise 6

Word formation. Compound words.

Analyse the words below following the model. Identify two roots in each word, then guess its meaning. Use a dictionary as your last resort.

мореплавание	(2)	navigation, seafaring
равнодушие	(2)	_____
великолепный	(2)	_____
любопытство	(3)	_____
судостроение	(3)	_____
многочисленный	(3)	_____
достопримечательности	(3)	_____
любознательность	(3)	_____
разнообразный	(4)	_____
своеобразный	(6)	_____
долгожданный	(9)	_____
трехмесячный	(14)	_____
гостеприимный	(14)	_____

Exercise 7

Word formation. The noun suffix – **щик** (Appendix 5).

Paraphrase the sentences using nouns describing people's occupations in place of the underlined phrases.

1. Карте был <u>мастером по изготовлению часовых механизмов</u>. (4)
2. Будучи мальчиком, Петр <u>играл на барабанах</u> в своем потешном войске.
3. В Лондоне Петр познакомился с местными <u>мастерами корабельного дела</u>.

Exercise 8

Root study: **-бир/-бер** (taking, picking).

«Русский монарх заинтересовался работой часов и в короткое время научился их **собирать** (to put together, assemble) и **разбирать** (to take apart)» (4) (Appendix 4).

Fill in the gaps with verb forms from the list below. Guess the meaning of verbs with **-бир/-бер** *and translate the sentences into English.*

забирали, прибрать, перебрал, разобрать, перебрался, разбирать, собирался, убрать, собираясь, набирать, разбираться, отобрал, собирать

1. _____ в европейскую поездку, Петр _____ самых лучших российских ученых и мастеров.
2. Царь _____ много кандидатов для «великого посольства» прежде, чем остановился на Франце Лефорте, Федоре Головине и других.
3. Сначала русская делегация остановилась в Риге, затем в Курляндии и Пруссии, откуда Петр _____ в Голландию.
4. Занятия корабельным делом _____ все силы Петра.
5. Петр жадно интересовался всем – например, в Лондоне он научился_____ и _____ сложные часовые механизмы.
6. Своим размашистым почерком, который часто было трудно _____, царь подписал Табачный договор.
7. После учения в Голландии и Англии Петр стал хорошо _____ в основах судостроения.
8. Из Вены Петр _____ ехать в Венецию, но из Москвы пришло известие о стрелецком восстании, и он вынужден был вернуться в Россию – «_____ стрельцов к рукам».
9. Считая, что царевна Софья подняла стрельцов на бунт, Петр решил _____ ее подальше и заключил ее в Новодевичий монастырь.
10. Велико значение правления Петра – под его руководством Россия начала _____ силу как новая европейская держава.

Exercise 9

Grammar.

Past passive participles (Appendix 1).

Identify past passive participles in the text. Give verbs from which they are formed according to the model below. Translate the sentences into English.

«Царь Петр Первый отказался сесть в специально **посланную** королевскую лодку . . . » (1)
посл**анная** (sent) past passive part. *from* **послать** (pf.); посл**анную** лодку (acc.)

Past active participles (Appendix 1).

Identify past active participles in the text. Give verbs from which they are formed according to the model below. Translate the sentences into English.

«Такое поведение русского царя вызвало вполне понятную иронию английского короля Вильгельма, **считавшего** чудачеством фанатичное увлечение русского царя кораблями . . . » (2)

счита**вший** (the one who considered) past active part. *from* **считать** (impf.); короля, считав**шего** (gen.)

Present passive participles (Appendix 1).

Identify present passive participles in the text. Give verbs from which they are formed according to the model below. Translate the sentences into English.

«Художник создал **узнаваемый** образ **портретируемого**» (8)
узнава**емый** (recognisable) present passive part. *from* **узнавать** (impf.); узнава**емый** образ (acc.)

Exercise 10

You can recognise participles by adjectival endings and the following suffixes: **-ащ/-яш/-ущ/-юш** (present active), **-вш/-дш/-сш/-кш/-гш/-рш** (past active), **-ем/-им** (present passive) and **-ан/-ян/-ен/-ён/-т** (past passive) (Appendix 1).

Scan the text to find the original participles that are synonyms for the ones underlined in the sentences below.

1 Петр сел в лодку, <u>отведенную</u> для перевозки багажа. (1)
2 Никем не <u>узнанный</u>, царь прошел в дом, <u>снятый</u> для русских гостей. (1)
3 Лондон перестраивался по проекту, <u>созданному</u> Кристофером Реном. (5)
4 Лорд Кармартен приглашал Петра на <u>организуемые</u> им прогулки по Темзе. (7)
5 На портрете Кнеллера Петр <u>представлен</u> привлекательным молодым человеком. (8)
6 Дом Петра в Дептфорде был <u>обнесен</u> огромным садом. (9)
7 Петра поразили морские учения, <u>организованные</u> королем Вильгельмом. (10)
8 Специалистам, <u>взятым</u> на русскую службу, заплатили из средств, <u>поступивших</u> от Табачного договора. (12)

Exercise 11

Participles and word order. Participles can be placed before or after the nouns they modify. When a participle phrase follows a noun, a comma is used between the two:

> «**Россия, считавшаяся** прежде варварской, спорит о первенстве со всякой державой в Европе . . . » (17)

Participles can also be placed a few words apart from the nouns they modify. No commas are used thus making it difficult for the reader to follow sentence structure:

> «Яхта Петра часто останавливалась у Вулича, где находились **интересовавшие** его **объекты**» (9)

Study the sentences below paying attention to word order. Rewrite sentences, identify the modified nouns and put them in front of the participles. Translate the sentences into English.

1   Петр осматривал новые здания, среди которых выделялся <u>достраивающийся тогда величественный собор Святого Павла</u>. (5)
2   <u>Во время устраиваемых лордом прогулок на яхте</u> по Темзе Петр имел возможность пополнить свои знания. (7)
3   Яркое впечатление произвело на Петра <u>устроенное для него королем показательное морское сражение</u>. (10)

Exercise 12

Gerunds.

Russian gerunds are verbal adverbs that are similar to English gerunds and phrases like 'while working', 'frankly speaking', 'having said that', etc. They compress a temporal clause to one word or phrase deleting conjunctions and connectors.

> cf.: «**Войдя** в Темзу, российские яхты встали на якоря ниже Тауэра» (1) (having entered the Thames . . .); «**После того как яхты вошли** в Темзу, они встали на якоря ниже Тауэра» (after the yachts entered the Thames . . .)

Rewrite the following sentences using conditional and temporal clauses with **если, когда** *and* **после того, как.**

> *Model:* Петр увлекся часовыми механизмами, **посетив** часовую мастерскую Карте. (4) – Петр увлекся часовыми механизмами **после того, как посетил** мастерскую Карте.

1   <u>Осматривая</u> Лондон, Петр не мог не изумляться великолепию города. (5)
2   <u>Познакомившись</u> с Лондоном, Петр переехал в Дептфорд. (9)
3   Современник писал, что благодаря Петру Россия может стать мировой державой, <u>используя</u> свои природные богатства и <u>создав</u> сильный морской флот. (17)

Exercise 13

Grammar. Superlatives.

«Россия . . . может сделаться **сильнейшим** и **страшнейшим** государством на свете» (17) сильн**ейш**ий (*from* сильный) – the strongest; сильнейшим государств**ом** (instr.)

Give superlative forms of the adjectives to fill in the gaps.

1   По мнению многих, Петербург один из _____ (красивый) городов мира.
2   Правление Петра Великого является _____ (интересный) главой истории России.
3   Царь Петр Первый овладел _____ (сложный) ремеслами.
4   В то время Лондон был одним из _____ (крупный) центров науки и торговли.
5   Читать Пушкина в оригинале не самое _____ (простой) занятие.
6   Устраивать фейерверки было одним из _____ (любимый) занятий Петра Первого.
7   Царь Петр полюбил _____ (вкусный) напиток моряков.
8   Ганнибал был _____ (храбрый) офицером.

Exercise 14

Grammar. Verbs of motion (Appendices 2, 3).

Comment on the usage of the verbs of motion (unidirectional/multidirectional; prefixed) in the following sentences.

1   Яхты, <u>войдя</u> в Темзу, встали на якоря ниже Тауэра 11-го января 1698 года. (1)
2   Царь <u>плыл</u> в лодке для <u>перевозки</u> багажа. (1)
3   Петр <u>сошел</u> на берег и быстро <u>прошел</u> в один из домиков, арендованных для русских гостей. (1)
4   Главная цель <u>приезда</u> царя в Англию – изучение теоретических основ судостроения. (3)
5   Царь <u>обошел</u> весь Лондон, он часто <u>ходил</u> в кофейни. (6)
6   Познакомившись с английской столицей, 9-го февраля Петр Первый <u>переехал</u> в Дептфорд. (9)
7   Табачный договор предоставлял маркизу Кармартену монопольное право на <u>ввоз</u> и продажу табака в России. (12)
8   После визита Петра <u>вышли</u> одна за другой в 1698 и в 1699 гг. две книги о России. (16)
9   Три месяца спустя Петр <u>уехал</u> из Англии. (14)
10 Петр <u>привез</u> обратно в Россию ученых и специалистов. (12)

Exercise 15

Comprehension check.

Answer the questions.

1 Когда Петр Первый посетил Англию и сколько он там пробыл? Сколько ему было лет?
2 Почему русский царь не сел в посланную для высокой персоны лодку? Что думал о Петре Первом английский король?
3 Что представлял собой Лондон в то время?
4 Что интересовало Петра Первого в Англии?
5 Почему Петр подружился с маркизом Кармартеном? Чем они занимались?
6 Каким изображен царь Петр на портрете Готфрида Кнеллера?
7 Почему дом в Дептфорде оказался удобным для Петра Первого?
8 Когда, по воспоминаниям современников, Петр отметил, что он предпочел бы быть английским адмиралом, а не русским царем? Как Вы думаете, чем были вызваны эти слова?
9 На что были потрачены деньги, полученные от Табачного договора?
10 Почему, по мнению анонимного немецкого историка, Россия могла стать «сильнейшим и страшнейшим государством»?

Topics for discussions/essays

1 Describe Peter the Great as a personality (use Exercise 5). Support your points with examples from the text, your knowledge and suggested readings.
2 Прокомментируйте предсказания историка (абзац 17) о том, что «Россия может, по всей вероятности, сделаться сильнейшим и страшнейшим государством на свете, используя свои огромные богатства и создав сильный морской флот». Подтвердите свое мнение информацией из дополнительных источников (see suggested readings).
3 Согласны ли Вы с лауреатом Нобелевской премии Александром Солженицыным в том, что реформы Петра Первого и вообще западное влияние сыграли отрицательную роль в развитии истории России? Прокомментируйте его высказывание о том, что «Россия . . . со многими душевными особенностями и бытовыми традициями, вполне может поискать и свой особый путь в человечестве . . . » (А. Солженицын, Письмо вождям Советского Союза. Изд-во: YMCA-PRESS, Париж, 1974.)

Further reading

1   For further reading about Peter I and the Great Embassy, consider reading Chapters 11 and 12 from the novel «Петр Первый» by Алексей Толстой. They describe Peter's visit to England, his business dealings with Lord Carmarthen and the intricate interplay between European security, diplomacy and trade.

2   А.С. Пушкин «Арап Петра Великого». A. Pushkin. 'The Negro of Peter the Great' (1827). Unfinished historic novel about Ibrahim Petrovich Hannibal, Pushkin's great-grandfather.

3   В.О. Ключевский «Курс русской истории»: Лекция LIX (Жизнь Петра Великого до начала Северной войны). Лекция LX (Петр Великий, его наружность, привычки, образ жизни и мыслей, характер).

Further activities

1   Using Internet-based resources, find more Russian articles related to the prominent people mentioned in the main text, such as Кристофер Рен, Готфрид Кнеллер, маркиз Кармартен, Томас Маколей, Джон Перри, Андрей Фергансон.

2   Browse through the information about Peter the Great from the website of the National Maritime Museum in Greenwich (London). Present the gist of it in Russian.

3   Watch the film «Сказ про то, как царь Петр арапа женил» ('How Tsar Peter the Great Married off his Moor' directed by Alexander Mitta, 1976). The film tells us the story of Ibrahim Petrovich Hannibal, Peter the Great's godson and the ancestor of the great Russian poet A. Pushkin.

Chapter 11: Евгений Цымбал. «Я хочу исправить историческую несправедливость»

Figure 11.1 Евгений Цымбал

Evgeny Tsymbal is a film director, actor and screenwriter. He is internationally recognised as a unique film historian. Born in 1949 in the town of Eisk in Krasnodar, Tsymbal began his film career at the Mosfilm Studios in the 1970s where he worked as an assistant director to Andrei Tarkovsky, Nikita Mikhalkov, Larisa Shepitko and Eldar Ryazanov amongst others. After finishing a film-making course with E. Ryazanov's workshop at ВКСР (Высшие курсы сценаристов и режиссеров) in 1984, Tsymbal made a variety of short films. In 1989 he achieved critical acclaim with the BAFTA-winning short film *Defence Council Sedov*, a feature film based on a true story that happened in Stalin's Russia. Amongst other prizes he was awarded the Nika award for the best documentary «Дзига и его братья» ('Dziga and his brothers', 2002) and the Nika award for the best documentary «Зощенко и Олеша: двойной портрет в интерьере эпохи» ('Zoschenko and Olesha: double portrait in the interior of the era', 2006).

Exercise 1

Look through the questions asked by the interviewer and discuss in Russian what the interview is about, which issues it deals with. You may need the following phrases: журналист задает вопрос о том, что, как, когда, почему, чем . . . , интервью затрагивает вопросы . . . , в интервью обсуждаются проблемы . . . , в нем говорится о том, что, как, когда, почему, чем . . . , здесь поднимается вопрос о том, что, как, когда, почему, чем . . .

Exercise 2

Before you read the interview make sure you know the key vocabulary related to cinema and film making. Use a dictionary if necessary.

кинорежиссер
снимать фильм
художественный/игровой фильм
документальный/неигровой фильм
поставить фильм
зритель
оператор
монтаж
экран
кинокомпозитор
звукозапись
кинопрокат

Fill in the gaps with the appropriate word:

Фильм может быть:
(documentary) _____, _____;
(movie, feature film) _____, _____

Создают фильм:
(director) _____,
(cameraman) _____,
(composer) _____

Они
(shoot) _____ фильм,
(direct) _____ его,
делают _____ (editing) и _____ (soundtrack)

Фильм готов и выходит на _____ (screens) в _____
(release), и _____ (spectators) могут посмотреть его.

«Я хочу исправить историческую несправедливость»

Интервью с Евгением Васильевичем Цымбалом, известным российским кинорежис-
сёром, автором ряда исследований по вопросам истории кино и литературы.

**– Евгений Васильевич, на Западе Вы известны, прежде всего, как режиссёр
художественного фильма «Защитник Седов», за который в 1989 году Вы полу-
чили престижный приз «БАФТА». Фильм поставлен по повести И. Зверева. Чем
привлекла Вас эта повесть, как пришла идея о создании этого фильма?**

По первому образованию я историк. Когда я закончил учиться на режиссёра, мне
предстояло снять мой первый, дебютный фильм. Меня всегда интересовал вопрос:
какое место занимает отдельный, частный человек в нашей российской истории. Как
его личная судьба переплетается с великими историческими событиями – войнами,
революциями, репрессиями? Как он может выжить? Как правило, такие события
легче переносят люди выносливые, легко адаптирующиеся к изменяющимся
жизненным ситуациям. Тяжелее всего приходится людям интеллектуально чувствительным, ранимым, остро воспринимающим несправедливость и жестокость. Они
испытывают колоссальные стрессы, состояние фрустрации, чувство потерянности.
Но есть люди, умеющие противостоять давлению истории. Как они могли выжить,
оставшись сами собой? Какую цену им за это приходилось платить? Такие вопросы
чаще всего поднимались, например, в пьесах Шекспира «Гамлет», «Король Лир»,
«Макбет».

Я искал произведение, в котором подобная проблема рассматривалась применительно к России. Таким был роман Бориса Пастернака «Доктор Живаго». Но это слишком
масштабное произведение, требующее для воспроизведения на экране огромного
бюджета. Мне был нужен короткий рассказ, полный драматизма, позволяющий
держать в напряжении зрителей. И мне удалось найти такой рассказ, написанный

писателем Ильёй Зверевым. Он прожил очень короткую жизнь, умер в 36 лет, но не боялся ставить острые вопросы о нашей истории. Его рассказ «Защитник Седов» повествует об адвокате, который в годы сталинского «большого террора» взялся защищать четырёх людей, уже приговорённых к смерти. Он был один против гигантской машины сталинских убийств, но нашёл в себе силы противостоять ей. Я понял, что эта история позволит сделать честный фильм о волнующих меня проблемах. Достаточно напряжённый, чтобы зрители с нетерпением смотрели за развитием событий. С удивительным героем, который внешне кажется совсем не героичным. Он похож на Акакия Акакиевича из гоголевской «Шинели», но в столкновении с бездушным механизмом чудовищных репрессий находит в себе силы для противостояния власти.

– Восьмидесятые годы – переломный период развития России, годы перестройки и гласности. Как Вам запомнилось это время? Какую реакцию вызвал «Защитник Седов» в самой России? Трудно ли было снимать и выпускать такую новаторскую для тех времён картину?

Годами перестройки СССР была вторая половина восьмидесятых, первая их половина была самым тухлым идейно-политическим застоем, апогеем маразма коммунистической геронтократии. А вот, начиная примерно с 1987-го – это было время, когда у России второй раз в XX столетии появился шанс стать европейской цивилизованной страной. (Предыдущий шанс был весной 1917 года, но наша страна и наш народ им не воспользовались, страна была ввергнута большевиками в октябрьский переворот, после которого началась гражданская война, закончившаяся установлением нового, ещё более жестокого коммунистического рабства).

В 1987–89 годах мы испытывали совершенно незнакомые нам чувства: газеты, журналы, телевидение стали писать правду о нас, о нашей истории и нашей власти. Количество свободы нарастало каждую неделю. Наше общество, воспитанное в традициях коммунистического «двоемыслия», когда человек думает одно, говорит другое, а делает третье, постепенно училось свободно высказывать то, что мы думаем.

Но страх ещё сидел в людях. Когда я начал работать над фильмом, мне нужно было читать наши газеты и журналы 1937–1938 годов. Но оказалось, что в главных научных библиотеках Москвы периодические издания того времени ещё с середины 60-х годов запрещено выдавать читателям. У меня сложились очень хорошие отношения с людьми, работавшими в информационном отделе «Мосфильма». Я рассказал им, что даже в главной библиотеке страны не могу читать газеты того времени, а это необходимо для работы над фильмом. Они, взяв с меня слово, что я никому об этом не расскажу, стали меня пускать в хранилище газет, куда никого пускать не разрешалось. Потом они запирали дверь снаружи на ключ, и выйти оттуда я мог только через четыре часа, когда у них был перерыв, отдел закрывался, и я мог выйти из хранилища так, что меня никто не видел. Это моё затворничество было чрезвычайно полезным. Я читал, смотрел фотографии в газетах и как губка впитывал язык того времени, его атмосферу, настроение, психологию. Я выписывал плакаты и лозунги, смотрел, как одевались люди, каковы были их причёски и манера поведения. Собственно говоря, в этом пыльном газетном узилище родились атмосфера и стиль моего фильма. Я решил, что нужно обязательно делать фильм чёрно-белым, т.к. именно такое изображение гораздо точнее отражает дух того ужасного времени. У меня был очень хороший оператор Владимир Шевцик. Начиная съёмки, я ужасно волновался, но после просмотра первого отснятого материала успокоился и понял, что мы на верном пути.

Мой фильм «Защитник Седов» стал первым кинематографическим произведением в Советском Союзе, где с такой степенью откровенности была рассказана правда о сталинских временах. Я снимал его в январе-феврале 1988 года, закончил монтаж в марте. Мне помогали многие люди, они все хотели, чтобы такой фильм был сделан. Посмотрев его, один из самых талантливых кинокомпозиторов Советского союза Вадим Храпачёв бесплатно написал мне музыку для фильма, а директор картины Николай Гаро нашёл деньги, чтобы оплатить звукозапись.

В начале апреля, когда мы уже заканчивали работу, горбачёвская власть впервые за много лет решилась на первые реабилитации жертв сталинского террора. Полгода, до осени 1988 года кинематографическое и идеологическое руководство не знало, что делать с этим фильмом и со мной. Два-три года назад меня бы просто посадили в тюрьму, а фильм уничтожили. Но тут изменения в идеологии шли сверху от лидера коммунистической партии и главы государства Михаила Горбачёва и КГБ и идеологи не знали, не понимали, как с этим быть. Когда я закончил фильм, и его стали показывать, после просмотра фильма у зрителей возникали бури эмоций. От полного неприятия до полного восторга. Довольно скоро один, практически незнакомый мне человек из кинопроката украл на складе и подарил мне копию фильма, которую я спрятал в надёжном месте. Его мотивация этой кражи была такова: «Тебя посадят или убьют КГБешники, а фильм обязательно уничтожат, даже негатив смоют или сожгут. Поэтому я хочу, чтобы хоть одна его копия сохранилась для истории». А уже через год «Мосфильм» продал на первом кинорынке 660 копий моего фильма. Причём продавали они его по 100000 за копию. А весь бюджет фильма был чуть больше 60000 рублей.

– Затронули ли каким-то образом события тех страшных лет лично Вас или Ваше семью?

Брат моего отца отсидел в сталинских лагерях два срока – один до войны, потом его выпустили, он провоевал всю войну, а после войны снова посадили. Он был агроном, выводил новые более урожайные сорта сельскохозяйственных растений. Его обвиняли в том, что он хотел вывести ядовитые сорта пшеницы и ржи для массового отравления советских людей. Мои родители были учителями, и у нас дома, ещё пять лет после смерти Сталина, они хранили на шкафу две «тюремных» корзинки с тёплым бельём на случай ареста. Чаще всего ведь арестовывали по доносу и, если, например, они поставили бы плохую оценку сыну местного партийного вождя или шефа КГБ, те могли бы рассердиться и моих родителей вполне могли арестовать.

– Каков был бы Ваш ответ на банальный вопрос о «роли личности в истории»? Пётр Первый, Сталин, Горбачёв, Ельцин, Путин? Насколько «изменили» они историю России? Если бы эти личности не появились на горизонте, пошла бы история России другим путём?

В России личность правителя играет огромную роль. Это, практически ничем не ограниченная власть, или как сказал кто-то «самодержавная власть, ограниченная лишь правом на цареубийство». Каждый из них в той или иной степени изменил Россию. Но долго правили и в памяти народной почему-то остались наиболее жестокие правители. Те, кто хотел смягчить нравы и цивилизовать население, как правило, терпели неудачу и считались слабыми и неудачными правителями. Но ещё большую роль, чем самовластный самодержец, в России играет ближайшее окружение правителей. Власть в России это всегда и прежде всего средство обогащения. Если человек у власти, он богат и всесилен. При этом жесток и самовластен к низшим и весьма раболепен к высшим. Как говорил великий русский драматург Грибоедов: «Слепая лестница рабства». Но как только персонаж, ещё вчера бывший одним из столпов власти, впадает в немилость, его положение становится очень незавидным.

– Вы учились на историческом факультете университета. Ваше второе высшее образование по специальности режиссёр. Ваше творчество как раз отражает эти две Ваши страсти, историю и кино . . .

Да, именно историей обусловлен круг тем, над которыми я работаю. Ну, а во-вторых, владение методами профессионального историка очень помогает в кинематографической работе. В документальном кино я – «архивная крыса» – по многу дней провожу в архивах, музеях, кинотеках. Смотрю огромное количество кинохроники. Не случайно почти все мои фильмы основаны на подлинных архивных киноматериалах. Я всегда стараюсь находить неизвестные прежде кадры хроники и использовать их в своих фильмах. А потом уже другие растаскивают их в свои фильмы. Ну, а кроме того я пишу статьи по истории кино, литературы, о разных интересных личностях, чья жизнь или деятельность не получила должной известности. Если так можно выразиться, я пытаюсь расширять пространство культуры. Ведь именно культура отличает нас от животных.

– В 2003-м году Ваш неигровой фильм «Дзига и его братья» получил премию «Ника», в 2006 фильм «Зощенко и Олеша» ещё одну «Нику». В фильме впервые были представлены уникальные кино и фотоматериалы, связанные с судьбами этих неординарных личностей. Трудно ли было получить доступ к этим интереснейшим архивам и документам?

Это были выдающиеся люди, сыгравшие огромную роль в формировании нашего мировосприятия и мироощущения. Дзига Вертов и его братья во многом создали современное, визуальное видение мира. То, что мы сегодня называем «телевизионной» или «видеоклиповой» эстетикой. Причём сделали это тогда, когда телевидения ещё не существовало в помине. Они первыми почувствовали, что мир XX века кардинально отличается от плоскостного и статичного мира XIX века. Прежде всего, динамикой, движением, точкой и углом зрения, скоростью смены кадров. Они одними из первых стали применять ускорение или замедление движения на экране. Сегодня показ спорта, да и многих других вещей, просто не мыслимы без этого. Они стали применять неожиданные ракурсы, позволяя увидеть обыденное в неожиданном свете или окружении. Они разбудили визуальное любопытство, способность самим создавать неожиданные и удивительные движущиеся изображения. Сейчас, когда у каждого есть электронные гаджеты, мы можем сами создавать свой собственный визуальный мир . . .

А Зощенко и Олеша научили нас не относиться к самим себе слишком серьёзно. Ирония, чувство юмора, умение видеть глупость и абсурд окружающего мира – важнейшие составляющие современной культуры.

Что касается архивов, то большая их часть сейчас открыта. Но те архивы, где содержатся самые важнейшие документы – архивы КГБ, МИДа, коммунистической партии, других спецслужб, открыты лишь выборочно или снова закрыты. Там нет каталогов, или путеводителей. Работники этих ведомств, по своему усмотрению, сами определяют, что вам давать, а что не давать. Естественно, документы, рисующие их в неприглядном виде, вы не сможете получить. А таких документов в нашей истории гигантское количество. Но иногда, всё же удаётся что-то найти. Обычно это бывают не прямые, а косвенные документы – рассказывающие о другом, но неожиданно проливающие свет и на те события, которые от нас скрывают.

– Что Вы думаете о тенденциях современного западного кино? Какие фильмы произвели на Вас впечатление в последнее время?

Во всём мировом кино очевиден идейный кризис. Кино всё более становится бизнесом. А с точки зрения бизнеса всякий товар должен нравиться максимальному количеству потребителей. Это связано с тем, что сейчас средний возраст зрителей снизился до 10–11 лет. Поэтому фильмы ориентированы на развлечение и упрощённую постановку проблем. Движение внутри кадра обгоняет движение человеческой мысли. Это приводит к медиократии и примитивизму.

– Какие, по Вашему мнению, стереотипные представления существуют у россиян о Западе? Чем они вызваны? Что правда и что нет, из Вашего опыта?

У нас долго царили два стереотипа – интеллигенция считала, что на Западе очень хорошо, нет никаких проблем, а большая часть населения была убеждена, что Запад неискренен, злонамерен, коварен, враждебен и только и думает, как навредить или как завоевать Советский союз, а теперь Россию. Сейчас большая часть интеллигенции от первого заблуждения избавилась. Второе заблуждение осталось и даже окрепло. Надо сказать, что нынешняя власть активно поддерживает эту точку зрения.

– Вы – коренной москвич? Вы давно живете в Москве? Насколько изменилась столица за последние 20 лет? Ваше отношение к этим изменениям? Какие Ваши самые любимые места в этом городе, которые Вы порекомендовали бы посетить?

Я не коренной москвич, но живу в этом городе уже 38 лет. Сейчас в Москве около 15 миллионов жителей. Это слишком большой город. Я бы предпочел жить в городе с населением не более 1 миллиона человек. По мнению социологов, такие города обеспечивают необходимый культурный уровень и не теряют связи с природой и окружающим миром. Они более соразмерны человеку и комфортабельны. К сожалению, в современной суперцентрализованной России, уехав из Москвы, ты теряешь жизненные перспективы. Во всяком случае, в кинематографе.

– Если бы у Вас был неограниченный бюджет, что бы Вы хотели снять или поставить?

Я бы экранизировал хорошую литературу. «Мы» Евгения Замятина, «Уже написан Вертер» Катаева, «Тьму в полдень» Кёстлера, «Призрак Александра Вольфа» Гайто Газданова, «Первое второе пришествие» Алексея Слаповского.

– Над чем Вы работаете сейчас? Ваши творческие планы?

Я делаю документальный фильм о Юргисе Балтрушайтисе. Это был литовец, проживший 47 лет в России, ставший русским поэтом, одним из создателей русского символизма. Он перевёл на русский язык драматургию лучших писателей конца XIX – начала XX века. От Ибсена до Уайльда. После 1920 года ему предложили стать литовским послом в России, и он, неожиданно для себя, стал дипломатом. Он давал визы русским поэтам, художникам, философам, чтобы они могли выехать из большевистской России. Он спас от смерти десятки выдающихся людей. Например, Марину Цветаеву, или Марка Шагала. Фактически, он был «Раулем Валленбергом «серебряного века». Сейчас его имя незаслуженно забыто. Я хочу исправить эту историческую несправедливость.

Словарь

несправедливость – injustice, unfairness

защитник – defence counsel, advocate

поставлен (*part. from* **поставить**) – produced

предстоять – to be expected to do something

переплетаться – interweave, entwine

война – war

воевать – to fight in the war

завоевать – to conquer

переносить/перенести – to bear, get over, stand

выносливый – enduring, hardy, tough

чувствительный – sensitive

ранимый – vulnerable

воспринимающий (*part. from* **воспринимать**) – perceiving

остро – poignantly
жестокий – cruel
испытывать/испытать – to experience
потерянность – being lost, confused
противостоять – to withstand
давление – pressure
применительно – relating to
масштабный – major, massive, ambitious
требующий (*part. from* **требовать**) – requiring
воспроизведение – production
позволяющий (*part. from* **позволять**) – allowing
напряжение – tension
повествовать – to relate
взяться – to undertake
приговоренный (*part. from* **приговорить**) – sentenced
смерть – death
убийство – murder, killing
волнующий (*part. from* **волновать**) – interesting, exciting
гоголевский (*from* **Гоголь**) – Gogol's
«Шинель» – 'The Overcoat'
бездушный – soulless
чудовищный – monstrous
переломный – life-changing, critical
выпускать/выпустить – to release
тухлый – rotten
застой – stagnation
маразм – insanity
геронтократия – gerontocracy
предыдущий – previous
ввергнут (*part. from* **ввергнуть**) – caused to fall into
переворот – upheaval, overturn
гражданский – civil
установление – establishing
рабство – slavery
нарастать – to grow, progress
воспитанный (*part. from* **воспитать**) – brought up
двоемыслие – hypocrisy
издание – publication

запрещен (*part. from* **запретить**) – banned
пускать – to let in
хранилище – repository, archives
запирать/запереть – to lock up
снаружи – outside
затворничество – reclusion, retreat
губка – sponge
впитывать/впитать – to absorb
прическа – hairstyle
узилище *liter.* – jail
изображение – portraying
дух – spirit
произведение – creation, piece of art
откровенность – sincerity
руководство – management
неприятие – rejection
восторг – delight, excitement
красть/украсть – to steal
кража – theft
сжигать/сжечь – to burn
выводит/вывести – to propagate
урожайный сорт – productive variety
сельскохозяйственное растение – agricultural plant
обвинять/обвинить – to accuse
пшеница – wheat
рожь – rye
отравление – poison
тюремный *adj.* – prison
корзинка – basket
белье – underwear
донос – tip-off
вождь – chief, leader
сердиться/рассердиться – to get angry
ограниченный (*part. from* **ограничить**) – limited
самодержавный – sovereign, autocratic
самодержец – autocrat, tsar
самовластный – absolute, autocratic
править – to rule
правитель – ruler
смягчить – to soften, ease
нравы – morals, manners
терпеть неудачу – to fail

окружение – the people around somebody

обогащение – enrichment, becoming richer

раболепен (*from* **раболепный**) – menial, fawning

слепой – blind

немилость – disgrace, disfavour

незавидный – bad, not attractive

страсть – passion

подлинный – authentic, true

растаскивать/растаскать – to pinch

выражаться/выразиться – to express

расширять/расширить – to expand/extend

мировосприятие – mentality

мироощущение – outlook, attitude

плоскостной (*from* **плоскость**) – flat

скорость – speed

немыслим – unthinkable

ракурс – angle

обыденный – everyday, trivial, ordinary

будить/разбудить – to wake up

составляющее – component

КГБ (*from* **Комитет государственной безопасности**) – KGB

МИД (*from* **Министерство иностранных дел**) – Foreign Office

выборочно – selectively

путеводитель – guidebook

ведомство – department, office

по усмотрению – at the discretion

неприглядный вид – bad impression

косвенные – indirect

проливающий (*part. from* **проливать**) – shedding

очевиден (*from* очевидный) – obvious

потребитель – consumer

упрощенный (*part. from* **упростить**) – simplified

обгонять/обогнать – to overtake

мысль – thought

убежден (*from* **убежденный**) – convinced

неискренен (*from* **неискренний**) – not genuine

злонамерен (*from* **злонамеренный**) – ill-meaning, malicious

коварен (*from* **коварный**) – sly, cunning, crafty

враждебен (*from* **враждебный**) – hostile

вредить/навредить – to harm

заблуждение – misconception, error

коренной – native, local

обеспечивать/обеспечить – to provide

соразмерный – well balanced, suitable

посол – ambassador

незаслуженно – does not deserve

исправлять/исправить – to amend, correct

Exercise 3

Grammar. Past passive participles (Appendix 1).

Type 1. рассказ**ать** рассказ**анный** (full form), рассказ**ан** (short form)

Type 2. постав**ить** (поставлю) поставл**енный** (full form), поставл**ен** (short form)

Type 3. снять сн**ятый** (full form), сн**ят** (short form)

Give the verbs (infin. forms) from which the following participles are formed. Translate the sentences into English.

Model: Фильм **поставлен** по повести И. Зверева. – **поставить** (infin.)

Type 1

1   « . . . в фильме . . . была <u>рассказана</u> правда о сталинских временах . . . »
2   «Мне помогали многие люди, они все хотели, чтобы такой фильм был <u>сделан</u>»
3   « . . . почти все мои фильмы <u>основаны</u> на подлинных архивных киноматериалах»
4   «В фильме впервые были представлены уникальные кино и фотоматериалы, <u>связанные</u> с судьбами этих неординарных личностей»
5   «Это <u>связано</u> с тем, что сейчас средний возраст зрителей снизился до 10–11 лет. Поэтому фильмы <u>ориентированы</u> на развлечение и упрощённую постановку проблем»
6   «Чем <u>вызваны</u> стереотипные представления о Западе?»
7   «Наше общество, <u>воспитанное</u> в традициях коммунистического «двоемыслия» . . . постепенно училось свободно высказывать то, что мы думаем»
8   « . . . фильмы <u>ориентированы</u> на развлечение и упрощённую постановку проблем»

Type 2

1   «В фильме впервые были <u>представлены</u> уникальные кино и фотоматериалы, связанные с судьбами этих неординарных личностей»
2   « . . . в главных научных библиотеках Москвы периодические издания того времени ещё с середины 60-х годов <u>запрещено</u> выдавать читателям . . . »
3   « . . . историей <u>обусловлен</u> круг тем, над которыми я работаю»
4   «Это связано с тем, что сейчас средний возраст зрителей снизился до 10–11 лет. Поэтому фильмы ориентированы на развлечение и <u>упрощённую</u> постановку проблем»
5   « . . . большая часть населения была <u>убеждена</u>, что Запад неискренен . . . »
6   «адвокат . . . в годы сталинского «большого террора» взялся защищать четырёх людей, уже <u>приговорённых</u> к смерти.
7   «Это, практически ничем не <u>ограниченная</u> власть, или как сказал кто-то «самодержавная власть, <u>ограниченная</u> лишь правом на цареубийство»

Type 3

1   « . . . страна была <u>ввергнута</u> большевиками в октябрьский переворот . . . »
3   «С тех пор было <u>снято</u> немало фильмов на тему Сталинского террора»
4   «Что касается архивов, то большая их часть сейчас <u>открыта</u>»
5   «Сейчас его имя незаслуженно <u>забыто</u>»

Exercise 4

Grammar. Long form and short form past passive participles (Appendix 1).

cf.: «В фильме впервые были представлены уникальные кино и фотоматериалы, **связанные** с судьбами этих неординарных личностей» (Какие материалы были представлены? – связанные . . .)

«Это **связано** с тем, что сейчас средний возраст зрителей снизился до 10–11 лет» *(predicate)*

Choose the right form of the participle, change if necessary.

1 В фильме _____ (рассказанная/рассказана) правдивая история из жизни. Правдиво _____ (рассказанная/рассказана) история понравилась зрителю.

2 Было _____ (снятое/снято) много фильмов на тему Сталинского террора. Фильм _____ (снятый/снят) Е. Цымбалом получил приз «БАФТА».

3 _____ (Открытая/открыта) часть архивов обычно не так интересна, большая часть архивов все еще _____ (закрытая/закрыта).

4 В документальных фильмах Цымбал рассказывает о _____ (забытые/забыты) фигурах русского кинематографа. Он также сделал фильм о временах Сталинского террора, временах, которые не должны быть _____ (забытые/забыты).

5 В фильме «Защитник Седов» _____ (представленная/представлена) зловещая атмосфера 30-х годов. Персонаж, _____ (представленный/представлен) в фильме, ведет себя как герой, хотя внешне кажется совсем не героичным.

6 Периодику того времени было _____ (запрещенное/запрещено) выдавать. Цымбала интересовали как раз те, _____ (запрещенные/запрещены), материалы.

7 Главная роль в фильме была _____ (сыгранная/сыграна) Владимиром Ильиным. Роли, _____ (сыгранные/сыграны) им до фильма «Защитник Седов», зачастую были комическими.

Exercise 5

Grammar. Present active participles (Appendix 1).

Give the third-person singular forms and the infinitive forms of the verbs from which the following participles are formed. Find the noun with which the participle agrees. Translate the sentences into English.

   Model: воспринима**ющ**ий воспринима**ют** воспринимать

«Тяжелее всего приходится **людям** интеллектуально чувствительным, ранимым, остро **воспринимающим** несправедливость и жестокость» – *dat. pl.*

1 «Но есть люди, <u>умеющие</u> противостоять давлению истории»

2 «Мне был нужен короткий рассказ, полный драматизма, <u>позволяющий</u> держать в напряжении зрителей»

3 «Обычно это бывают не прямые, а косвенные документы – <u>рассказывающие</u> о другом, но неожиданно <u>проливающие</u> свет и на те события, которые от нас скрывают»

Model: рису**ющ**ий – рису**ют** – рис**ова**ть

«Естественно, **документы, рисующие** их в неприглядном виде, вы не сможете получить» – *acc. pl.*

1 «Как правило, такие события, легче переносят люди выносливые, легко <u>адаптирующиеся</u> к изменяющимся жизненным ситуациям»
2 «Я понял, что эта история, позволит сделать честный фильм, о <u>волнующих</u> меня проблемах»
3 «Но это слишком масштабное произведение, <u>требующее</u> для воспроизведения на экране огромного бюджета»

Exercise 6

Paraphrase the following sentences replacing the past active participles with the relative clauses with **который**.

Model: «У меня сложились очень хорошие отношения с **людьми, работавшими** в информационном отделе «Мосфильма». – ... отношения с **людьми, которые работали** в информационном отделе «Мосфильма»

1 « ... страна была ввергнута большевиками в октябрьский переворот, после которого началась гражданская война, <u>закончившаяся</u> установлением нового, ещё более жестокого коммунистического рабства»
2 «Это был литовец, <u>проживший</u> 47 лет в России, <u>ставший</u> русским поэтом, одним из создателей русского символизма»

Exercise 7

Grammar. Constructions with particle **бы**.

Translate the following sentences from the interview, paying attention to the constructions with **бы** *('would').*

Conditional constructions: **если бы** ... + past tense of the verb, past tense of the verb + **бы**

1 «Чаще всего ведь арестовывали по доносу и, **если**, например, они **поставили бы** плохую оценку сыну местного партийного вождя или шефа КГБ, те **могли бы** рассердиться и моих родителей вполне могли арестовать»
2 «**Если бы** эти личности не **появились** на горизонте, **пошла бы** история России другим путем?»
3 «**Если бы** у Вас **был** неограниченный бюджет, что **бы** Вы **хотели** снять или поставить?»

если clause can be omitted:

1 «Я **бы экранизировал** хорошую литературу»
2 «Каков **был бы** Ваш ответ на банальный вопрос о «роли личности в истории»?»
3 «Два-три года назад меня **бы** просто **посадили** в тюрьму, а фильм **уничтожили**»
4 «Я **бы предпочел** жить в городе с населением не более 1 миллиона человек»

Clause of purpose ('so that'); the subjects if the main and purpose clauses are different: **чтобы** + past tense form

1   «[Этот рассказ позволит сделать фильм] достаточно напряжённый, **чтобы** зрители с нетерпением **смотрели** за развитием событий»
2   «Он давал визы русским поэтам, художникам, философам, **чтобы** они **могли** выехать из большевистской России»

Exercise 8

Comprehension check.

Answer the questions.

1   Что мы узнали о Евгении Цымбале?
2   Что вы знаете о фильме «Защитник Седов»? Почему режиссер выбрал для сценария рассказ И. Зверева?
3   Как Е. Цымбал характеризует 80-е годы?
4   Какую реакцию вызывал фильм «Защитник Седов» в России в 1988-м году?
5   Почему родители Е. Цымбала держали две «тюремных» корзинки с теплым бельем?
6   Какую роль играет в России личность правителя?
7   Почему режиссер называет себя «архивной крысой»?
8   Что мы узнали о Дзиге Вертове и его братьях? Какое влияние оказали они на современное кино, по мнению Е. Цымбала?
9   Какие стереотипные представления о Западе существуют у россиян?

Topic for discussions/essays

1   Согласны ли вы с утверждением, что русскому народу нужна «сильная рука»?

Further reading

И. Зверев. «Второе апреля», Москва, 1968.

Further activity

1   Фильм «Защитник Седов», 1988.
2   «Дзига и его братья», 2002.
3   «Зощенко и Олеша: двойной портрет в интерьере эпохи», 2005.
4   Фильм «Юргис Балтрушайтис: последний рыцарь «Серебряного века», 2012.
5   Фильм «Утомленные солнцем» (режиссер Никита Михалков), 1994.

Chapter 12: Дмитрий Витковский. «Полжизни»

Figure 12.1 Дмитрий Витковский

Dmitri Petrovich Vitkovsky, born in Riga in 1901, was the youngest of six brothers. His father, a railway official, and three brothers were killed in the Great War. The October Revolution interrupted his studies at the Cadets School in Moscow; he crossed the country to study at the Tomsk Institute of Technology, the only university still functioning. There, like all other students, he was drafted into the White army. This led to his first arrest in 1926. Released in 1929, he was rearrested in 1931 and sent to Solovki and then Belomorkanal. He was eventually allowed back to Moscow in 1954, and later rehabilitated. 'Polzhizni', his memoir of the GULAG and of exile, was submitted to *Novyi Mir* magazine, where Vitkovski met Alexander Solzenytsyn. But for a stroke Vitkovsky would have been the editor of Solzenytsyn's *The GULAG Archipelago*. He died in Riga in the summer of 1966.

Exercise 1

Explain how the following prefixes work in the words below from the text (Appendix 4). *Discuss their primary meanings, often close to the meanings of the prepositions, and the more abstract meanings.* Make sure you know the meanings of the words before you read the extract.

обыск**ать** – root **иск**ать (search)
обвинять, **об**винение, **не**виновный – root **вин**ить (accuse, guilt)
ссылать, **с**сылка, **с**сыльный – root **слать** (send)
допрашивать/**до**просить, **до**прос – root **прос**ить (ask)
донос – root **нос**ить (carry)
заговор, **при**говор – root **говор**ить (speak)
признание – root **зна**ть (know)
передача – root **давать** (give)
преступление – root **ступ**ать (step)
расстрел – root **стрел**ять (shoot)

Exercise 2

The author comes across many interesting characters amongst the prisoners (**заключенные**). The words used to classify them according to the type of crime are colloquial and are formed with the help of common noun suffixes (Appendix 5).

Guess the meanings of the words, match the definition in the right column with the words on the left:

взяточник   человек, который берет **взятки** (bribes)
уголовник   человек, который **спеку**лирует
спекулянт   человек, который спекулирует **валют**ой
валютчик   человек, который нарушил **уголов**ный (criminal) кодекс
служебник   человек, который злоупотребляет (abuse) **служеб**ным положением
контрик   человек, который обвиняется в деятельности **против** государства, политический заключенный

Exercise 3

The extract is full of vocabulary related to fauna, flora and landscape in general. Most of the words are used in breathtaking scenes of northern nature (23–27), which helped D. Vitkovsky to survive the hardships of the prison camp « . . . во мне развилась любовь к природе, скрашивавшая тяготы скитальческой жизни» (10). For a full understanding of the passages you will need the vocabulary below.

Find the following words in the dictionary and group them thematically according to the headings.

Животные/Морские животные/Птицы/Насекомые/Растения/Ландшафт

1   рыба, кит, морж, морская звезда, медуза, конек
2   олень, песец
3   грибы, вереск, сосна, сосновый лес, береза, черника, морошка, брусника
4   журавль
5   клоп, вша
6   остров, скала, валун, гравий, море, прилив, болото, дамба, дорога

Exercise 4

First time Dmitri Vitkovsky 'was checked' was in 1926.

«В первый раз **меня «проверяли»** в 1926 году» (1) (impersonal construction with the verb in the third-person plural)

Scan the extract to find Russian equivalents for the following English sentences.

1   I was kept in the prison for some time and then transferred. (2)
2   They did not give us books. (3)
3   I was registered, searched, kept in the cell and led to the prison. (5)
4   I was called for the interrogation, kept there for a long time, transferred a few times and then driven to . . . (6)
5   I was put in the cell. (11)
6   They kept silver foxes. (25)

Полжизни

Начало

(1)   В первый раз меня «проверяли» в 1926 году. Я только что окончил институт и мечтал всерьёз заняться наукой, как вдруг в результате облыжного доноса попал в тюрьму.
Обвинение было пустяковое. По-видимому (это стало ясно из допросов), хотели выяснить мои связи с заграницей и белогвардейцами. Но связей не было, и всё как будто быстро кончилось, но потащило за собой цепь событий, с которой я не мог разделаться всю жизнь.

(2) Подержали меня, как положено, немного во внутренней тюрьме, а потом перевели в Бутырку. Во внутренней было чисто, пусто и тихо. У каждого заключённого своя койка. В камерах говорили шёпотом. В коридорах шаги заглушались половиками. Тишина составляла важную часть тюремного режима.

В Бутырке – шум. Народу в камере, рассчитанной на 20 заключённых, – человек 25. Все умещались на деревянных одноэтажных нарах. Говорили громко, даже пели. Народ был разный: взяточники, уголовники, спекулянты, валютчики, «служебники», несколько «контриков».

(3) Человеку, не сидевшему в тюрьме, никогда не понять, насколько это тоскливое, унизительное и тяжкое занятие, особенно для молодого, полного сил человека. Я сразу же понял, что главная задача состоит в том, чтобы сохранить себя под совокупным разлагающим натиском тоски, безделья, облыжных обвинений и своеобразного страшного цинизма среды – естественной реакции отчаяния, таящегося в душе каждого заключённого. Против этого было одно средство – занять себя чем-нибудь разумным; но книг нам не давали, делать было нечего. Оставалось одно – общение с людьми. И я старался извлечь из этого общения всё, что было возможно: рассказывал всякие истории, заучивал все стихи, которые помнили сокамерники, и выслушивал их приключения, даже пытался сам что-то сочинять.

(4) Здесь же один давний «сиделец» научил меня правилу, всю пользу которого я оценил впоследствии: если следователь задает вопрос, как бы незначителен он ни казался, вдохни поглубже и не отвечай раньше, чем медленно выпустишь весь воздух.

(5) Очень помогало доброе участие конвоиров и простых солдат, которое я часто ощущал в тюрьме и которое в значительной степени сгладило тяжесть этой жизни. В первый раз я испытал это в самом начале, когда меня только что зарегистрировали, обыскали, продержали в надлежащих промежуточных камерах – «собачниках» и вот теперь вели по двору во внутреннюю тюрьму. Вёл один солдат, как полагается, сзади, с наганом в руке. Идет, командует:

– Вправо, прямо, влево! . . .

А в промежутках слышу его тихий, ласковый голос:

– А ты не горюй! Отдохнёшь здесь, отоспишься! Небось, заработался. Перебудешь и выйдешь. Со всеми так бывает . . .

(6) Другой раз, когда я был уже в Бутырке, меня вызвали на допрос ночью. Почему-то долго держали в каких-то закоулках и «собачниках», переводили с места на место и, вконец измотав, уже перед рассветом повезли одного в «чёрном вороне» во внутреннюю. Когда опустили крутые откидные ступеньки и я взялся за поручни, чтобы сходить, один из конвоиров, по-видимому старший, вдруг подошёл, подал мне руку, как бы помогая сойти, и, крепко её пожав, тихо сказал:

– Не дрейфь! Всё . . .

Я так и не узнал, что он хотел сказать дальше, так как подошли другие солдаты и он не кончил фразы.

(7) Такие случаи были часты и на меня производили впечатление огромное.

В то время люди были ещё живыми людьми, даже в ГПУ. Ещё не вывелись традиции человечности и не привились новые методы вынуждения показаний, так расцветшие в последующие годы.

(8) Следователь мой, Ашарин, молодой смазливый парень с дурными глазами, не кричал, ничем не грозил. Начал следствие по всем правилам, объяснил, что заключённый имеет право не отвечать на вопросы. Казалось даже – может быть, это был только приём, – что он симпатизировал мне. Передачу разрешил сразу. Иногда только, уставив мне в глаза пустой и, как ему, вероятно, казалось, пронзительный взгляд, он неожиданно деревянным голосом произносил:

– Какие вы знаете коды?

– Где вы познакомились с Блюменфельдом?

Но, отдав таким образом необходимую дань детективной романтике и натолкнувшись на моё откровенное и, очевидно, ясно выраженное недоумение, вопроса не повторял и переключался на обычный тон. Следствие закончил скоро и, как я узнал впоследствии, хотел меня освободить, но начальство не согласилось.

(9) При последнем разговоре он говорил:

– Мы знаем, что вы невиновны и ничего не сделали плохого. Но вы немного неустойчивы, вам лучше пожить вне Москвы, например, в Енисейске. Вы молоды, здоровы, вам везде будет хорошо.

Так утверждался новый принцип наказания за ещё не совершённые преступления. Но главная беда была в другом – в клейме, которое налагалось таким решением. Я выйду из тюрьмы, и никто не будет знать, виновен я в действительности или нет. А клеймо есть и останется. И будет оказывать влияние на всю мою жизнь.

(10) Другая беда заключалась в том, что разом рухнули надежды на научную работу. Но, должно быть, много оптимизма заключено в молодой душе, и взамен утерянного во мне развилась любовь к природе, скрашивавшая тяготы скитальческой жизни . . .

Соловки

(11) Вернувшись из ссылки и довольно помыкавшись без дела, – никто не хотел брать бывшего ссыльного, – я устроился на химический завод в Средней Азии. Поработал там год, и одолела старая мечта – вернуться в Москву на научную работу.

Но в январе 1931 года очередная волна арестов вторично бросила меня в тюрьму. Тюрьмы были забиты до отказа. Меня поместили в камеру, очевидно наспех приспособленную из небольшого подвального помещения, выходившего единственной маленькой четырёхугольной отдушиной на Малую Любянку. Это окошечко до сих пор смотрит на улицу грязными стеклами за толстыми, ржавыми прутьями решётки. И всё так же ходит в этом месте часовой.

(12) Что-то сильно изменилось с 1926 года. Камера была полна. Заключённые тесно лежали на двухэтажных нарах. Говорили вполголоса, атмосфера царила угнетающая. Объяснения начались быстро и энергично, как в детективном романе. Оказывается, я был деятелем разветвлённого антисоветского заговора . . . изобретал яды для уничтожения членов правительства . . . в заговоре участвовали военные . . . за ними по пятам тенями скользили невидимые шпики . . . теперь всё уже выяснено, и не хватает только нашего признания.

Увы! Я ничем не мог помочь следствию и только утверждал, что никакого заговора не знаю и с заговорщиками не общался.

(13) Много позже – через 30 лет – из постановления Верховного суда я узнал, что заговорщиков было 33, дело по их числу называлось «делом тридцати трёх» и что заговора вообще никакого не было.

Следствие вела бригада молодых забористых хлопцев под руководством белокурого рослого, красивого, как викинг, начальника. Жалко было смотреть на него в затхлой атмосфере следовательского кабинета. Ему бы в туманах северных морей бить китов и моржей, а он пропадал в охоте за призраками.

(14) Следователи допрашивали по очереди. Но каждый начинал с того, что я рецидивист и буду наказан особенно строго. Некоторые сразу многозначительно выкладывали на стол наган, некоторые просто предрекали расстрел, но все требовали одного – признания в преступлениях, а в каких не говорили – сам знаешь.

Допросы велись только по ночам. Многие всю ночь. На измор. Но – сидя.

(15) Через месяц меня как «отработанного» перевели в Бутырки, в такую же камеру, в какой я побывал пять лет назад. Нары теперь были двухэтажные. Часть заключённых спала прямо на цементном полу, некоторые – без всяких подстилок. В камере при мне было от 60 до 80 человек; среди них несколько профессоров, преимущественно технических специальностей, не меньше пятидесяти инженеров и немного военных, писателей, артистов. Недаром тюрьмы в то время именовались остряками «домами отдыха инженеров и техников». Уголовников не было совсем. После внутренней тюрьмы здесь было шумно и весело. Каждый вечер устраивались какие-нибудь доклады, поэты читали стихи, писатели рассказывали, артисты изображали и даже негромко пели.

(16) Клопы нас не беспокоили, а вшей мы и вовсе не знали.

Голодных не было. Многие получали передачи; подкармливали тех, кто их был лишён. Почти все заключённые того времени быстро сдавались на следствии и подписывали обвинения.

(17) И был ли смысл бороться?

Все очень хорошо усвоили уроки Шахтинского и Рамзинского процессов: уцелеть можно, только оговорив себя и других. Кто пытается сохранить своё достоинство – погибает. Никто не обманывался насчёт истинной цены этих признаний. Некоторые переживали своё падение трагически: большинство махнуло рукой на этическую сторону вопроса: против рожна не попрёшь!

По-видимому, разномыслящая, немного анархическая и не привыкшая к дисциплине интеллигенция стояла кому-то поперек горла. Её нужно было уничтожить физически или морально, дискредитировать, лишить давнего ореола передовой части народа.

(18) Я не захотел стать на проторенную дорожку и был наказан: получил расстрел с заменой десятью годами и «центральный запрет». Значение этого термина выяснилось только впоследствии.

На всё это потребовалось только около 4-х месяцев.

(19) Только в конце апреля мы оказались в поезде, мчавшем нас в Соловки.

Ехать было очень удобно. Этап разместили не в специальных арестантских «столыпинских» вагонах, а, по нехватке последних, – в обычных классных. Только окна были взяты в решётки, да в тамбурах стояли часовые.

У каждого был своя полка, еды вдоволь, народ очень хороший.

Я не знал своих однодельцев и не желал их разыскивать, и примкнул к группе морских офицеров, тоже высланных в Соловки. Народ всё умный, бывалый, интересный!

(20)   Среди них меня особенно привлекали двое: высокий лейтенант Ростовцев, с голландской бородкой, даже в этапных условиях сохранивший почти элегантную внешность, чудесный собеседник, знаток истории морских сражений. Он ко всему относился с веселым скептицизмом, хорошо рассказывал исторические анекдоты, в частности, как Нельсон, не желая отступать перед флотом противника, приставил трубу к слепому глазу и воскликнул: «Клянусь святым Патриком, я не вижу врага!». Во всём поведении и жизненной философии Ростовцева было что-то, вызывающее в памяти этот эпизод. Другой – Романов, худощавый, не очень сразу заметный, с карими спокойными глазами, лет сорока, преподаватель морского училища. Редко бывают более образованные, по-настоящему интеллигентные люди. Изъездил он полсвета, обо всём судил спокойно, широко, как будто слегка над событиями. К ним примкнул, хотя первое время робел и стеснялся, простодушный и привлекательный своей молодой застенчивостью матрос Жогин, где-то о чём-то неудачно высказавшийся и получивший как и все, облыжно свои десять лет. Мы долго жили «коммуной» и только в Соловках попали сначала в разные бараки, а потом на разные острова.

(21)   Противоположность морякам являл собой пехотный командир Чеботарёв. Полный, молодой, лет тридцати с небольшим, он часто подсаживался ко мне, охал, даже плакал и говаривал:

– Нам с вами особенно тяжело, – намекая на полученные нами «вышки».

Когда я пытался выяснить, что же именно его особенно удручает, то всегда оказывалось, что дело сводится к домашнему уюту и привычной обстановке. Он утешился почти сразу по прибытии в лагерь: стал одним из командиров охраны, растолстел, грустить перестал и с простыми заключёнными обращался без снисхождения. Меня при встрече не узнал.

(22)   В начале мая мы были уже на Кемском пересыльном пункте, Кемперпункте, по-лагерному.

Пункт имел все существенные признаки концлагеря: вышки с часовыми по углам, колючая проволока вокруг, внутри большие дощатые бараки рядами: внутри бараков – сплошные двухэтажные нары. Одним только Кемперпункт отличался от настоящего лагеря: большой текучестью населения. Все время прибывали новые партии заключённых, разъезжались на места старые.

(23)   Лагерь был расположен на голых, плоских, серых, местами проросших вереском скалах. Местность унылая, угрюмая, однообразная. Рядом за проволокой, в изумительной, особенной северной красоте расстилалось Белое море. В одном месте, в просвете между бараками, видна была уходящая в мглистую даль его какая-то до странности белёсая, таинственная и до боли в сердце чарующая красота...

Настала очередь, и мы покидаем Кемперпункт. Маленький чёрный пароход лавирует среди стоящих в порту огромных иностранных лесовозов, и вот он уже в море, направляется в Соловки...

(24) Соловецкий архипелаг состоит из Большого Соловецкого острова, двух островов поменьше: Муксалмы и Анзера и совсем маленького, почти исчезающего во время приливов острова Малая Муксалма, где всего два барака, и живут в них, не покидая острова, какие-то особые, таинственные заключённые.

(25) Острова покрыты густым, хотя и не очень высоким сосновым лесом. Лишь местами на северных скалистых склонах лес исчезает и вместо него под ногами стелется полярная сосна и ползучая берёза с маленькими, как клопы, зелёными листьями. В лесах много черники, морошки, брусники. Очень много грибов. Частично поверхность острова заболочена: там останавливаются на пролёте журавли. В лагерные годы на Большой остров выпустили северных оленей, и стада их попадались сборщикам ягод. На Анзере завели голубых песцов, которые с противным тявканьем, неловко, боком, прыгали и бегали, не боясь, среди заключённых.

(26) Монахи оставили после себя хорошие дороги, обсаженные берёзами, удобные, тёплые каменные жилые дома, красивые церкви, поражающие грандиозностью своей постройки. Особенно хороша монастырская стена, одной стороной упирающаяся прямо в море и сложенная из огромных сцементированных валунов, постепенно уменьшающихся в верхней части. Удивительно, какими средствами доброхоты и паломники (такие работы монахи поручали им) поднимали и ставили на место эти громадные валуны. По тому же принципу была сложена широкая, полуторакилометровой длины дамба, соединяющая острова Большой и Муксалма. Внизу – огромные валуны, между которыми свободно ходит море; валуны, постепенно уменьшаясь, переходят в широкое гравийное покрытие, составляющее основание дороги, проложенной по дамбе.

(27) Очень хорошо было, возвращаясь с работы, сидеть на валунах и наблюдать в прозрачной воде всякую морскую живность: прилипших к камню морских звёзд, вертикально стоящих коньков, стайки рыб, коричневых медуз, иногда огромных, величиной, вероятно, что-нибудь около полуметра.

Словарь и комментарии

облыжной донос (*from* **оболгать**) – false tip-off, information, accusation

тюрьма – prison

пустяковый – petty, not significant

белогвардеец – a member of the White Guard army (anti-Communist forces fighting the Red Army during the Russian Civil War in 1917–1920)

цепь – chain

разделываться/разделаться – to dispose of, settle

Бутырка coll. (*from* **Бутырская тюрьма)** – prison in Moscow used as a transit prison both in Tsarist and Soviet Russia.

койка – bed

камера – cell

заглушаться/заглушиться – to dampen, deaden (the sound)

половик – rug

нары – bunk bed

«сиделец» *prison jargon* (*from* **сидеть в тюрьме**) – prisoner (Appendix 5)

тоскливый – sad, bleak

тоска – sorrow, depression, longing

унизительный – humiliating, demeaning

совокупный – joint, collective, overall

разлагающий (*part. from* **разлагать**) – destroying, breaking, decomposing

натиск – push, charge, onrush

таящийся (*part. from* **таиться**) – hiding, lurking

извлекать/извлечь – to extract, take out, draw

следователь – investigator

участие – participation

надлежащий – appropriate, suitable, due

промежуточный – transition, in-between, halfway

промежуток – gap, interval

камера «собачник» *prison jargon* – lockup, detention cell

наган – handgun

не горюй *imper.* (*from* **горевать**) – do not be sad

отсыпаться/отоспаться – to make up for sleep

небось *coll.* – most likely, probably

заработаться – to work too much

закоулок – alleyway, lane, nook

изматывать/измотать *coll.* – to wear out, exhaust

рассвет – sunrise

«Черный ворон» – 'black raven' – black cars driven by Soviet police (OGPU) in the 1940s and 1950s

откидной *adj.* – fold back

поручень – handrail

не дрейфь *coll. imper.* (*from* **дрейфить**) – do not be afraid

ГПУ *abbr.* – **Государственное политическое управление**, the USSR secret police organisation

показание – evidence, testimony

смазливый – good-looking

дурной – stupid, wicked

уставив (*from* **уставить**) – staring

пронзительный – piercing

дань – tribute

откровенный – genuine

недоумение – puzzlement

наказание – punishment

беда – grief, disaster, misfortune

клеймо – brand, mark, stain

рухнуть – to collapse

скрашивавший (*part. from* **скрашивать**) – easing

тяготы – hardships

скитальческий *adj.* – to be adrift, roam

Соловки – the Solovki prison camp located on the Solovetsky Islands (**Соловецкие острова**) in the White Sea

помыкавшись *coll.* (*from* **помыкаться**) – having been pushed around

забит до отказа – full to the rafters

наспех – hastily, in a hurry

приспособленный (*part. from* **приспособить**) – adjusted, made suitable for, adopted

отдушина – vent, air hole

Любянка – prison in the headquarters of the Soviet secret police at Lubyanka Square in Moscow

ржавый – rusty

прутья решетки – bars

часовой – guard, warden

угнетающий (*part. from* **угнетать**) – oppressive, depressive

разветвленный – multidivisional, well developed

изобретать/изобрести – to invent

яд – poison

по пятам – at somebody's heels, in hot pursuit

шпик – spy, shadow

постановление – resolution

Верховный суд – Supreme Court

забористый – hot, lively

хлопец *coll.* – young man

белокурый – fair haired

затхлый – musty, stuffy

ему бы . . . , а он – he would better . . . , but he

призрак – ghost

рецидивист – second offender

предрекать – to predict

на измор – till you die

«отработанный» (*part. from* **отработать** to rehearse, to master by practising) – 'processed', 'done', 'prepared'

подстилка – bedding, thin mattress, spread, rag

остряк – witty person, humorist

Дом отдыха – Soviet recreational holiday complexes and health spas usually registered with certain industries, e.g. **Дом отдыха писателей, Дом отдыха колхозников,** etc.

подкармливать – to support with food

сдаваться/сдаться – to give up, surrender

уцелеть – to be spared, survive

оговорив (*from* **оговорить**) – have falsely informed on somebody

стоять поперек горла – to be in somebody's way, to be a hurdle

против рожна не попрешь – there is no arguing with a large fist

стать на проторенную дорожку – to take the trodden path, do as done before

«Столыпинские» вагоны – first were used in Stolypin's times (from 1910) for transporting peasants and cattle from Central parts of Russia to Siberia and the Far East; in Stalin's times were train carriages for transporting prisoners

тамбур – dividing space between two carriages on a train

вдоволь – more than enough

«одноделец» (проходящий по одному судебномоу делу с автором) – of the same court case

клянусь (*from* **клясться**) – (I) swear

пехотный *adj.* – infantry

«Вышка» *coll.* (*from* **высшая мера наказания**) – capital punishment

удручать/удручить – to depress, dispirit

лагерь – camp

охрана – security, convoy, guards

вышка – rig, observation tower

часовой – convoy

колючая проволока – barbed wire

текучесть – flow, instability

унылый – sad, gloomy

угрюмый – stern, hostile

расстилаться – to spread

белесый – chalky, off-white, bleached

чарующий – captivating, entrancing

лавировать – to manoeuvre

стелиться – to trail, climb

ползучий (*from* **ползти**) – crawling

заболочен – boggy

стадо – herd

заводить/завести – to introduce

упирающийся (*part. from* **упираться**) – being obstinate, bearing against

прилипший (*part. from* **прилипнуть**) – clinging, being glued, stuck

Exercise 5

Word formation. Compound words.

Define in Russian the words from the extract using the model.

Model: **белогвардеец** (1) – служит в **бел**ой **гвард**ии

белокурый [начальник] (13)

многозначительно (14)

противоположность (21)

пароход (23)

лесовоз (23)

однообразная [местность] (23)

доброхот (26)

Exercise 6

Word formation. Prefix **по-** ('for some time'; 'a little') (Appendix 4).

Translate the sentences into English paying attention to the meanings of the words with prefix **по-**

1　«<u>Подержали</u> меня, как положено, немного во внутренней тюрьме, а потом перевели в Бутырку» (2)
2　«. . . если следователь задает вопрос, как бы незначителен он ни казался, вдохни <u>поглубже</u> и не отвечай раньше, чем медленно выпустишь весь воздух . . . » (4)
3　«. . . вы немного неустойчивы, вам лучше <u>пожить</u> вне Москвы, например, в Енисейске» (9)
4　«<u>Поработал</u> там год, и одолела старая мечта – вернуться в Москву на научную работу» (11)
5　«Соловецкий архипелаг состоит из Большого Соловецкого острова, двух островов <u>поменьше</u>: Муксалмы и Анзера и совсем маленького, почти исчезающего во время приливов острова Малая Муксалма . . . » (24)

Exercise 7

Different meanings of the word 'to try' in Russian.

пытаться – to try (to attempt)
стараться – to try (to do your best; effort mental or physical)
пробовать – to try (to attempt, taste)

Translate into English.

«И я **старался** извлечь из этого общения все, что было возможно: рассказывал всякие истории, заучивал все стихи, которые помнили сокамерники, и выслушивал их приключения, даже **пытался** сам что-то сочинять» (3)

Fill in the gaps with the most appropriate word.

Когда студенты русского отделения ездят в Россию, они _____ (пытаются/стараются/пробуют) попасть учиться в провинцию, где меньше иностранцев и больше возможностей узнать настоящую русскую культуру. Там они _____ (пытаются/стараются/пробуют) говорить по-русски, _____ (пытаются/стараются/пробуют) блюда русской кухни, и вообще _____ (пытаются/стараются/пробуют) извлечь из поездки как можно больше. Они живут в русских семьях, и хозяева _____ (пытаются/стараются/пробуют) помочь им приспособиться к новым условиям.

Обычно _____ (старания/попытки) и тех и других приводят к хорошим результатам.

Exercise 8

Word formation (Appendix 4).

prefix **от** – to make up for something, have enough of
prefix **за** – to overdo something, do too much, get lost in something

«Отдохнешь здесь, **ото**спишься! Небось **за**работался» (5)

(Have a rest here to make up for the sleep you've missed! You have probably been working too hard.)

Translate into English, paying attention to the words with prefixes **от-** *and* **за-**

1   Я <u>зачитался</u>, <u>замечтался</u> и пропустил свою остановку.
2   Моя коллега обычно <u>засиживается</u> на работе допоздна.
3   Вылет самолета <u>задерживается</u>.
4   Картежники <u>заигрались</u> до полуночи.
5   Мы ездили к бабушке в деревню <u>отъелись</u>, <u>отоспались</u> . . .
6   Возили нашего кота к ветеринару. Оказывается мы его так <u>откормили</u>, что теперь ему нужна специальная диета.
7   Сходили в баню – наконец-то <u>отогрелись</u>!

Exercise 9

Grammar. Past active participles (Appendix 1).

«Человеку, не **сидевшему** в тюрьме, никогда не понять . . .» (3)
сиде**вш**ий *from* **сиде**л (past tense form) сиде**ть** (infin.)
«Лагерь был расположен на голых, плоских, серых, местами **проросших** вереском скалах . . .» (23)
пророс**ш**ий *from* про**рос** (past tense form, does not end in -л) прораст**и** (infin.)
«. . . новые методы . . ., так **расцветшие** в последущие годы» (7)
расцвет**ш**ий *from* расцвет (present-future stem in -т- or -д-) расцвест**и** (infin.)

'Restore' the infinitive forms of the verbs from which the following past active participles were formed. Translate the sentences into English.

Model: сиде**вш**ий *from* **сиде**л (past tense form) **сиде**ть (infin.)

1   «Но, должно быть, много оптимизма заключено в молодой душе, и взамен утерянного во мне развилась любовь к природе, <u>скрашивавшая</u> тяготы скитальческой жизни . . .» (10)
2   «Меня поместили в камеру, очевидно наспех приспособленную из небольшого подвального помещения, <u>выходившего</u> единственной маленькой четырехугольной отдушиной на Малую Любянку.» (11)

3 «По-видимому, разномыслящая, немного анархическая и не <u>привыкшая</u> к дисциплине интеллигенция стояла кому-то поперек горла.» (17)

4 «Только в конце апреля мы оказались в поезде, <u>мчавшем</u> нас в Соловки.» (19)

5 «Среди них меня особенно привлекали двое: высокий лейтенант Ростовцев, с голландской бородкой, даже в этапных условиях <u>сохранивший</u> почти элегантную внешность, чудесный собеседник, знаток истории морских сражений.» (20)

6 «К ним примкнул, хотя первое время робел и стеснялся, простодушный и привлекательный своей молодой застенчивостью матрос Жогин, где-то о чем-то неудачно <u>высказавшийся</u> и <u>получивший</u> как и все, облыжно свои десять лет.» (20)

7 «Очень хорошо было, возвращаясь с работы, сидеть на валунах и наблюдать в прозрачной воде всякую морскую живность: <u>прилипших</u> к камню морских звезд . . . » (27)

| Exercise 10

Meaning of the preposition 'for' with time expressions in Russian.

to stay/last/do something for some time: no preposition + acc.
«Поработал там **год**» (11) – I worked there for a year.
«Многие [допросы] велись всю ночь» (14) – Most interrogations lasted all night.

To go somewhere with the intention to stay for . . . : preposition **на** + acc.
Я приехал туда **на год**.

Translate into Russian.

After the first year of studies our students go to Kazan' for a month. They fly to Moscow, spend a few hours there and then go to Kazan' by train. It takes more than 10 hours to travel to Kazan' by train. The students do not sleep on the train, they drink and talk all night. After 4 weeks they return to Moscow and some of them spend a week there before they fly back to London. After the second year of studies students in our Department study abroad for a whole year. First they usually go for a few months to Moscow or St. Petersburg and then for half a year to some other place. Very often, they prefer to live in a small town for at least some of the time, to get an idea about the real Russia.

Discuss in Russian the possibilities for studying abroad in your department.

Exercise 11

Gather information from the extract about different prisons where the author was a prisoner at different times. Compare the conditions and atmosphere.

Какие камеры? Сколько человек в камере? Кто сидел и за что? Атмосфера?

<u>Первый арест в 1926 году.</u>
(2)
Внутренняя тюрьма

Бутырка

<u>Второй арест в 1931 году</u>
(11, 12)
Малая Любянка

(15, 16)
Бутырка

How does the author explain the reasons for the wave of terror in the 1930s? (17)

Exercise 12

Gather information about people the author met during his journey to Соловки (19, 20, 21).

Ростовцев

Романов

Жогин

Чеботарев

Exercise 13

Comprehension check.

1   В чем обвиняли Д. Витковского, когда он был арестован в первый раз?
2   Что помогло Д. Витковскому выжить в условиях тюрьмы?
3   Каково было заключение следствия и куда был сослан автор в 1926 году? В чем была «главная беда» этого приговора?
4   Как официально называлось дело, по которому Д. Витковский был арестован во второй раз? Почему следователи называли его рецидивистом?
5   Почему на стол следователи выкладывали наган?
6   Какое наказание получил автор и куда был сослан?
7   Какие растения растут на островах, какие ягоды можно найти в лесу, какие животные упоминаются в воспоминаниях? Какую роль сыграла природа в жизни автора?

Further reading

1   Александр Солженицын. «Один день Ивана Денисовича»
2   Варлам Шаламов. «Колымские рассказы»
3   Евгения Гинзбург. «Крутой маршрут»
4   Лидия Чуковская. «Софья Петровна»

Chapter 13: «Валить или не валить?»

The interview below is one of many taken by radio 'Svoboda' from the Russians who emigrated to the West. The series of interviews is called «**Валить или не валить?**» ('To run or not to run?').

Scan the interview questions with Надя Рукин-Тайга and retell in Russian what the interview is about in general.

«Валить или не валить?»

Фраза «Валить отсюда!» как призыв уезжать из России грозит превратиться в рецепт от всех общественных бед и универсальный ответ на главные социальные вопросы. За последние полгода общее число покинувших Россию составило более полутора миллиона человек.

Радио Свобода продолжает дискуссию о новой волне эмиграции из России.

Сегодня эмигрантка Надя Рукин-Тайга, проект-менеджер компании 'Venice Projects', летает между Америкой и Италией, участвуя в организации международного выставочного проекта 'Glasstress', стартовавшего на 54-ой Венецианской биеннале современного искусства. А еще три года назад под своим русским именем – Надежда Яхотина – она жила в Новосибирске. В 90-е руководила сибирским ИД «Коммерсант» и дала жизнь региональному еженедельнику «Коммерсантъ-Сибирь». Позже – занималась политическим пиаром, основала собственное консалтинговое агентство и издавала журнал «Большой город». О том, как в один день можно принять решение покинуть свою страну Надя Рукин-Тайге рассказала корреспонденту Радио Свобода.

– В какой момент вы решили эмигрировать?

– До 2005 года мне даже в голову не приходило уехать из России. Я была вовлечена в происходящее вокруг и вполне позитивно настроена. Моя карьера складывалась в 90-е – период перемен, реформ и поисков, когда легко набирались скорость и высота. В 2000-е стало ясно, что в полете любого уровня тебя держат на прицеле – как утку в сезон охоты. Оказалось, что в бандитской России 90-х создавать новые проекты и работать было проще, чем в полицейском государстве 2000-х, чудесным образом объединившем лучшие кадры силовиков, выживших бригадиров ОПГ, коренных чиновников и их пасынков. Задора участвовать в этом шапито в качестве безголосой курицы, из которой выдавливают золотые яйца, а в случае чего могут ощипать и в суп отправить, становилось все меньше. Критической каплей, поменявшей плюс на минус, для меня стала очередная встреча в налоговой накануне последних президентских выборов. Само по себе общение с налоговой инспекцией и выплата налогов – рядовой и необходимый процесс для предпринимателя любой страны. Но вот стиль и методы, которые применяют российские налоговики, унизительны. Требование явиться строго в назначенное время, затем 40 минут ожидания в коридоре без каких-либо объяснений, а после тебе предлагают «горячий стул» на другом конце длинного стола, прямо напротив сверкающего золотыми запонками начальника. Интуитивно отодвигаю стул из зоны прямого обстрела и слышу вместо элементарного «здрасьте»: «Что? В глаза боитесь смотреть?». Наверное, так же по-хамски прозвучала в свое время эта реплика для моих предков, отправленных по этапу в сибирские лагеря. В тот момент я отчетливо поняла: все! Прекращаю читать между строк, носить коньяк, конфеты, конверты тем, кто и так уже живет за мой счет! Отказываюсь ходить на полусогнутых, быть подельником в круговой поруке, искать компромиссы там, где должен работать закон, а не кагэбэшные методы!

– А неужели раньше, будучи журналистом, и тем более – политическим пиарщиком, работая на «Яблоко», сотрудничая с Московской Хельсинкской группой, вы чего-то не знали про российскую систему, работающую на конвертах-коньяках и, главное – страхе и унижении?

– Система – это не коробка с сюрпризом, откуда должен выскакивать черт, как это происходит в России. Задачи демократической и тоталитарной системы схожи – ограничение и подчинение. Разница лишь в методах и стиле. Был ли выбор американской системы для меня рациональным и осознанным? Нет. Я, по сути, ничего не знала про Америку. Просто оглянувшись на себя в 37 лет, поняла, что возможность дальнейшей самореализации в России для меня закончилась. Можно было бы и дальше продолжать комфортно существовать в понятной реальности и привычном окружении. Для разнообразия начать издавать еще один журнал, пойти служить в нефтегазовую корпорацию, устроиться на работу в мэрию – то есть двигаться в заданном векторе «иметь – иметь еще». Но я предпочла начать все заново. И сделала это тихо. Без политических заявлений.

– То есть, вы сбежали?

– Я не оставила страну, и она меня не отвергала. Просто Россия перестала быть территорией моего личностного роста, и я сделала свой выбор. Для меня это был также и выбор между реальным созиданием и его имитацией. В цивилизованной практике любая маркетинговая деятельность, пусть и на рынке предвыборных технологий, в идеале направлена на то, чтобы спланировать и провести максимально эффективную кампанию в рамках имеющихся средств. А в нашей стране эти процессы превратились в тупое освоение бюджетов. Именно из-за этого я в свое время ушла из политического пиара. Я поняла, что надо искать что-то новое. Но в условиях ограничений – территорией и связями – выход один: внутренняя эмиграция. Например, получение единственной и самой большой радости от собственноручно выращенной капусты на огороде. Но в 37 лет я все-таки предпочла эмигрировать реально.

– А почему вы не сделали выбор в пользу борьбы за свои принципы? Как журналист, вы могли бы, к примеру, писать статьи про освоение политических бюджетов или защищали бы таких же, как вы, малых предпринимателей, закошмаренных налоговой . . .

– Я уже не хочу никаких плакатов, красных галстуков, а тем более посмертных орденов и медалей. Сопротивлению я предпочитаю личностное созидание. Хотя для кого-то борьба – это и есть личностный рост. Но, по моему мнению, несистемная борьба с системой лишь укрепляет ее. Акции протеста или статьи не заставляют правительство меняться. Они провоцируют людей задавать себе вопрос: «Валить или не валить?»

– Тогда можно было создать безобидный благотворительный фонд . . .

– Когда мы в рамках журнала делали благотворительные проекты, я убедилась, что наша власть за общественно полезные дела спрашивает еще строже, чем за любые другие. Мы решили на собственные средства построить детскую площадку. Нам поставили условие: объект будет стоять там, где это выгодно местной администрации. А именно – в одном из центральных дворов Новосибирска, то есть он будет предназначен для детей чиновников, а не на окраине, где площадка объективно нужнее.

– По-вашему, любая деятельность в России не имеет смысла в принципе? А рецепт от персональных и социальных бед – эмиграция?

– В моем понимании эффективна только деятельность со знаком «плюс», то есть та, которая «за». И я сознательно отстраняюсь от активности со знаком «минус» – «против». Потасовки с ОМОНом не повышают ни твой, ни соседский, ни «ментовской» уровень культуры. Для себя рецептом решения персональных и социальных проблем я назначила современное искусство. Так, например, буквально на днях стартовал наш проект Glasstress 2011 на 54-ой Венецианской биеннале современного искусства. Там наряду с Яном Фабром, Барбарой Блум, Захой Хадид, Виком Мунитс, Юпом ван Лисхаутом и другими звездами современного искусства участвуют четверо российских художников: Олег Кулик, Анатолий Журавлев, Константин Худяков и Recycle Group. В течение года мы планируем выставки Glasstress в Стокгольме, Риге, Нью-Йорке и Москве. К ним мы привлечем и других российских арт-деятелей. Вот в этом я и вижу свой возможный позитивный вклад в общественные перемены на территории России. Это особенно важно сегодня, когда в стране крайне низок уровень развития современной культуры. Посмотрите, в Бельгии, которая меньше России в десятки раз, 490 арт-организаций (музеев, галерей, выставок, арт-школ). В Америке – 4331. А в России – лишь 138! Это даже меньше чем в одном Чикаго – там 186 культурных заведений. В Новосибирске три года назад была лишь одна галерея современного искусства и один художественный музей – это же абсурд!

– Что дала вам Америка кроме современного искусства?

– Новые горизонты. Помните, как в фильме «Елизавета. Золотой век»: «Интересно, это мы открываем новые земли, или это новые земли открывают нас?» К тому же, как это ни парадоксально, но в Америке я перестала напрягаться. Несмотря на то, что в России у меня было все, я каждый вечер присаживалась на вулкан, чтобы подумать: как жить завтра. А в США, куда я эмигрировала без больших капиталов и практически без языка, моя социальная уверенность стала гораздо выше.

– А что оказалось самым сложным в эмиграции?

– Расставание с сознанием собственной важности и языковая среда. У меня, как у человека, всю жизнь проработавшего в сфере медиакоммуникаций, завышенные требования к уровню интеграции в языковую реальность. Признаюсь, по началу было искушение начать работать с русским комьюнити, издавать журнал или что-то писать в местные русские газеты. Но я поняла, что перейти из русского эмигрантского сообщества на интернациональный рынок будет значительно сложнее, чем пересечь океан. Я сделала ставку на образование и интеграцию. Но для этого мне пришлось забыть, кем я была в России и признать тот факт, что мой российский опыт не имеет в Америке никакой ценности. Я просто прекратила рассказывать о своем прошлом и сфокусировалась на «здесь и сейчас». Моя сегодняшняя работа – это некий компромисс между моей «русскостью» и новым, западным образом жизни.

– То есть, вы не окончательно порвали с Россией?

– Абсолютно нет. И не вижу смысла в этом. В России у меня остались бабушка, братья и друзья. Я сотрудничаю с русскими художниками, партнерами, галеристами. Но душевные привязанности и профессиональное развитие – разные вещи. Мне нравится жить и работать в Америке и Италии. А Россию я предпочитаю теперь исключительно навещать.

– Чем сегодняшняя волна эмиграции, по вашему мнению, отличается, например, от предыдущей?

– Эмиграцию двухтысячных я бы назвала космополитичной. В отличие от «колбасной» эмиграции девяностых, она «уносит» людей, не за красивой жизнью, а за перспективами. Эмигранты моего возраста думают об образовании детей, о собственной самореализации. А еще, как это ни печально, все они в один голос повторяют: «В России стариться нельзя».

– Многие в разговорах об эмиграции употребляют модное слово «космополит». Как лично вас коснулось это понятие?

– В Америке у меня впервые в жизни пропало ощущение границ. Я поняла, что могу жить и работать в любой стране. Потому что границы рынка в цивилизованном обществе определяются не странами, а сферами. В России же, живя и работая в Новосибирске, много путешествуя при этом по миру, я все равно чувствовала ограничения. Кроме того, российский космополитизм пока что имеет однонаправленный вектор. Многие мои друзья летают из России на выходные в Лондон, Милан, Рим, Париж. Но я не знаю ни одного иностранца, которому придет в голову просто так съездить на выходные, например, в Москву. И основная причина – они не могут быть уверены в своей безопасности.

– По-вашему эмиграция – это проблема для современной России?

– Наблюдая за русскими эмигрантами в Америке, я вижу, что сегодня из России уезжают самые перспективные, молодые, активные, сильные, богатые – все те, кто при определенных условиях мог бы изменить страну. При этом, у меня есть четкое ощущение, что российское государство никого не держит и совершенно не переживает из-за убывания рядов. Современная Россия ориентирована не на рост и развитие новых технологий. Она отстраивается как нефтегазовая корпорация с вектором на сокращение расходов. Поэтому желающим уехать без сожаления машут ручкой. Для обеспечения трубы сотрудников все равно хватит, и особого образования от них не потребуется. А оставшаяся узкая прослойка интеллигенции и бизнесменов вполне сможет поддержать удобоваримый уровень социально-культурной инфраструктуры. Но дальше-то что? Посмотрите на социально-демографические данные по странам: Россия в вечном хвосте. Обидно? Мне – да. А владельцам нефтегазовой корпорации «Россия», думаю, нет. Так для кого из нас эмиграция должна быть проблемой?

Мария Морозова

Опубликовано 06.06.2011 13:52

Словарь

валить *coll.* – to go, to hit the road, run like hell

призыв – appeal, call, slogan

грозить – to threaten

беда – disaster, trouble, misfortune

покинувший (*part. from* **покинуть** to leave) – the one who left

«Коммерсантъ» – Publishing House founded in 1989, with the same name as an old Russian newspaper closed down after the Great October Revolution. Spelled deliberately in the old-fashioned way with the «ъ» (was dropped after the Spelling reform of 1918); «ъ» here may mean stability, keeping the good old traditions of Russian enterprise

издавать – to publish

вовлечен (*part. from* **вовлечь** to involve) – involved

прицел – aim, target

утка – duck

охота – hunting

кадры – personnel staff

силовик *coll.* (*from* сила force, strength) – security, defence or law enforcement official, 'hawk', 'strongman'

бригадир – brigade leader, gang leader

ОПГ *abbr.* (*from* Организованная преступная группировка) – Organised Criminal Group

коренной – native

пасынок – stepson

задор – spirit, enthusiasm

выдавливать/выдавить – to squeeze, to force out

ощипывать/ощипать – to pluck

капля – drop

налоговый *adj.* – tax

налог – tax

налоговик *coll.* – taxman

рядовой – regular, normal

предприниматель – entrepreneur

унизительный – humiliating

сверкающий – sparkling, shiny

запонки – cufflinks

обстрел – shooting

по-хамски – in a rude way

предки – ancestors

на полусогнутых (*from* согнуть to bend, curve) – in servile manner

подельник – partner in crime

круговая порука – conspiracy

будучи – being

коробка – box

выскакивать – to leap out, jump out

схожи – similar, the same

ограничение – restriction

подчинение – subordination

осознанный – conscious

по сути – in fact, as a matter of fact

окружение – environment

нефть – oil

газ – gas

отвергать/отвергнуть – to reject

созидание – creating

деятельность – activity

предвыборный *adj.* (*from* выборы elections) – pre-election

направлен (*part. from* направить) – directed

средства – means

тупой – blunt, dim

освоение – acquisition

внутренний – inner, inside, internal

собственноручный – your own

выращенный (*part. from* вырасти to grow) – grown

в пользу – in favour, on behalf of

закошмаренный *coll.* – intimidated

красные галстуки – 'red ties' (worn by members of the young communist league in Soviet times, a symbol of revolutionary enthusiasm)

безобидный – innocent

благотворительный *adj.* – charity

предназначен (*part. from* предназначить) – meant, allocated, assigned

отстраняться – to back off, step back

потасовка – scuffle, brawl

ОМОН *abbr.* (*from* Отряд милиции особого назначения) – Special Police Force

«Ментовский» *sl. adj.* (*from sl.* мент policeman) – police

напрягаться – to strain oneself, to agonise over something

расставание – leave, break up

искушение – temptation

привязанность – attachment

четкий – clear, distinct

ощущение – feel

убывание – decrease

ряд – row, line

расходы – expenses

махать ручкой – to say goodbye

обеспечение – supply, provision

труба – pipe

прослойка – layer

удобоваримый – digestible

Exercise 2

New vocabulary. The most productive way of forming new Russian words is *affixation* (with the help of suffixes/infixes/prefixes).

In the interview:

пиар – пиа**рить** – пиа**рщик** (Appendix 5)
за**кошмаренный** – intimidated (модель: **за**пуганный (scared, broken-spirited) from **за**пугать (пугать – to scare, **за**пугать – to intimidate); prefix **за-** – to have done something excessively) (Appendix 4)
консалтинг**овое** (агенство)
маркетинг**овая** (деятельность)
кэгэбэ**шные** (*from* КГБ)

Guess the meanings of the following new words in the Russian vocabulary:

парковка
отксерить
гуглить
клининговая компания
гламурный
пофигизм *coll.* (*from* по фигу – (I) do not care)
бюджетник
ужастик
страшилка
спонсировать

Exercise 3

New vocabulary. Loans.

Give Russian equivalents or explain in Russian the following words from the interview:

проект-менеджер
биеннале
пиар
арт-деятель
арт-организация
арт-школа
медиакоммуникация
русское комьюнити
интернациональный рынок
корпорация
космополит
космополитизм
космополитичная
бизнесмен

Guess the meanings of the following new words in Russian, borrowed from other languages:

гаджет
гастарбайтер
гик
гламур
гей
легитимный
маргинал
рейтинг

Exercise 4

New vocabulary. Productive noun suffixes (Appendix 5).

Explain the meaning of the following words according to the model.

Модель: пиар**щик** – человек, который «пиарит», занимается пиаром

компьютерщик –
деревенщик –

Модель: Кэгэбэш**ник** – человек, работающий в КГБ

бюджетник –
фээсбэшник –

Модель: силов**ик** – человек, который работает в **силов**ых структурах

налоговик –
боевик –

Модель: галер**ист** – человек, который занимается галереями (увлекается, пропагандирует . . .)

программист –
коммунист –
пушкинист –
лингвист –
расист –
пофигист *(sl.)* –

Модель: Омонов**ец** – человек, служащий в ОМОНе

думец –

Exercise 5

компания – company (*from* Latin companionem)
кампания – campaign (*from* Latin campus)

cf.: «. . . эмигрантка НΔукин-Тайга, проект-менеджер **компании** Venice Projects . . .»

«. . . маркетинговая деятельность . . . направлена на то, чтобы спланировать и провести максимально эффективную **кампанию** . . .»

Fill in the gaps with **компания** *or* **кампания** *in the appropriate form:*

1   Прадед А Пушкина Ибрагим Петрович Ганнибал участвовал в военной
_____ 1718–19 гг. и дослужился до чина капитана.
2   Согласно опросу, проведённому в 2003 году среди 50 крупнейших _____
России, газета «Коммерсантъ» является одним из лидеров с точки зрения объективности опубликованной информации.
3   25 февраля 2014 года, в четвёртую годовщину инаугурации отстраненного президента Виктора Януковича, в Украине стартовала избирательная _____ по досрочным выборам президента.
4   _____ «Яндекс» была создана в 2000 году.
5   Российская _____ «Даурия Аэроспейс» занимается производством спутников.

Exercise 6

Match the definitions in the right column to the expressions used in the interview on the left:

читать между строк   понимать намеки, когда тебе говорят, что что-то надо сделать, но не прямо

носить коньяк, конфеты, конверты   допрашивать с пристрастием
ходить на полусогнутых   быть последним, отставать
махать ручкой   говорить до свидания, прощаться
быть в хвосте   унижаться, льстить
предлагать «горячий стул»   давать взятки

Exercise 7

Put the words in brackets into the correct grammatical form. Use prepositions if necessary.

- работать в качестве (инженер, медицинская сестра, учитель, управляющий)
- руководить (машино-строительный завод, большая страна, научно-исследовательский институт, городская больница, правительство)
- решать (математическая задача, экономические проблемы, трудное уравнение)
- хватает (заботы, средства, хорошие друзья, свежая вода, солнце, природные ресурсы)
- владелец (футбольная команда, нефтегазовая компания, ночной клуб, собственность, большое хозяйство, корабль)

Exercise 8

Compare different meanings of the word 'different' in Russian: **другой/разный**

cf.: « . . . мы планируем выставки в Стокгольме, Риге, Нью-Йорке и Москве. К ним мы привлечем и **других** арт-дятелей.»

« . . . душевные привязанности и профессиональное развитие – **разные** вещи»

Fill in the gaps with другой *or* разный *in the appropriate form.*

_____ (другой/разный) люди _____ (по-другому/по-разному) воспринимают сегодняшнюю ситуацию в России. Одни считают, что в полицейском государстве нет простора для личностного роста, _____ (другой/разный), наоборот, возвращаются обратно в Россию, считая, что там больше возможностей для профессионального развития. Например, участники форума интернетиздания 'The Village', принадлежат к _____ (другой/разный) профессиям, но согласны в том, что им лучше в России. У эмигрантки Нади Рукин-Тайга совсем _____ (другой/разный) мнение. _____. (другой/разный) обстоятельства и аспекты сегодняшней российской жизни заставили ее принять решение эмигрировать. В _____ (другой/разный) главе нашего учебника мы рассмотрим _____ (другой/разный) точки зрения на этот вопрос.

Exercise 9

In the text below fill in the gaps with the appropriate form of the verbs denoting motion. You can use the synonyms of the word **«валить»** *used in the interview* (**уезжать/уехать из; эмигрировать из; сбегать/сбежать из; оставить; покинуть; пересечь океан**).

Русскую эмиграцию делят на «волны». Эмиграцией «первой волны» называется поток беженцев, _____ (who left) Россию после революции 1917 года. «Белая эмиграция» состояла из граждан, которые _____ (were running) от Гражданской войны и её последствий (1918–1923 гг). По данным Лиги Наций всего на август 1921 года из России _____ (emigrated) 1'400'000 человек. Вторая волна — «перемещённые лица» — прошла в период Великой Отечественной войны. Она включала в себя тех, кто по разным причинам был _____ (transported/taken out) за границы СССР и не стал _____ (return) после окончания Второй мировой войны. Количество мигрантов второй волны оценивается от 700 тысяч до 1 миллиона человек.

Третья волна — «эмиграция Холодной войны» (1948–1990 гг.). В этот период _____ ('went overseas') около полумиллиона граждан, в число которых входили и высылаемые из страны диссиденты.

Четвёртая волна миграции началась сразу после падения «железного занавеса». С 1987 году из СССР начали _____ (go) те, кто хотел _____ (to leave) страну ещё раньше, но не мог этого сделать.

По разным оценкам за этот период из России _____ (exited) около 1 миллиона человек: в основном, в Германию, Канаду, США, Израиль и Финляндию.

В настоящий момент в Россию _____ (arrive) больше мигрантов, чем _____ (leaving) из неё. На первом месте находится Казахстан, из которого за период 1997–2008 годов в Россию _____ (entered) около 1 миллиона человек — в основном, этнических русских. На втором — Украина, из которой за тот же период в Россию _____ (emigrated) 680 тысяч человек.

(по материалам Руксперта http://ruxpert.ru)

Exercise 10

Comprehension check.

Answer the questions.

1   Чем занималась Надя Рукин-Тайга, когда жила в России, и чем занимается сейчас, на Западе?
2   Как Надя описывает полицейское государство – государство 2000-х? Уехав из России, что она таким образом отказалась делать?
3   Что имеет в виду Надя Рукин-Тайга, когда говорит о том, что не она не хотела «посмертных орденов и медалей»?
4   Что стоит за Надиной деятельностью со знаком «плюс»?
5   Как Надя Рукин-Тайга определяет волну эмиграции двухтысячных?
6   Какие люди сегодня уезжают из России, по мнению Нади Рукин-Тайга?

Topics for discussions/essays

1   Сравните позиции Нади Рукин-Тайга и тех, кто вернулся в Россию (интервью в главе 8 «Почему в Москву возвращаются те, кто долго жил за границей»). К какой эмиграции можно отнести участников интервью в главе 8: к «колбасной» или «космополитичной»? С чьей оценкой современной России согласны лично вы? Какие другие волны русской эмиграции вы знаете?
2   Что вы знаете о российской культуре «конвертов-коньяков»? Это явление характерно только для нынешней России?
3   Комитет защиты журналистов называет Россию третьей по опасности для журналистов страной в мире. По показателям последних двадцати лет Россию опережают только Алжир и Ирак. Только за последние 10 лет были убиты такие известные журналисты, как Пол Хлебников, главный редактор российского издания 'Forbes'. Предполагаемые виновники его смерти были оправданы. В 2006 году была убита обозреватель «Новой газеты» Анна Политковская – вокруг этого дела об убийстве до сих пор ведутся ожесточённые споры. Несколько лет назад убили журналистку и правозащитницу Наталью Эстемирову . . .

Казалось бы, то, что в России опасно быть журналистом, факт очевидный, но тем не менее, есть и люди, которые считают иначе и обосновывают свою позицию.

Look through the Internet forum below. Express your own opinion on the subject.

Forum: «Вы считаете, что в России опасно быть журналистом?»
Сергей да, если ты действительно журналист, а не работаешь на средства массовой пропаганды (официальные СМИ), этим солдатам режима ничего не угрожает, пока. 24 декабря 2012 04:30 # +4
Валерий Правду многие боятся. 22 декабря 2012 11:07 # 0
антон нет, я о том, что, смотрели вы новости, как они были в Беларуссии или в Украине, ну, вот там был бунт и, «воставшие» могут напасть на журналиста . . . 20 декабря 2012 18:58 # 0
Сергей Сергеев А у нас есть журналисты? А работать проституткой везде опасно, клиенту может не понравиться. 19 декабря 2012 18:44 # 0
Слон Журналисты, как правило, довольно бездарные и неграмотные люди. Многие столпы журналистики отмечали это. В России ситуация еще хуже обстоит. В журналисты идут те, кто не смог себя реализовать, но не стесняется нести чушь. А ведь это «четвертая власть»! И, конечно, убогая журналистика – одна из первопричин узких мест в развитии России. Очень показателен пример 3-х летней давности, когда студентки ЖурФака – базиса российской журналистики – плод одобрения таких же продюссеров разделись для календаря. И как эти «журналистки» будут выполнять свою работу? Не говоря уже о пошлых и продажных продюсерах. Ни морали, ни нравственности, ни культуры. 19 декабря 2012 15:19 # +3
Виктор я боюсь за свою жизнь и жизнь своих родных от произвола криминала 19 декабря 2012 15:04 #

−2

Слон

Все боятся. Поэтому в цивилизованных государствах придумали полицию/милицию. В США один из самых высоких уровней преступности, вроде. В России МВД гораздо лучше работает, а может просто культура не располагает к бандитизму.

20 декабря 2012 01:51 #

+3

Серега

Согласен с Евгением.

19 декабря 2012 12:44 #

+3

Евгений

В России вообще жить опасно, а все что связано с политикой – опасно вдвойне. Альфа-самец не терпит конкурентов . . .

18 декабря 2012 21:16 #

+3

Виталик

чиновники боятся публикаций правды про них

18 декабря 2012 19:19 #

−1

Азат

Если рассуждать в подобном духе, то тогда уж пишите в России опасно вообще жить.

18 декабря 2012 15:12 #

(По материалам интернет-форума «Вы считаете, что в России опасно быть журналистом?»)

Further reading and activities

1   Read more of the discussion «Валить или не валить?» with Radio Svoboda.
2   Do research about contemporary Russian artists mentioned in the interview: Олег Кулик, Анатолий Журавлев and Константин Худяков. Чьи работы вам нравятся больше всего и почему?

Chapter 14: Виктор Есипов. «Четыре жизни Василия Аксенова»

Figure 14.1 Василий Аксенов (слева) и Виктор Есипов (справа). Презентация романа Василия Аксенова «Редкие земли». Апрель 2007.

Victor Esipov (Vogman) is a Russian poet, literary critic and academic. He was a close friend of the dissident writer Vasilij Aksenov and now acts as his literary agent. Esipov has been a member of PEN International since 2013. The extract is from Esipov's foreword for the book of memoirs about V. Aksenov («Василий Аксенов – одинокий бегун на длинные дистанции», Астрель, 2012).

Exercise 1

The extract describes not only the life of V. Aksenov, but also outlines important periods of Russian history.

Match the history terms, used to describe the periods, to the names of the political leaders (**генеральные секретари**) *on the left.* Discuss what you know about those times in Russian history.

И. Сталин	оттепель (thaw)
Н. Хрущев	террор и репрессии
Л. Брежнев	перестройка
М. Горбачев	застой (stagnation)

Exercise 2

Below there is a list of literary forms used by V. Aksenov in his writing. *Skim the extract to gather the information about when the writer wrote in these different forms.*

Model: Первые рассказы, повести и романы В. Аксенова были напечатаны в 60-х годах.

рассказ (story)
повесть (novella)
роман (novel)
воспоминания (memoirs)
эссе (essay)
трилогия (trilogy)
сборник рассказов (collection of stories)
собрание сочинений (collected works)
радиоочерк (radio sketch, essay)
публицистические выступления, публицистика (journalism)

ЧЕТЫРЕ ЖИЗНИ ВАСИЛИЯ АКСЕНОВА

(1)   Биография писателя Василия Аксенова, широко известного не только в России, но и в мире, настолько богата событиями, будто он прожил несколько жизней. Родился в 1932 году в Казани в благополучной советской семье: отец – председатель горсовета, мать – преподаватель пединститута и завотделом культуры газеты «Красная Татария». Счастливые первые годы. Затем арест родителей, спецприемник для детей «врагов народа», многодетная семья тетки, в 1948-м поездка в Магадан к находящейся на поселении матери (по существу знакомство с ней). В Магадане Василий оканчивает среднюю школу и с аттестатом зрелости возвращается в Казань, где в 1950-м поступает в мединститут: профессия врача самая безопасная и житейски полезная для сына лагерников и, значит, потенциального лагерника.

(2)   В марте 1953-го умирает Сталин. Вдруг буквально ниоткуда появляются так называемые стиляги, первая субкультура в Советском Союзе. Стиляг привлекает все западное: они любят западное кино и джаз, восхищаются Америкой. Это стихийная, не вполне осознаваемая ее участниками форма протеста против советского тоталитаризма. Василий увлечен этим новшеством: у него прическа с коком, вычурная одежда, он не упускает случая послушать джаз. В том же 1953 году он переводится в Ленинградский медицинский институт им. И. П. Павлова, который оканчивает в 1956-м. Работает врачом в Ленинградском морском порту, в поселке Вознесение на Онежском озере, в Московском областном туберкулезном диспансере. В 1957 году женится на красавице Кире Менделевой.

(3)   Жизнь в стране начинает меняться. После прошедшего в апреле 1956 года XX съезда правящей коммунистической партии, на котором лидер коммунистов Никита Хрущев разоблачил преступления сталинского режима, идет массовая реабилитация незаконно репрессированных. Начинается политическая оттепель. В литературе одно за другим появляются новые имена. Возникают новые журналы и альманахи, открываются новые театры. Выходят кинофильмы, появление которых еще несколько лет назад было бы невозможно.

(4)   С изменениями этими совпали и изменения в жизни молодого врача Василия Аксенова. Так, в 1959 году известный советский писатель Валентин Катаев, главный редактор недавно созданного журнала «Юность», публикует в нем два рассказа безвестного медика. А вскоре, в 1961 году, там же выходят повести «Коллеги» и «Звездный билет». В советской литературе появляется новый герой – с нравственными исканиями, презирающий советские штампы, тянущийся к западной культуре, в частности, к джазу. У этого героя своя лексика с оттенками иронии и критическими нотками по отношению к окружающей его действительности. Зоя Богуславская отметила в свое время: то ли Аксенов внес в литературу городской молодежный сленг начала шестидесятых, то ли молодежь заговорила языком его героев. Наверное, и то, и другое: лексика героев аксеновских повестей и язык улицы – это были как бы два сообщающихся сосуда . . .

(5)   Аксенов становится знаменитым, он буквально врывается в литературу так называемых шестидесятников и становится одним из лидеров нового поколения. Нового во всем: в отношении к творчеству, в художественном стиле, в стиле жизни, в одежде и манере поведения.
Александр Кабаков в книге «Аксенов» описал это вхождение их героя в литературную среду весьма экспрессивно: «И вот Вася оказывается среди этих не худо одетых, но совершенно ему чуждых монстров, богатырей совписа. А с другой стороны – и ровесники Васины не отстают, шлюзы оттепелью открыты. Вот, пожалуйста, – Евгений Александрович Евтушенко. В этом случае, конечно, не столько об элегантности следует говорить, сколько об экстравагантности, но экстравагантности первосортной. А Андрей Андреевич Вознесенский! Человек, показавший всему СССР, что такое шейный платок! А Белла Ахмадулина в скромненьком черном платьице, которое вечно в моде и называется маленькое черное платье, в точно таком же платье, как Эдит Пиаф! И тут: здрасьте, я Вася. А что происходит дальше? А дальше

Вася становится номер один – ну, или около того, – среди них как автор, и Вася становится номер один среди них как стиляга! Суть вот в чем: Аксенов может жить только номером первым, он просто сориентирован с молодости на это, он возмещает Казань, нищету, всю эту как бы второсортность сына «врага народа» – и теперь он номер один».

(6) Так началась вторая жизнь Василия Аксенова. Он много пишет и печатается, его рассказы, повести и романы с восторгом принимаются читателями, особенно молодежью: «На полпути к луне» («Новый мир», 1962, №7), «Апельсины из Марокко» («Юность», 1963, №1), «Товарищ Красивый Фуражкин» («Юность», 1964), «Катапульта» («Советский писатель», 1964), «Пора, мой друг, пора» («Молодая гвардия», 1965), «На полпути к луне» («Советская Россия», 1966), «Затоваренная бочкотара» («Юность», 1968, №3), «Жаль, что вас не было с нами» («Советский писатель», 1969). Но этот успех сопровождается неослабевающими нападками ревнителей лживой коммунистической морали и драматическими эпизодами непосредственного общения с властью. Например, с Никитой Хрущевым во время встречи руководителей партии и правительства с творческой интеллигенцией в Кремле в марте 1963 года, где глава государства кричал и топал ногами на него и на Андрея Вознесенского.

(7) Между тем время благотворных перемен в истории страны, время политической оттепели закончилось быстро: в октябре 1964 года был смещен с поста Первого секретаря ЦК КПСС инициатор оттепели Никита Хрущёв, 29 марта – 8 апреля 1966 года прошел XXIII съезд КПСС, вернувший в Устав партии сталинские названия (Политбюро и Генсек), в том же году в Москве прошел первый политический судебный процесс над писателями Андреем Синявским и Юлием Даниэлем, за ним последовали суды над правозащитниками и диссидентами, несогласных с режимом отправляли в лагеря и психбольницы. В августе 1968-го советские танки вошли в Прагу.
Для значительной части писателей, к которой принадлежал и Василий Аксенов, иллюзии о возможности существования «социализма с человеческим лицом» окончательно развеялись. Становится ясно, что любое свежее и правдивое слово будет появляться в печати с большими трудностями. Начинается эпоха застоя. Аксенова печатают все реже.

(8) Аксенов, словно забыв о существовании цензуры, начинает писать новый роман «Ожог», роман совершенно антисоветский, вырывающийся за пределы традиционного реализма. Стремление воспарить над элементарной достоверностью и обыденностью происходящего, весьма характерно для творчества зрелого Аксенова и является, быть может, главной отличительной чертой его стиля.
Роман «Ожог» был окончен в 1975 году, и Аксенов, понимая, что на родине роман не может быть опубликован, переслал его на Запад. Это было опасно: могли последовать репрессии властей. Но, с другой стороны, таким образом автор мог сохранить роман, что бы ни случилось теперь с ним самим.
Так называемым компетентным органам эта акция Аксенова становится известной. Не желая допустить публикации «Ожога» за рубежом, власти в отношениях с Аксеновым идут на определенные послабления. Ему все еще разрешаются заграничные командировки и даже чтение лекций в зарубежных университетах. Допускаются

отдельные публикации в периодической печати: в 1976 году в «Литературной газете» («Вне сезона»), в 1978-м в «Новом мире» («В поисках жанра»). Окончательный разрыв происходит в 1979 году, когда выходит неподцензурный альманах «Метрополь», негласным лидером которого был Аксенов. Сам факт выхода издания, не прошедшего советскую цензуру, а также передача одного из экземпляров «Метрополя» в Америку, вызывает бурную реакцию писательского начальства. Из Союза писателей исключают двух молодых участников альманаха Виктора Ерофеева и Евгения Попова, в ответ на это Аксенов демонстративно выходит из Союза. В июле 1980 года писатель вместе с семьей вылетает в Париж. Перед отъездом за границу на него совершается покушение, когда он вместе с женой Майей возвращается из Казани, простившись с отцом.

(9)   Начинается третья жизнь Василия Аксенова – эмиграция. Недолго пробыв в Европе, Аксеновы 10 сентября 1980 года прилетают в Нью-Йорк. Там они находят приют и поддержку в Анн Арборе (штат Мичиган) у известных американских славистов Карла и Эллендеи Профферов, посвятивших себя служению русской литературе. В издательстве Профферов, знаменитом «Ардисе», выходят главные книги Аксенова советского периода – романы «Ожог» (1980) и «Остров Крым» (1981), которые не могли быть напечатаны на родине. Кроме того, тот же «Ардис» выпускает в свет роман «Золотая наша железка», издательство «Эрмитаж» (Анн Арбор) – сборник пьес «Аристофаниана с лягушками» (1981), а «Серебряный век» (Нью-Йорк) – повести «Затоваренная бочкотара» и «Рандеву» (1980). Но эти издания не могли обеспечить материальной независимости автору: слишком малы были их тиражи. Отношения же с отечеством были окончательно разорваны: 21 января 1981 года решением Верховного Совета СССР писатель был лишен советского гражданства.

(10)   Эмигрантская жизнь продолжалась. Аксеновы поселились в Вашингтоне. Там Аксенов начинает преподавать русскую литературу и отдается этому с удовольствием. Впоследствии он признается, что многолетнее преподавание сделало его «интеллектуалом». Профессор Василий Аксенов преподает в Вашингтонском Институте Кеннана (1981–1982), университете Дж. Вашингтона (1982–1983), Гаучерском колледже и университете Джона Хопкинса (1983–1988), а с 1988 года – в расположенном неподалеку от Вашингтона (г. Фейрфакс, штат Вирджиния) – университете Джорджа Мейсона. Здесь он проработает 16 лет, вплоть до своего возвращения в новую Россию в 2004 году. Параллельно Аксенов продолжает много писать. В первое десятилетие после начала эмиграции написаны и изданы сборник рассказов «Право на остров» (1983), романы «Бумажный пейзаж» (1982), «Скажи изюм» (1985), «В поисках грустного бэби» (1986), «Желток яйца» (1989).

Рассказы, воспоминания и эссе Аксенова печатаются в эмигрантских изданиях «Новый американец», «Третья волна», «Russika», «Страна и мир», «Грани», «Континент».

(11)   Между тем на родине вновь происходят серьезные изменения. Михаил Горбачев объявляет политическую перестройку. В 1989 году, через 9 лет эмиграции, Василий Аксенов впервые посещает Советский Союз. Но эта поездка оказалась возможной отнюдь не по воле руководства страны, а по приглашению посла США в Москве Джека Мэтлока, который дружил с русским писателем-эмигрантом. И жили Василий и Майя Аксеновы в тот приезд в резиденции посла Спасо-хаусе, а не в московской гостинице.

(12) Однако политическая ситуация менялась довольно быстро, и в 1990 году Аксенову вернули советское гражданство. Отныне он мог свободно приезжать на родину. В Москве издали «Ожог» и «Остров Крым», что было невозможно себе представить еще год назад. В августовские дни 1991 года Аксенова не было в Москве, здесь была Майя, она по телефону обсуждала с Василием стремительное развитие революционных событий. Вскоре и он приезжает в столицу новой России. Исторические дни августа 1991 будут запечатлены Аксеновым позднее в романе «Новый сладостный стиль» (1997). В нем же будут интересные предвидения: незабвенный соавтор сталинского гимна СССР, С.В. Михалков, шлепая в «верблюжьих тапочках» по площади Восстания, сочиняя на ходу, бормочет про себя слова нового гимна, гимна демократической России («Борцов демократии, сильных, свободных/Сплотила навеки великая Русь...»).

(13) В 1993 году московские власти предоставляют Майе квартиру в высотном доме на Котельнической набережной – взамен отобранной у нее после отъезда в эмиграцию квартиры ее умершего мужа Романа Кармена. Впоследствии этот дом станет центром повествования в романе «Москва-ква-ква». На родине издаются новые книги Аксенова: трилогия «Московская сага» (1993–94), сборник рассказов «Негатив положительного героя» (1996), упомянутый уже роман «Новый сладостный стиль». В 1995 году журнал «Юность», постоянным автором которого был молодой Василий Аксенов, издает его пятитомное собрание сочинений. В многочисленных интервью Аксенову все чаще задаются вопросы об окончательном возвращении на родину.

(14) В 2001 году писатель приобретает небольшой дом в Биаррице на французском побережье Бискайского залива и вскоре переезжает туда с женой. В том же году в Москве выходит его новый роман «Кесарево свечение», который Аксенов считает своим высшим достижением. Теперь жизнь его проходит между Россией (куда он регулярно приезжает с середины 1990-х) и Францией. Это можно считать началом четвертой, самой короткой, жизни писателя. Он, правда, еще сохраняет за собой весенние семестры в университете Джорджа Мейсона. Лишь в 2004 году он закончит свою преподавательскую деятельность и окончательно покинет Америку.

(15) В Биаррице Аксенов работает в тиши и покое, в Москве общается с друзьями и прессой. Внимание прессы и других СМИ он привлекает своей яркой биографией и необычайной творческой активностью.

Анатолий Гладилин совершенно справедливо заметил по этому поводу: Аксенов совершил то, что суждено немногим. Он вернулся и «вновь стал популярным писателем у себя на родине».

Его книги выходят в Москве одна за другой:

2004 – «Десятилетие клеветы. Радиожурнал писателя» – это аксеновские радиоочерки, которые регулярно с 1980 по 1991 год звучали в эфире радио «Свобода»;

2004 – «Американская кириллица»;

2004 – роман «Вольтерьянцы и вольтерьянки»;

2005 – «Зеница ока», книга, включившая в себя публицистические выступления писателя по самым животрепещущим вопросам жизни России – в еженедельнике «Московские новости» и журнале «Огонек» с января 1996 по октябрь 2004;

2006 – роман «Москва-ква-ква»;

2007 – роман «Редкие земли»;

2007 – «Ква-каем, ква-каем... Предисловия, послесловия, интервью».

(16) За роман «Вольтерьянцы и вольтерьянки» Аксенов получает «Русского Букера» – первую крупную литературную премию за все годы его служения литературе. Роман переведен на французский язык и издается в Париже. В 2005 году Василий Аксенов награждается Орденом литературы и искусства, одной из высших наград Франции. Это его единственная государственная награда. В России же в день своего 75-летия он удостаивается лишь поздравительных телеграмм от президента и премьер-министра.

(17) Тот факт, что во Франции заслуги Аксенова оцениваются выше, чем на родине, объясняется независимостью его гражданской позиции: в России такая независимость всегда только раздражает власть. Зато родная Казань встречает его с любовью и почетом во время первого «Аксенов-феста», который был устроен в его честь в октябре 2007 года и с тех пор проводится каждую осень. Возможно, идея фестиваля и его подготовка пробудили яркие воспоминания о его казанском детстве и стали стимулом для написания нового романа. Во всяком случае, ко времени приезда в Казань, роман был уже начат. К сожалению, Аксенов не успеет его закончить: 15 января 2008 года за рулем автомобиля его настигнет инсульт, после которого ему не суждено будет оправиться. Смерть наступит 6 июля 2009 года.

(18) После смерти писателя, в 2010 году, вышли еще три его новые книги: «Логово льва. Забытые рассказы», «Таинственная страсть» и «Ленд-лизовские».
«Таинственная страсть» – роман об аксеновском поколении, о писателях и поэтах, вошедших в литературу в конце 50-х, начале 60-х годов прошлого века. Роман горький и честный – о дружбе, о служении призванию, о предательстве. Он написан с той же искренностью и вдохновением, что были свойственны молодой прозе Аксенова. Роман, как выяснилось после смерти автора, писался с середины 2006 по середину 2007 года.

(19) А всю вторую половину 2007 года Аксенов был занят уже новым романом – о своем казанском детстве, о голоде, об американской помощи воюющей России – романом, который получил издательское название «Ленд-лизовские». Роман не завершен: окончена первая часть и начата вторая, а состоять он должен был из трех частей. Он написан в совсем иной манере, чем «Таинственная страсть». Здесь – то стремление к полному авторскому освобождению, которое прослеживается во всех его последних романах, но достигает воплощения только сейчас. Если когда-то в «Ожоге» Аксенов полностью освободился от соображений о проходимости или непроходимости написанного в условиях советской цензуры, то в «Ленд-лизовских» он полностью освободился от каких-либо соображений о читателе: например, о том, поймет или не поймет читатель написанное им. Перестав ориентироваться на читателя, даже самого просвещенного, он обрел полную свободу самовыражения. Как будет оценена в будущем эта экспериментальная проза, покажет время . . .

Словарь и комментарии

благополучный – trouble free, safe
председатель – chairman
горсовет – city council
завотделом (*from* **заведующий отделом**) – head of a department
спецприемник – reception, collector
«враг народа» – an enemy of the people (the definition used in the time of Stalin's terror for those accused of being against the regime)
поселение – settlement, colony
аттестат зрелости – school certificate
житейски – canny
лагерник (*from* **лагерь**) – camp prisoner
буквально – literally
стиляга *coll.* (*from* **стиль**) – hipster, snappy dresser
стихийный – spontaneous, random
осознаваемый (*part. from* **осознавать**) – realised
упускать/упустить – to miss (a chance)
прическа с коком – hairstyle with a quiff
вычурный – extravagant, flamboyant
туберкулезный *adj.* – tubercular
правящий (*part. from* **править**) – ruling
разоблачать/разоблачить – to reveal, unveil, dispose, disclose
преступление – crime
оттепель – thaw
совпадать/совпасть – to coincide
редактор – editor
повесть – novella
нравственный – moral, ethic
искания *pl.* – pursuit, quest
презирающий (*part. from* **презирать**) – despising, disdaining
тянущийся (*part. from* **тянуться**) – drawn to, attracted
сообщающийся (*part. from* **сообщаться**) – interconnected
сосуд – vessel

врываться/ворваться – to burst in
шестидесятник – activists of the 1960s
творчество – creative works
худо – badly
чуждый – alien
богатырь – athlete, hero, epic character of Russian folklore
«совпис» (*from* **советские писатели**) – Soviet writers
ровесник – of the same age, contemporary
шлюз – sluice, lock
шейный платок – neckerchief
скромненький *dim.* (*from* **скромный**) – modest
здрасьте *coll.* (*from* **здравствуйте**) – hello
возмещать/возместить – to compensate
нищета – poverty
восторг – delight
сопровождаться – to accompany
неослабевающий (*from* **ослабевать**) – not weakening
нападки – attacks
ревнитель – devotee
лживый – false, double-faced
непосредственный – direct
топать – to stomp
благотворный – beneficial, wholesome, healthy
смещен (*part. from* **сместить**) – removed, shifted
судебный – court
правозащитник – human rights activist
психбольница (*from* **психическая больница**) – psychiatric hospital
развеяться – to evaporate
застой – stagnation
ожог – burn
вырывающийся (*from* **вырываться**) – breaking away from
парить/воспарить – to soar
зрелый – mature

компетентные органы – competent organs (KGB)
допускать/допустить – to allow, let
командировка – business trip
разрыв – gap, break
негласный – not advertised, secret
начальство – management
покушение – assassination attempt
приют – shelter
посвятивший (*part. from* **посвятить**) – dedicating
обеспечивать/обеспечить – to provide
разорван (*part. from* **разорвать**) – torn apart
гражданство – citizenship
обсуждать/обсудить – to discuss
событие – event
запечатлен (*part. from* **запечатлеть**) – imprinted
предвидение – premonition
С.М. Михалков – a well-known Soviet poet, a co-author of the USSR anthem
шлепая (*from* **шлепать**) – shuffling
верблюжий *adj.* – camel
тапочки – slippers

бормотать про себя – to mutter to yourself
высотный дом – multi-storey building
постоянный – permanent
приобретать/приобрести – to acquire
залив – gulf, bay
достижение – achievement
справедливо – just, fair
суждено – bound to happen
награждаться – to be awarded
награда – award
удостаиваться – to be nominated
заслуга – merit, credit
раздражать – to annoy
почет – honour, respect
настигать/настигнуть – to catch, come up, find
оправляться/оправиться – to recover
предательство – betrayal
вдохновение – inspiration
прослеживаться – to be traced
воплощение – creation, manifestation
соображение – consideration
просвещенный – educated, informed, enlightened, learned
обретать/обрести – to get, acquire
самовыражение – self-expression

Exercise 3

Word formation.

The Soviet era contributed to the Russian vocabulary with new Soviet administrative terminology. One of the productive ways of forming the new words was a 'reduced' adjective + noun.

Give the full version of the following compound abbreviated words from the text according to the model. Explain in Russian what establishments/titles they were.

Model: **горсовет** – **городской совет** – орган власти в городе в советское время, в настоящее время заменен названием **мэрия**

пединститут *coll.*
спецприемник (для детей «врагов народа»)
мединститут *coll.*
«совпис» *coll.*

политбюро
генсек *coll.*
психбольница *coll.*
завотделом

Exercise 4

Word formation. Noun suffix **-яга**.

стиль + **-яга** = **стиляга** *coll.* человек стильный, молодой человек в 60-е гг. 20 века, одевающийся в американском стиле

(2) «В марте 1953-го умирает Сталин. Вдруг буквально ниоткуда появляются так называемые **стиляги**, первая субкультура в Советском Союзе. Стиляг привлекает все западное: они любят западное кино и джаз, восхищаются Америкой. Это стихийная, не вполне осознаваемая ее участниками форма протеста против советского тоталитаризма»

In passage 5 Esipov mentions three other poets of the 1960s, who also can be defined as «стиляги». *Skim the passage for the descriptions of their style of clothing. What are they remembered for in this respect?*

Exercise 5

Translate the following sentences from Esipov's extract into English, paying attention to the variety of Russian verbs which can be used with the meaning 'to publish, print, release'.

1   (4) Так, в 1959 году известный советский писатель Валентин Катаев, главный редактор недавно созданного журнала «Юность», <u>публикует</u> в нем два рассказа безвестного медика . . .
2   (6) Он много <u>пишет</u> и <u>печатается</u>, его рассказы, повести и романы с восторгом принимаются читателями . . .
3   (8) Роман «Ожог» был окончен в 1975 году, и Аксенов, понимая, что на родине роман не может быть <u>опубликован</u>, переслал его на Запад . . .
4   (9) «Ардис» <u>выпускает</u> в свет роман «Золотая наша железка» . . .
5   (12) В Москве <u>издали</u> «Ожог» и «Остров Крым» . . .

Translate into Russian the following text about the poet B. Akhmadulina mentioned in Esipov's extract. Vary the verbs with the meaning 'to publish': **печатать**, **публиковать**, **издавать**, **выпускать**.

Bella Akhmadulina is a well-known Russian poet. She was born on April 10, 1937 in Moscow. She studied at the Maxim Gorky Literature Institute in Moscow. Akhmadulina was expelled from the institute, because she supported Boris Pasternak. The poet managed to graduate in 1960. Akhmadulina became known during Khrushchev's thaw and her first poems were released in the magazine October in 1955. She performed in concert halls, reading her poems alongside other «шестидесятники». She was one of the «стиляги» and often wore a small black dress. In 1962 the first collection of her poems 'Struna' ('The String') was released. The poet kept writing but many of her collections were published at a later date. The collection 'Music lessons' was published in 1970 and other collections were published in 1975, 1977, 1983 and 1991. Akhmadulina also published essays on Russian writers and poets such as A. Pushkin, M. Lermontov and V. Nabokov.

Exercise 6

Word formation.

Translate the following words in bold type and comment on the meanings of the prefixes (Appendix 4).

root пуст: **пуск** (loose, let)

«Василий увлечен этим новшеством: у него прическа с коком, вычурная одежда, он не **упускает** случая послушать джаз» (2)

«**Допускаются** отдельные публикации в периодической печати . . . » (8)

«Ардис» **выпускает** в свет роман «Золотая наша железка» (9)

Guess the meaning of the words with the same root:

выпускник (университета)
запускать (проект)

root **ступ** (step)

« . . . в 1950-м **поступает** в мединститут» (1)

«Никита Хрущев разоблачил **преступления** сталинского режима . . . » (3)

«Смерть **наступит** 6 июля 2009 года» (17)

Guess the meaning of the words with the same root:

выступать (на сцене)
вступать (в партию)
наступление (в битве)

root волок: **влек/ч** (drag, tract)

«Стиляг **привлекает** все западное . . . » (2)

«Василий **увлечен** этим новшеством . . . » (2)

Guess the meaning of the words with the same root:

отвлекать (от занятий)
развлекать (публику)
вовлекать (в кампанию)

root **р/в** (tear)

« . . . он буквально **врывается** в литературу» (5)

«Ожог», роман совершенно антисоветский, **вырывающийся** за пределы традиционного реализма . . . » (8)

«Окончательный **разрыв** происходит в 1979 году . . . » (8)

«Отношения же с отечеством были окончательно **разорваны** . . . » (9)

Guess the meaning of the words with the same root:

перерыв (на обед)

прорываться (через толпу)

root **пад** (fall)

«С изменениями этими **совпали** и изменения в жизни молодого врача Василия Аксенова» (4)

«Но этот успех сопровождается неослабевающими **нападками** ревнителей лживой коммунистической морали . . . » (6)

Guess the meaning of the words with the same root:

распад (Советского Союза)

пропадать (из вида)

root **ключ** (key/-clude)

«Из Союза писателей **исключают** двух молодых участников альманаха . . . » (8)

«Зеница ока», книга, **включившая** в себя публицистические выступления писателя . . . » (15)

Guess the meaning of the words with the same root:

исключительный (случай)

выключить (свет)

переключить (канал)

отключить (отопление)

Exercise 7

The extract is called «Четыре жизни Василия Аксенова». *Skim the text for the main events of those 4 phases of Aksenov's life.* Describe where he lived, the political situation at that time, his activities and the main works that were published.

«Первая» жизнь 1932–1959:

«Вторая» жизнь 1959–1980:

«Третья» жизнь 1980–1993:

«Четвертая жизнь» 1993–2009:

Topic for discussion/essay

Судьбы шестидесятников. Тех, кто остался в России и тех, кто эмигрировал. Кто из них оказался прав?

Further readings

1   Речь Н.С. Хрущева на XX съезде партии (25 февраля 1956 года).

«Товарищи!

В Отчетном докладе Центрального Комитета партии XX съезду, в ряде выступлений делегатов съезда, а также и раньше на Пленумах ЦК КПСС, немало говорилось о культе личности и его вредных последствиях.

После смерти Сталина Центральный Комитет партии стал строго и последовательно проводить курс на разъяснение недопустимости чуждого духу марксизма-ленинизма возвеличивания одной личности, превращения ее в какого-то сверхчеловека, обладающего сверхъестественными качествами, наподобие бога. Этот человек будто бы все знает, все видит, за всех думает, все может сделать; он непогрешим в своих поступках.

Такое понятие о человеке, и, говоря конкретно, о Сталине, культивировалось у нас много лет . . .

Единовластие Сталина привело к особо тяжким последствиям в ходе Великой Отечественной войны.

Если взять многие наши романы, кинофильмы и исторические «исследования», то в них совершенно неправдоподобно изображается вопрос о роли Сталина в Отечественной войне. Обычно рисуется такая схема. Сталин все и вся предвидел. Советская Армия чуть ли не по заранее начертанным Сталиным стратегическим планам проводила тактику так называемой «активной обороны», то есть ту тактику, которая, как известно, допустила немцев до Москвы и Сталинграда. Применив такую тактику, Советская Армия только-де благодаря гению Сталина перешла в наступление и разгромила врага. Всемирно-историческая победа, одержанная Вооруженными Силами Советской страны, нашим героическим народом, приписывается в такого рода романах, кинофильмах и «исследованиях» всецело полководческому гению Сталина.

Надо внимательно разобраться в этом вопросе, так как это имеет огромное, не только историческое, но прежде всего политическое, воспитательное, практическое значение.

Каковы факты в этом вопросе?

В ходе войны и после нее Сталин выдвинул такой тезис, что трагедия, которую пережил наш народ в начальный период войны, является якобы результатом «внезапности» нападения немцев на Советский Союз. Но ведь это, товарищи, совершенно не соответствует действительности. Как только Гитлер пришел к власти в Германии, он сразу же поставил перед собой задачу разгромить коммунизм. Об этом фашисты говорили прямо, не скрывая своих планов. Для осуществления этих агрессивных планов заключались всевозможные пакты, блоки, оси, вроде пресловутой оси Берлин – Рим – Токио. Многочисленные факты предвоенного периода красноречиво доказывали, что Гитлер направляет все свои усилия для того, чтобы развязать войну против Советского государства, и сконцентрировал большие войсковые соединения, в том числе танковые, поблизости от советских границ.

Из опубликованных теперь документов видно, что еще 3 апреля 1941 года Черчилль через английского посла в СССР Криппса сделал личное предупреждение Сталину о том, что германские войска начали совершать передислокацию, подготавливая нападение на Советский Союз . . . Однако эти предостережения Сталиным не принимались во внимание . . . »

2   «Василий Аксенов – одинокий бегун на длинные дистанции». Астрель, 2012.
3   Б. Ахмадулина. Стихи.

Further activity

V. Aksenov predicted that at some point the National Anthem of the USSR would be rewritten. Find the lyrics of the original anthem (USSR) and compare them with how they may have been changed according to V. Aksenov: «Борцов демократии, сильных, свободных / Сплотила навеки великая Русь . . . » (12). Study the lyrics of the current version of the Russian anthem for comparison.

Chapter 15: Василий Аксенов. «Победа»

Figure 15.1 Андрей Татарко. «Победа»

Vasilij Aksenov is a prominent dissident writer, one of the 1960s idealists («шестидесят-ники»), who sought to break free of the lies and restrictions of Stalin's rule during the thaw under Nikita Khrushchev. The writer had to leave Russia in 1980 for the United States, where he was successful both as a writer and as a university lecturer. Aksenov returned to Russia after Перестройка, where he died in 2008. His biography is given in V. Esipov's «Четыре жизни Василия Аксенова» (Chapter 14).

The story «Победа» by V. Aksenov is as challenging to decipher for a Russian as for a learner of Russian. It is about a chess match on a train journey between two strangers sharing a compartment: a Grandmaster, **Гроссмейстер**, and a man with a tattoo – **Г.О.** In the middle of the match Гроссмейстер sees a chance to checkmate his opponent and win the game, but for some reason this doesn't happen and at the end Г.О. wins. The reader is left with a puzzle to solve: the author challenges us (or a censor?) to a mind game: who wins and why? The story was written in 1965 at a time when Khrushchev's thaw, the time of openness and liberalisation, was over (see Chapter 14). However, it may also have a universal philosophical dimension. The metaphor of a life = fight = game has often been used in classical literature such as in A. Pushkin's 'The Queen of Spades': «Что наша жизнь? Игра!».

Do you know other works in which life is compared with a game, a play or a battle?

Exercise 1

In passage 19 the chessboard used by train passengers is described. *Before you read the story in detail translate the passage and discuss how the author creates an image of the board being a battle ground for so many lives.*

Exercise 2

Before you read the story, make sure you know the names for the chess pieces.

| Пешка | Ладья | Конь | Слон | Ферзь | Король |

ПОБЕДА

Рассказ с преувеличениями

(1)   В купе скорого поезда гроссмейстер играл в шахматы со случайным спутником. Этот человек сразу узнал гроссмейстера, когда тот вошел в купе, сразу загорелся немыслимым желанием немыслимой победы над гроссмейстером. «Мало ли что, – думал он, бросая на гроссмейстера лукавые узнающие взгляды, – мало ли что, подумаешь, хиляк какой-то». Гроссмейстер сразу понял, что его узнали, и с тоской смирился: двух партий по крайней мере не избежать. Он тоже сразу узнал тип этого человека. Порой из окон Шахматного клуба на Гоголевском бульваре он видел розовые крутые лбы таких людей.

(2)   Когда поезд тронулся, спутник гроссмейстера с наивной хитростью потянулся и равнодушно спросил:

– В шахматишки, что ли, сыграем, товарищ?

– Да, пожалуй, – пробормотал гроссмейстер.

Спутник высунулся из купе, кликнул проводницу, появились шахматы, он схватил их слишком поспешно для своего равнодушия, высыпал, взял две пешки, зажал их в кулаки и кулаки показал гроссмейстеру. На выпуклости между большим и указательным пальцами левого кулака татуировкой было обозначено «Г.О.»

(3)   – Левая, – сказал гроссмейстер и чуть поморщился, вообразив удары этих кулаков, левого или правого.

Ему достались белые.

– Время-то надо убить, правда? В дороге шахматы – милое дело, – добродушно приговаривал Г.О., расставляя фигуры.

(4)   Они быстро разыграли северный гамбит, потом все запуталось.

Гроссмейстер внимательно глядел на доску, делая мелкие, незначительные ходы. Несколько раз перед его глазами молниями возникали возможные матовые трассы ферзя, но он гасил эти вспышки, чуть опуская веки и подчиняясь слабо гудящей внутри занудливой жалостливой ноте, похожей на жужжание комара.

– «Хас-Булат удалой, бедна сакля твоя . . . », – на той же ноте тянул Г.О.

(5)   Гроссмейстер был воплощенная аккуратность, воплощенная строгость одежды и манер, столь свойственная людям, неуверенным в себе и легко ранимым. Он был молод, одет в серый костюм, светлую рубашку и простой галстук. Никто, кроме самого гроссмейстера, не знал, что его простые галстуки помечены фирменным знаком «Дом Диора». Эта маленькая тайна всегда как-то согревала и утешала молодого и молчаливого гроссмейстера. Очки также довольно часто выручали его, скрывая от посторонних неуверенность и робость взгляда. Он сетовал на свои губы, которым свойственно было растягиваться в жалкой улыбочке или вздрагивать. Он охотно закрыл бы от посторонних глаз свои губы, но это, к сожалению, пока не было принято в обществе.

(6)   Игра Г.О. поражала и огорчала гроссмейстера. На левом фланге фигуры столпились таким образом, что образовался клубок шарлатанских каббалистических знаков, было

похоже на настройку халтурного духового оркестра, желто-серый слежавшийся снег, глухие заборы, цементный завод. Весь левый фланг пропах уборной и хлоркой, кислым запахом казармы, мокрыми тряпками на кухне, а также тянуло из раннего детства касторкой и поносом.

(7)   – Ведь вы гроссмейстер такой-то? – спросил Г.О.
       – Да, – подтвердил гроссмейстер.
       – Ха-ха-ха, какое совпадение! – воскликнул Г.О.
«Какое совпадение? О каком совпадении он говорит? Это что-то немыслимое! Могло ли такое случиться? Я отказываюсь, примите мой отказ», – панически быстро подумал гроссмейстер, потом догадался, в чем дело, и улыбнулся.
       – Да, конечно, конечно.
       – Вот вы гроссмейстер, а я вам ставлю вилку на ферзя и ладью, – сказал Г.О. Он поднял руку. Конь-провокатор повис над доской.

(8)   «Вилка в зад, – подумал гроссмейстер. – Вот так вилочка! У дедушки была своя вилка, он никому не разрешал ею пользоваться. Собственность. Личные вилка, ложка и нож, личные тарелки и пузырек для мокроты. Также вспоминается «лирная» шуба, тяжелая шуба на «лирном» меху, она висела у входа, дед почти не выходил на улицу. Вилка на дедушку и бабушку. Жалко терять стариков»
Пока конь висел над доской, перед глазами гроссмейстера вновь замелькали светящиеся линии и точки возможных предматовых рейдов и жертв.
Увы, круп коня с отставшей грязно-лиловой байкой был так убедителен, что гроссмейстер только пожал плечами.

(9)   – Отдаете ладью? – спросил Г.О.
       – Что поделаешь.
       – Жертвуете ладью ради атаки? Угадал? – спросил Г.О., все еще не решаясь поставить коня на желанное поле.
       – Просто спасаю ферзя, – пробормотал гроссмейстер.
       – Вы меня не подлавливаете? – спросил Г.О.
       – Нет, что вы, вы сильный игрок.

(10)   Г.О. сделал свою заветную «вилку». Гроссмейстер спрятал ферзя в укромный угол за террасой, за полуразвалившейся каменной террасой с резными подгнившими столбиками, где осенью остро пахло прелыми кленовыми листьями. Здесь можно отсидеться в удобной позе, на корточках. Здесь хорошо, во всяком случае, самолюбие не страдает. На секунду привстав и выглянув из-за террасы, он увидел, что Г.О. снял ладью.
Внедрение черного коня в бессмысленную толпу на левом фланге, занятие им поля, занятие им поля «b4», во всяком случае, уже наводило на размышления.
Гроссмейстер понял, что в этом варианте, в этот весенний зеленый вечер одних только юношеских мифов ему не хватит. Все это верно, в мире бродят славные дурачки – юнги Билли, ковбои Гарри, красавицы Мери и Нелли, и бригантина поднимает паруса, но наступает момент, когда вы чувствуете опасную и реальную близость черного коня на поле «b4». Предстояла борьба, сложная, тонкая, увлекательная, расчетливая. Впереди была жизнь.

(11) Гроссмейстер выиграл пешку, достал платок и высморкался. Несколько мгновений в полном одиночестве, когда губы и нос скрыты платком, настроили его на банально-философический лад. «Вот так добиваешься чего-нибудь, – думал он, – а что дальше? Всю жизнь добиваешься чего-нибудь; приходит к тебе победа, а радости от нее нет. Вот, например, город Гонконг, далекий и весьма загадочный, а я в нем уже был. Я везде уже был».

«На его месте Петросян бы уже сдался», – подумал гроссмейстер.

Потеря пешки мало огорчила Г.О.: ведь он только что выиграл ладью. Он ответил гроссмейстеру ходом ферзя, вызвавшим изжогу и минутный приступ головной боли.

(12) Гроссмейстер сообразил, что кое-какие радости еще остались у него в запасе. Например, радость длинных, по всей диагонали, ходов слона. Если чуть волочить слона по доске, то это в какой-то мере заменит стремительное скольжение на ялике по солнечной, чуть-чуть зацветшей воде подмосковного пруда, из света в тень, из тени в свет. Гроссмейстер почувствовал непреодолимое страстное желание захватить поле «h8», ибо оно было полем любви, бугорком любви, над которым висели прозрачные стрекозы.

(13) – Ловко вы у меня отыграли ладью, а я прохлопал, – пробасил Г.О., лишь последним словом выдав свое раздражение.

– Простите, – тихо сказал гроссмейстер.

– Может быть, вернете ходы?

– Нет-нет, – сказал Г.О., – никаких поблажек, очень вас умоляю.

– «Дам кинжал, дам коня, дам винтовку свою . . . », – затянул он, погружаясь в стратегические размышления.

Бурный летний праздник любви на поле «h8» радовал и вместе с тем тревожил гроссмейстера. Он чувствовал, что вскоре в центре произойдет накопление внешне логичных, но внутренне абсурдных сил. Опять послышится какофония и запахнет хлоркой, как в тех далеких проклятой памяти коридорах на левом фланге.

(14) – Вот интересно: почему все шахматисты – евреи? – спросил Г.О.

– Почему же все? – сказал гроссмейстер. – Вот я, например, не еврей.

– Правда? – удивился Г.О. и добавил: – Да вы не думайте, что я это так. У меня никаких предрассудков на этот счет нет. Просто любопытно.

– Ну, вот вы, например, – сказал гроссмейстер, – ведь вы не еврей.

– Где уж мне! – пробормотал Г.О. и снова погрузился в свои секретные планы.

«Если я его так, то он меня так, – думал Г.О. – Если я сниму здесь, он снимет там, потом я хожу сюда, он отвечает так . . . Все равно я его добью, все равно доломаю. Подумаешь, гроссмейстер-блатмейстер, жила еще у тебя тонкая против меня. Знаю я ваши чемпионаты: договариваетесь заранее. Все равно я тебя задавлю, хоть кровь из носа!».

– Да-а, качество я потерял, – сказал он гроссмейстеру, – но ничего, еще не вечер.

(15) Он начал атаку в центре, и, конечно, как и предполагалось, центр сразу превратился в поле бессмысленных и ужасных действий. Это была не любовь, не встреча, не надежда, не привет, не жизнь. Гриппозный озноб и опять желтый снег, послевоенный неуют, все тело чешется. Черный ферзь в центре каркал, как влюбленная ворона, воронья любовь, кроме того, у соседей скребли ножом оловянную миску. Ничто так

определенно не доказывало бессмысленность и призрачность жизни, как эта позиция в центре. Пора кончать игру.

(16) «Нет, – подумал гроссмейстер, – ведь есть еще кое-что, кроме этого».
Он поставил большую бобину с фортепьянными пьесами Баха, успокоил сердце чистыми и однообразными, как плеск волн, звуками, потом вышел из дачи и пошел к морю. Над ним шумели сосны, а под босыми ногами был скользкий и пружинящий хвойный наст.
Вспоминая море и подражая ему, он начал разбираться в позиции, гармонизировать ее. На душе вдруг стало чисто и светло. Логично, как баховская coda, наступил мат черным. Матовая ситуация тускло и красиво засветилась, завершенная, как яйцо. Гроссмейстер посмотрел на Г.О. Тот молчал, набычившись, глядя в самые глубокие тылы гроссмейстера. Мата своему королю он не заметил. Гроссмейстер молчал, боясь нарушить очарование этой минуты.

(17) – Шах, – тихо и осторожно сказал Г.О., двигая своего коня. Он еле сдерживал внутренний рев.
Гроссмейстер вскрикнул и бросился бежать. За ним, топоча и свистя, побежали хозяин дачи, кучер Еврипид и Нина Кузьминична. Обгоняя их, настигала гроссмейстера спущенная с цепи собака Ночка.
– Шах, – еще раз сказал Г.О., переставляя своего коня, и с мучительным вожделением глотнул воздух.
. . . Гроссмейстера вели по проходу среди затихшей толпы. Идущий сзади чуть касался его спины каким-то твердым предметом. Человек в черной шинели с эсэсовскими молниями на петлицах ждал его впереди. Шаг – полсекунды, еще шаг – секунд , еще шаг – полторы, еще шаг – две . . . Ступеньки вверх. Почему вверх? Такие вещи следует делать в яме. Нужно быть мужественным. Это обязательно? Сколько времени занимает надевание на голову вонючего мешка из рогожи? Итак, стало совсем темно и трудно дышать, и только где-то очень далеко оркестр бравурно играл «Хас-Булат удалой».

(18) – Мат! – как медная труба, вскрикнул Г.О.
– Ну вот видите, – пробормотал гроссмейстер, – поздравляю!
– Уф, – сказал Г.О., – оф, ух, прямо запарился, прямо невероятно, надо же, черт возьми! Невероятно, залепил мат гроссмейстеру! Невероятно, но факт! – Захохотал он.
– Ай да я! – Он шутливо погладил себя по голове. – Эх, гроссмейстер вы мой, грос-смейстер, – зажужжал он, положил ладони на плечи гроссмейстера и дружески нажал, – милый вы мой молодой человек . . . Нервишки не выдержали, да? Сознайтесь?
– Да-да, я сорвался, – торопливо подтвердил гроссмейстер.

(19) Г.О. широким свободным жестом смел фигуры с доски. Доска была старая, щербле-ная, кое-где поверхностный полированный слой отодрался, обнажена была желтая, измученная древесина, кое-где имелись фрагменты круглых пятен от поставленных в былые времена стаканов железнодорожного чая.
Гроссмейстер смотрел на пустую доску, на шестьдесят четыре абсолютно бесстраст-ных поля, способных вместить не только его собственную жизнь, но бесконечное число жизней, и это бесконечное чередование светлых и темных полей наполнило

его благоговением и тихой радостью. «Кажется, – подумал он, – никаких крупных подлостей в своей жизни я не совершал».

(20) – А ведь так вот расскажешь, и никто не поверит, – огорченно вздохнул Г.О.

– Почему же не поверят? Что же в этом невероятного? Вы сильный, волевой игрок, – сказал гроссмейстер.

– Никто не поверит, – повторил Г.О., – скажут, что брешу. Какие у меня доказательства?

– Позвольте, – чуть обиделся гроссмейстер, глядя на розовый крутой лоб Г.О., – я дам вам убедительное доказательство. Я знал, что я вас встречу.

Он открыл свой портфель и вынул оттуда крупный, с ладонь величиной золотой жетон, на котором было красиво выгравировано: «Податель сего выиграл у меня партию в шахматы. Гроссмейстер такой-то».

– Остается только проставить число, – сказал он, извлек из портфеля гравировальные принадлежности и красиво выгравировал число в углу жетона.

– Это чистое золото, – сказал он, вручая жетон.

– Без обмана? – спросил Г.О.

– Абсолютно чистое золото, – сказал гроссмейстер. – Я заказал уже много таких жетонов и постоянно буду пополнять запасы.

Февраль 1965 г.

Словарь и комментарии

победа – victory
преувеличение – exaggeration
купе – train compartment
загораться/загореться – to light up
немыслимый – unthinkable, undreamed of
лукавый – crafty, cunning, scheming
мало ли что – just in case
хиляк *coll.* – sissy
тоска – depression, blues, melancholy
смиряться/смириться – to put up with something
порой – at times, occasionally
крутой – steep, hard, strong
лоб – forehead
трогаться/тронуться – to take off/set off
наивный – naive, innocent
потягиваться/потянуться – to stretch oneself

бормотать/пробормотать – to murmur, mutter, mumble
высовываться/высунуться – to peep out, to stick one's head out
высыпать – to pour
зажимать/зажать – to grasp, hold
кулак – fist
выпуклость – bulge, bump
указательный палец – forefinger, index finger
обозначать/обозначить – to denote, designate, signify
морщиться/поморщиться – to wrinkle, wince
вообразив (*from* **вообразить**) – having imagined
удар – blow, strike
доставаться/достаться – to go to, to be allocated to
запутываться/запутаться – to get confused

молния – lightning

матовый – mat, opaque, dim

гасить/погасить – to blow/puff out, suppress

вспышка – flare, blaze, flash, explosion

веко – eyelid

подчиняясь (*from* **подчиняться**) – obeying, complying, conforming

гудящий (*part. from* **гудеть**) – buzzing, beeping, hooting

занудливый – tiresome, annoying

жалостливый – sorrowful, pitiful

комар – mosquito

«Хас-Булат удалой, бедна сакля твоя . . .» – a line from a Russian folk song

тянуть – to pull, draw, hum

воплощенный – embodied, personified

строгость – rigour, severity

свойственный – inherent, intrinsic

ранимый – vulnerable

галстук – tie

помечен (*part. from* **пометить**) – marked, labelled

тайна – mystery

согревать/согреть – to warm, heat

утешать/утешить – to console, comfort

молчаливый –silent

очки – glasses, spectacles

выручать/выручить – to help out

посторонний – strange, unusual, alien

робость – shyness

сетовать/посетовать – to complain, mourn

растягиваться/растянуться – to spread, stretch

жалкий – miserable

улыбочка *dim.* (*from* **улыбка**) – smile

вздрагивать/вздрогнуть – to shudder, startle

охотно – willingly

поражать/поразить – to strike, amaze

огорчать/огорчить – to upset

толпиться/столпиться – to crowd, swarm, huddle

образоваться – to appear

клубок – tangle, ball

настройка – tuning

халтурный – shoddy, bad

духовой – wind

слежавшийся (*part. from* **слежаться**) – slump, clump

глухой – deaf (about people), solid (about a wall, fence, etc.)

забор – fence

пропахнуть – to become permeated with the smell

уборная – toilet, lavatory, privy

кислый – sour

запах – smell

казарма – barracks, lodgement

мокрый – wet

тряпка – cloth

касторка – castor oil

понос – diarrhoea

совпадение – coincidence

восклицать/воскликнуть – exclaim

висеть/повиснуть – to hang

зад – back

пузырек – bottle

мокрота – phlegm

«лирная» шуба – skunk fur coat

мех – fur

мелькать/замелькать – to glimpse, flash

светящийся (*part. from* **светиться**) – glowing

увы – alas

круп – croup, crupper

отставший (*part. from* **отстать**) – lagging, falling behind

лиловый – purple

байка – fleece, baize

убедителен (*part. from* **убедить**) – convincing

жать/пожать – to shrug (shoulders)

что поделаешь – there is nothing you can do

подлавливать/подловить *coll.* – to catch

заветный – cherished, dear, precious
укромный – secluded, secret
полуразвалившийся (*part. from* **развалиться**) – dilapidated, ramshackle
каменный – stone
резной – carved
подгнивший (*part. from* **подгнить**) – tainted
столбик *dim.* (*from* **столб**) – pillar, column, spindle
прелый – rotten
отсиживаться/отсидеться – to lie low, hole up, shelter
на корточках – squatting
самолюбие – ego, vanity
страдать – to suffer
привстав (*from* **привстать**) – having raised yourself a little bit
снимать/снять – to take
внедрение – penetration
наводить/навести – to lead
размышление – contemplation
юношеский *adj.* – youth
бродить – to wander
славный – nice, sweet
«Бригантина поднимает паруса» – popular romantic song of the 1960s 'Brigantine is hoisting its sails'
предстоять – to await, lie ahead
расчетливый – calculating, tactical
высморкаться – to blow the nose
мгновение – moment, instant, split second
настраивать/настроить – to tune, adjust
лад – tune, mood, disposition
загадочный – mysterious
Петросян – Soviet Armenian chess Grandmaster, the world chess champion in 1963

сдаваться/сдаться – to surrender
огорчать/огорчить – to disappoint, upset
изжога – heartburn
приступ – attack
запас – stock, store, supply
волочить – to drag, pull, draw
стремительный – quick, rapid, speedy, dashing
скольжение – gliding, sliding
ялик – yawl, cockle boat
зацветший (*part. from* **зацвести**) – blooming (with blanket weed) *here* stagnant
неопреодолимый – overwhelming
страстный – passionate
захватывать/захватить – to conquer
бугорок (*from* **бугор**) – hill, lump
прозрачный – transparent
стрекоза – dragonfly
отыгрывать/отыграть – to win back, regain
прохлопать *coll.* – to miss
басить/пробасить – to speak in a low voice, bass
выдавать/выдать – to give away, show
поблажка *coll.* – mercy, concession
умолять – to beg
погружаясь (*from* **погружаться**) – immersing
тревожить – to alarm
накопление – accumulation
предрассудок – prejudice
добивать/добить – to finish off
ломать/доломать – to crash completely
блатмейстер *here* (*from coll.* **блат** connections, strings) – corrupted master (invented by the character according to the model **«Гроссмейстер»**)
жила – vein

задавить *coll.* – to beat

хоть кровь из носа *coll.* – whatever it takes

еще не вечер – it is not too late yet

озноб – fever

неуют – unsettled, difficult situation

чесаться – to itch

каркать – to croak

ворона – crow

скрести – scratch

оловянный – tin

миска – bowl

призрачность – delusion, illusiveness

бобина – bobbin, reel

плеск – splash

босой – barefoot

пружинящий (*part. from* **пружинить**) – being springy

хвойный – pine

наст – crust

подражать – to imitate, mirror

тускло – faint, mat, dull

завершенный – perfect, complete

набычившись (*from* **набычиться**) – to frown, scowl

тыл – rear area, home front

очарование – charm, allure

рев – roar

топоча (*from* **топотать**) – stomping

кучер – coachman

обгоняя (*from* **обгонять**) – overtaking

спущенный (*part. from* **спустить**) – released

мучительный – agonising

вожделение – desire, lust

затихший (*part. from* **затихнуть**) – quiet

шинель – trench coat

эсэсовский *adj.* – SS-men (in the time of censorship it was a common device: 'SS should be read as KGB')

петлица – buttonhole

яма – hole

вонючий – stinking

мешок – sack

рогожа – rough canvas

бравурно – bravura

медный – brass

труба – trumpet

запариться – to work oneself out

черт возьми! – damn it!

залепить *coll.* – to strike

ай да я – well done me

гладить/погладить – to stroke

срываться/сорваться – to go wrong, fail

сметать/смести – to sweep away

щербленая – chipped

отдираться/отодраться – to flake

обнажена (*part. from* **обнажить**) – stripped, bare

измученная (*part. from* **измучить**) – tormented

чередование – shift, gradation, alteration

благоговение – awe

подлость – meanness, dirty trick, infamy

волевой – strong-minded, strong-willed

брехать *coll.* – to lie

доказательство – proof

убедительный – convincing

ладонь – palm

жетон – medal, token

выгравировано (*part. from* **выгравировать**) – engraved

принадлежность – possession

обман – deceit, cheating

Exercise 3

The story is about a contest between Гроссмейстер and Г.О., which could be envisaged as a historic battle between 'a thinking part' of the society and a power, 'a fist'. The main characters appear to be completely opposite: Гроссмейстер is a representative of **интеллигенция** (еврей?) and Г.О. is a typical **пролетарий**.

Skim the story for the characters' descriptions.

Гроссмейстер: хиляк . . . . очки . . .
Г.О.: розовый крутой лоб . . . кулаки . . .

Exercise 4

Гроссмейстер does not say a lot. Г.О., on the contrary, is very talkative. Comment on his speech characteristics (formal? informal? neutral? colloquial? slang?). Compare his lines with a few of Гроссмейстер's. How does their language contribute to the images of the characters?

Passages 2, 3, 7, 9, 13, 14, 17, 18, 20

Exercise 5

The author uses a variety of verbs introducing direct/indirect speech of the main characters. The Grandmaster's reactions are reserved, polite and neutral.

How does his opponent react? *Comment on the list of verbs introducing Г.О.'s contributions to the conversation:*

кликнул	loud sound to attract attention
приговаривал	repetitive
тянул (песню)	_____
воскликнул	_____
пробасил	_____
затянул (песню)	_____
пробормотал	_____
глотнул воздух	_____
вскрикнул	_____
захохотал	_____
зажужжал	_____
огорченно вздохнул	_____

Exercise 6

Find the sentences in the story with the following diminutives. Comment on their function (small-ness, affection, disparagement, irony, caring attitude, independent meaning, etc.):

шахматишки (2)

улыбочка (5)

вилочка (8)

пузырек (8)

столбик (10)

дурачок (10)

бугорок (12)

нервишки (18)

Exercise 7

Study the vocabulary below used by the author to create the image: **шахматная игра** = **поле битвы/война**

Which vocabulary can relate to either a chess game or military action, or both?

победа	(game? battle?)
гроссмейстер	(game? battle?)
играть (в шахматы)	(game? battle?)
партия (в шахматы)	(game? battle?)
расставлять (фигуры)	(game? battle?)
разыграть (северный гамбит)	(game? battle?)
делать ход	(game? battle?)
левый фланг	(game? battle?)
ставить вилку на ферзя и ладью	(game? battle?)
конь	(game? battle?)
отдать ладью	(game? battle?)
жертвовать (ладью) ради атаки	(game? battle?)
спасать (ферзя)	(game? battle?)
подлавливать	(game? battle?)
сильный игрок	(game? battle?)
внедрение коня в толпу на левом фланге	(game? battle?)
занятие поля	(game? battle?)
борьба сложная тонкая увлекательная расчетливая	(game? battle?)
выиграть	(game? battle?)
сдаваться	(game? battle?)
потеря (пешки)	(game? battle?)
отыграть	(game? battle?)
прохлопать (пропустить)	(game? battle?)
стратегические размышления	(game? battle?)

накопление сил	(game? battle?)
секретные планы	(game? battle?)
добить	(game? battle?)
начать атаку	(game? battle?)
поле ужасных действий	(game? battle?)
позиция в центре	(game? battle?)
тылы	(game? battle?)
мат королю	(game? battle?)
бежать	(game? battle?)
настигать	(game? battle?)
человек в шинели	(game? battle?)
надевание на голову вонючего мешка из рогожи	(game? battle?)
мат	(game? battle?)
выиграть	(game? battle?)
игрок	(game? battle?)
подловить	(game? battle?)

Exercise 8

Being 'underground politically' Гроссмейстер (Aksenov?) is trying to find 'meaning' in something else, searching for a refuge in love (12, 13, 15), music and nature (16). *Translate passages 12, 13 and 15.* Were the attempts a success? *Translate passage 16.* Are music and nature something which the author believes can give you a sense of satisfaction, peace and harmony?

Exercise 9

Comprehension check.

Answer the questions.

1   Почему Г.О. очень хотелось сыграть партию в шахматы со случайным спутником?
2   Откуда появились шахматы?
3   Кто играл белыми и кто черными?
4   Кого из детства вспоминает Гроссмейстер? Они живы?
5   Гроссмейстер был за границей?
6   Как вы думаете, Гроссмейстер – еврей?
7   Кого больше по Аксенову в этой жизни «Гроссмейстеров» или «Г.О.»? Где в рассказе намек на это? И кто выигрывает на самом деле?

Topics for discussions/essays

1   *Translate the passage from the story below.* Comment on the word **борьба** and how the situations in the chess game turn into life challenges, etc. Being put in the Russian context of 1965, what does the author mean by **юношеские мифы**? Who/what is that

sinister **«черный конь»**? Comment on the illustration by A. Tatarko. What do you know about life in Russia after Khrushchev's thaw? You can use the information from Chapter 14.

(10) «Внедрение черного коня в бессмысленную толпу на левом фланге, занятие им поля, занятие им поля 'b4', во всяком случае, уже наводило на размышления.

Гроссмейстер понял, что в этом варианте, в этот весенний зеленый вечер одних только юношеских мифов ему не хватит. Все это верно, в мире бродят славные дурачки – юнги Билли, ковбои Гарри, красавицы Мери и Нелли, и бригантина поднимает паруса, но наступает момент, когда вы чувствуете опасную и реальную близость черного коня на поле 'b4'. Предстояла борьба, сложная, тонкая, увлекательная, расчетливая. Впереди была жизнь.»

2 Как вы думаете, почему Гроссмейстер молчалив и немногословен?

3 Как вы можете объяснить название рассказа?

4 Прокомментируйте характеристику Гроссмейстера: «Никто, кроме самого гроссмейстера, не знал, что его простые галстуки помечены фирменным знаком «Дом Диора» (5). Какую роль играла одежда в протесте против существующего режима в 60-е годы в России? You can use the information from Chapter 14.

5 Что вы знаете о русских диссидентах времен застоя? Читал ли кто-нибудь из них лекции в вашем учебном заведении?

6 Find the song «Бригантина поднимает паруса». Why did the song become very popular in the time of Khrushchev's thaw?

7 During the match Г.О. is constantly humming the folk song «Хас-Булат удалой, бедна сакля твоя . . .» which annoys his opponent a lot. Гроссмейстер, on the other hand, imagines listening to a recording of piano pieces by Bach. *Find the folk song on the Internet and listen to it.* How does it sound to you? *Comment on the choice of music and how it contributes to the images of the characters.*

Further reading/activities

1 Посмотрите фильм «Мой младший брат» режиссера А. Зархи, поставленный по сюжету романа В. Аксенова «Звездный билет».

2 В. Аксенов. «Звездный билет».

3 Фильм «Стиляги» В. Тодоровского (2008 год).

Chapter 16: Михаил Шишкин. «Венерин волос»

Mikhail Shishkin is one of the most prominent contemporary Russian writers. He was born in 1961 in Moscow and now lives in Switzerland. The writer won Russia's three most prestigious literary prizes: the Russian Booker, the National Bestseller and the Big Book. The extracts below are from his novel «Венерин волос», 'a novel of ideas that reads like a 21st-century Tolstoy'; the novel that 'talks about *the main things* constantly: faith and spirituality; the importance of enjoying fleeting moments of beauty in the face of death; . . . the quest for love, affection, and human ethics touches on every character' (Will Evans, 'Three Percent Review'). The narrative structure of the novel channels different 'voices' from different times and spaces, with new meanings created when intermingled and joined together. Some of the stories belong to Russian asylum-seekers in a Swiss immigration centre, where Shishkin used to work as an interpreter. The question–answer format itself becomes quite significant, as at some point questions appear to be answers, and the answers about life and war atrocities sound more like questions.

The first extract is one of such interrogations in the office of the Swiss officer Peter («вершитель судеб»).

Exercise 1

Some answers are marked **Ответ:** ***. *Look through the extract and find the questions which are answered with ***. What does it mean?*

« . . .

Вопрос: Вы понимаете переводчика?
Ответ: Да.

Вопрос: Ваша фамилия?
Ответ: ***.

Вопрос: Имя?
Ответ: ***.

Вопрос: Сколько вам лет?
Ответ: Шестнадцать.

Вопрос: У вас есть паспорт или другой документ, удостоверяющий вашу личность?
Ответ: Нет.

Вопрос: У вас должно быть свидетельство о рождении. Где оно?
Ответ: Сгорело. Все сгорело. Наш дом сожгли.

Вопрос: Как зовут вашего отца?
Ответ: *** ***. Он давно умер, я его совсем не помню.

Вопрос: Причина смерти отца?
Ответ: Не знаю. Он много болел. Пил.

Вопрос: Назовите имя, фамилию и девичью фамилию вашей матери.
Ответ: ***. Девичьей фамилии я не знаю. Ее убили.

Вопрос: Кто убил вашу мать, когда, при каких обстоятельствах?
Ответ: Чеченцы.

Вопрос: Когда?
Ответ: Вот этим летом, в августе.

Вопрос: Какого числа?
Ответ: Не помню точно. Кажется девятнадцатого, а может, двадцатого. Я не помню.

Вопрос: Как ее убили?
Ответ: Застрелили.

Вопрос: Назовите ваше последнее место жительства до выезда.
Ответ: ***. Это маленькая деревня рядом с Шали.

Вопрос: Назовите точный адрес: улицу, номер дома.
Ответ: Там нет адреса, просто одна улица и наш дом. Его больше нет. Сожгли. Да и от деревни ничего не осталось.

Вопрос: У вас есть родственники в России? Братья? Сестры?
Ответ: Был брат. Старший. Его убили.

Вопрос: Кто убил вашего брата, когда, при каких обстоятельствах?
Ответ: Чеченцы. Тогда же. Их убили вместе.

Вопрос: Другие родственники в России?
Ответ: Никого больше нет.

Вопрос: У вас есть родственники в третьих странах?
Ответ: Нет.

Вопрос: В Швейцарии?
Ответ: Нет.

Вопрос: Ваша национальная принадлежность?
Ответ: Русский.

Вопрос: Вероисповедание?
Ответ: Что?

Вопрос: Религия?
Ответ: Верующий.

Вопрос: Православный?
Ответ: Да. Я просто не понял.

Вопрос: Опишите кратко причины, по которым вы просите о предоставлении убежища
в Швейцарии.
Ответ: К нам все время приходили чеченцы и говорили, чтобы брат шел с ними в
горы воевать против русских. Иначе убьют. Мать его прятала. Я в тот день
возвращался домой и услышал из открытого окна крики. Я спрятался в кустах
у сарая и видел, как в комнате чеченец бил брата прикладом. Там их было
несколько, и все с автоматами. Я брата не видел – он уже лежал на полу.
Тогда мать бросилась на них с ножом. Кухонный ножик, которым мы чистили
картошку. Один из них отпихнул ее к стене, приставил ей калаш к голове и
выстрелил. Потом они вышли, облили дом бензином из канистры и подожгли.
Они стояли кругом и смотрели, как горит. Брат был еще жив, я слышал, как
он кричал. Я боялся, что они меня увидят и тоже убьют.

Вопрос: Не молчите, рассказывайте, что было потом.
Ответ: Потом они ушли. А я сидел там до темноты. Не знал, что делать и куда идти.
Потом пошел к русскому посту на дороге в Шали. Я думал, что солдаты мне
как-то помогут. Но они сами боятся всех и стали меня прогонять. Я им
хотел объяснить, что случилось, а они стреляли в воздух, чтобы я уходил.
Тогда я провел ночь на улице в каком-то разрушенном доме. А потом стал
пробираться в Россию. А оттуда сюда. Я не хочу там жить.

Вопрос: Вы назвали все причины, по которым просите о предоставлении убежища?
Ответ: Да.

Вопрос: Опишите путь вашего следования. Через какие страны вы ехали и каким
видом транспорта?
Ответ: По-разному. На электричках, поездах. Через Белоруссию, Польшу, Германию.

Вопрос: У вас были средства на покупку билетов?
Ответ: Откуда? Так ездил. Бегал от контролеров. В Белоруссии меня поймали и
сбросили на ходу с поезда. Хорошо еще, медленно ехали, и был откос. Удачно
упал, ничего не сломал. Только распорол кожу на ноге о битое стекло. Вот
здесь. На вокзале ночевал, и какая-то женщина мне дала пластырь.

Вопрос: Какие документы вы предъявляли при пересечении границ?
Ответ: Никакие. Пешком ночью шел.

Вопрос: Где и каким образом вы пересекли границу Швейцарии?
Ответ: Здесь в этом, как его . . .

Вопрос: Кройцлинген.
Ответ: Да. Просто прошел мимо полиции. Они только машины проверяют.

Вопрос: На какие средства вы поддерживали ваше существование?
Ответ: Ни на какие.

Вопрос: Что это значит? Вы воровали?
Ответ: По-разному. Иногда да. А что делать? Есть-то хочется.

Вопрос: Занимались ли вы политической или религиозной деятельностью?
Ответ: Нет.

Вопрос: Находились ли под судом или следствием?
Ответ: Нет.

Вопрос: Подавали ли вы заявление о предоставлении убежища в других странах?
Ответ: Нет.

Вопрос: У вас есть юридический представитель в Швейцарии?
Ответ: Нет.

Пока принтер распечатывает протокол, все молчат.

Парень ковыряет черные обгрызенные ногти. От его куртки и грязных джинсов пахнет куревом и мочой.

Петер, откинувшись назад, покачиваясь на стуле, смотрит за окно. Там птицы обгоняют самолет.

Рисую в блокноте крестики, квадратики, делю их диагональными линиями на треугольники, закрашиваю так, чтобы получился рельефный орнамент.

На стенах кругом фотографии – вершитель судеб помешан на рыбалке. Вот на Аляске держит рыбину за жабры, а там что-то карибское с большим крюком, торчащим из огромной глотки.

У меня над головой – карта мира. Вся утыкана булавками с разноцветными головками. С черными впились в Африку, с желтыми – торчат из Азии. Белые головки – Балканы, Белоруссия, Украина, Молдавия, Россия, Кавказ. После этого интервью добавится еще одна.

Иглотерапия.

Принтер замирает и моргает красным – кончилась бумага . . . »

(«Венерин волос»)

Словарь

удостоверяющий (*part. from* **удостоверять**) – certifying, confirming
свидетельство – certificate
гореть/сгореть – to burn
сжигать/сжечь *trans.* – to burn
девичья фамилия – maiden name
обстоятельство – circumstance
застрелить – to shoot dead
стрелять/выстрелить – to shoot
жительство – residence
чеченец – Chechen
принадлежность – belonging
вероисповедание – faith
православный – orthodox
предоставление – provision
убежище – asylum
воевать – to be at war, fight
иначе – otherwise, if not
куст – bush, shrub
сарай – shed, barn
приклад – gun butt
автомат – machine gun
бросаться/броситься – to throw yourself
отпихивать/отпихнуть – to push aside, away, off
калаш *sl.* (*from* **Калашников**) – Kalashnikov
обливать/облить – to pour over
темнота – darkness
прогонять – to chase away, off
разрушенный (*part. from* **разрушить**) – demolished, destroyed
пробираться/пробраться – to make one's way
следование – following, course
электричка – commuter train
средства – means
на ходу – in motion
еще – *emphatic particle*
хорошо еще медленно ехали – thank God, we were moving slowly
откос – slope
распарывать/распороть – to rip, cut

битый (*part. from* **бить**) – broken
стекло – glass
предъявлять/предъявить – to present, produce, show
пересекать/пересечь – to cross
воровать – to steal
деятельность – activity
суд – court
следствие – investigation
подавать/подать заявление – to apply
распечатывать/распечатать – to print out
ковырять – to pick
обгрызенный – chewed, bitten
курево *coll.* – tobacco
моча – urine
откинувшись (*from* **откинуться**) – having leaned back
покачиваясь (*from* **покачиваться**) – swinging
обгонять/обогнать – to overtake
делить/поделить – to divide
закрашивать/закрасить – to colour
вершитель – decision maker
судьба – fate, destiny, life
помешан – mad, crazy
рыбина *augmentative* (*from* **рыба**) – big fish
жабры – gills
крюк – hook
глотка – throat
торчащий (*part. from* **торчать**) – sticking out
утыкана (*part. from* **утыкать**) – pierced, pinned with
булавка – pin
головка – head
впиваться/впиться – to stick into, bite
добавляться/добавиться – to be added
иглотерапия – acupuncture
замирать/замереть – to stand still, freeze
моргать – to blink, wink, flicker

Exercise 2

Grammar revision. Verbs of motion.

Comment on the usage of the verbs of motion (unidirectional/multidirectional, prefixed) in the following sentences (Appendix 2).

1   «К нам все время <u>приходили</u> чеченцы и говорили, чтобы брат <u>шел</u> с ними в горы воевать против русских»
2   «Потом они <u>вышли</u>, облили дом бензином из канистры и подожгли»
3   «Потом они <u>ушли</u>»
4   «Не знал, что делать и куда <u>идти</u>. Потом <u>пошел</u> к русскому посту на дороге в Шали»
5   «Я им хотел объяснить, что случилось, а они стреляли в воздух, чтобы я <u>уходил</u>»
6   «Через какие страны вы <u>ехали</u> и каким видом транспорта?»
7   «У вас были средства на покупку билетов? – Откуда? Так <u>ездил</u>. <u>Бегал</u> от контролеров»
8   «В Белоруссии меня поймали и сбросили на ходу с поезда. Хорошо еще, медленно <u>ехали</u> . . . »
9   «Пешком ночью <u>шел</u> . . . Просто <u>прошел</u> мимо полиции»

Exercise 3

Comprehension check.

Answer the questions.

1   Что мы узнаем о парне, которого опрашивают миграционные службы? Откуда он? Возраст? Национальность? Вероисповедание? Семья? Как одет?
2   Почему он перебрался в Швейцарию и просит убежища?
3   Что висит на стенах офиса? Почему?

Exercise 4

Some of the parts of the novel are the diary entries of Isabella Yurieva, a Russian singer in the first half of the twentieth century. The following extract is her fiancé's letter from the front in the First World War. She read the letter, not knowing that Aleksey had already been killed. The letter describes Christmas Eve in the trenches.

Discuss what you know about Orthodox Christmas.

Когда православное Рождество? Что такое Сочельник и Всенощная? Знаете ли вы о традиции стелить сено под скатерть?

Look through the extract and find the explanation of «постный день».

«11 января 1916 г. Понедельник.
Письмо от него! Жив! Жив! Жив!

«Рождество пришлось встречать на передней позиции – немцы нас совершенно не тревожили ни в сочельник, ни в самый праздник. В сочельник на батарее была зажжена елка, поставленная перед землянками. Вечер был тихий, и свечей не задувало. Невольно мыслями переносился к вам в Ростов. Живо представлялся этот вечер: сначала суета на улицах, потом прекращение уличной суетолки, и наконец начинается звон в церквах, какой-то торжественный, праздничный, начало службы великим предвечерием и, наконец, всенощная. Народ по окончании рассыпается из церквей и расходится в радостном праздничном настроении. Здесь же совершенно тихо и у нас, и у немцев. Ночь была звездная, и эта тишина особенно нагоняла грусть, и сильнее чувствовалась оторванность от вас. Вспоминался дом, детство, как под скатерть стелили сено в память о рождении Христа и как вкусно оно пахло в комнате, мешаясь с запахом хвои. Рождество у нас был постный день, и никто с утра и до появления первой звезды не ел. Голодали до вечера и смотрели на звезду – потом садились за стол. Ели особые, рождественские пироги: с рисом – белый король, с фасолью – желтый король, со сливами – черный король. Пишу – и так вдруг захотелось снова попробовать тех пирогов! Так бы и набил ими живот до отвала!

Целую тебя! Спокойной ночи! Допишу завтра.

Доканчиваю начатое позавчера письмо и спешу отослать его с оказией.

Нет, ничего не успеваю дописать, отправляю, как есть. За окном солнце, мороз, сверкает снег, и воробьи, пронзительно чирикая, налетели на свежий лошадиный навоз – воробьиное счастье!»

Вопрос: Опишите ваш путь следования.
Ответ: Вышел и пошел, не ведая, куда иду, и шел 40 дней . . . »

(«Венерин волос»)

Словарь

передняя позиция – forward position	**торжественный** – festive
тревожить – to alarm, disturb	**всенощная** – all-night vigil, night service
сочельник – Christmas Eve	**рассыпаться** – to scatter
батарея – troop, battery	**немец** – German
зажжен (*part. from* **зажечь**) – lit up	**звездный** *adj.* – starry
землянка – dug-out	**нагонять/нагнать** – to overtake
свеча – candle	**грусть** – sadness
задувать/задуть – to blow out	**оторванность** – isolation
невольно – unwillingly	**стелить** – to spread
переноситься – to be transferred	**сено** – hay
мысль – thought	**скатерть** – tablecloth
суета – buzz	**пахнуть** – to smell
прекращение – stop, cease	**запах** – smell, fragrance
сутолока – rush	**мешаясь** (*from* **мешаться**) – mixing
звон – chime, ringing	**хвоя** – pine needles

Рождество – Christmas	**сверкать** – to sparkle
Постный *adj.* – fast, Lenten	**воробей** – sparrow
звезда – star	**воробьиный** *adj.* – sparrow
голодать – to fast	**пронзительно** – acute, high-pitched
пирог – pie	**чирикать** – to chirp, twitter
король – king	**налетать/налететь** – to come down, raid
фасоль – beans	**лошадиный** *adj.* – horse
слива – plum, prune	**навоз** – manure
набивать/набить живот до отвала	**следование** – course
– to stuff oneself with food	**ведая** *archaic* (*from* **ведать**) – not
с оказией – through the opportunity	knowing, not aware

Exercise 5

Comprehension check.

Answer the questions.

1   Где отмечал Сочельник автор письма Алексей и где он хотел бы быть на эти праздники?
2   Какая погода была в Сочельник и на Рождество?
3   Как обычно отмечали Сочельник и Рождество у Алексея дома?
4   Почему Алеша не смог дописать письмо?
5   Вы знаете значение 40 дней после смерти человека в православии?
6   Когда невеста Алексея читала это письмо с чудным описанием праздника, Алексей был мертв. Когда он писал это письмо, он не знал, что скоро погибнет. Как чувствует читатель, когда он читает письмо Алексея?

Exercise 6

The next extract takes us to 23 February 1944, one of the most tragic dates in the history of Chechnya. The entire nation of Chechens was accused by Stalin's government of collaborating with the Fascists and almost 400,000 men, women and children were loaded into cattle cars and deported to Siberia and Kazakhstan. Every second Chechen died during the operation.

Chechens live in the northern foothills of the Caucasus.

Before you read the extract make sure you know the vocabulary related to the description of the local landscape. Use a dictionary if necessary.

горы
ущелье
долина
пропасть
тропа
перевал
дорога
аул

«...Снегопад перекрыл дороги в горах, и до отдаленного аула в Галанчожском районе, последнем перед перевалом, солдаты добирались по засыпанной снегом тропе с проводником из местного партактива. Солдаты боялись не выполнить приказа в срок и торопились. Они увели мужчин, а оставшимся жителям приказали готовиться к выселению, сказав, что вернутся, как только позволит погода. Мужчин вели гуськом по узкой тропе над пропастью. Один чеченец вдруг обнял идущего рядом солдата и бросился с ним вниз. Так стали поступать и другие пленники. Солдаты открыли огонь. Все мужчины аула погибли.

То, что произошло в ущелье, видели мальчишки и, вернувшись домой, рассказали, как погибли их отцы. Старики собрались и стали решать, что им делать. Тогда самый старый из них встал и начал кружиться в древней пляске смерти, которую плясали его деды и прадеды. И тогда в круг вошли и стали плясать все старики, и старухи, и женщины, и дети аула. Все они клялись умереть, но не сдаваться русским. Потом старейшины решили, что сражаться они не могут – у них нет ни оружия, ни сил. Но и ждать, когда за ними придут и уведут их с земли предков, они не будут. Все оставшиеся жители аула собрались, взяв только самое необходимое, и пошли вверх, в горы, на перевал.

Идти по глубокому снегу было трудно, ветер сбивал с ног. Женщины несли маленьких детей и прижимали их к себе, чтобы не замерзли. До перевала добрались не все: люди, обессилев, садились в снег и замерзали.

Так шли они долго, потеряв счет времени, выбиваясь из сил и замерзая в метели. Вдруг те, кто шел впереди, увидели внизу, там, где начиналась долина, огни. Прямо на снегу горели костры, около которых спали какие-то люди. Это были эллины.

Жители аула обратились к ним, не могут ли они погреться у костров и получить что-то поесть. Греки поделились с чеченцами тем немногим, что у них было. Ксенофонт, как мог, объяснил этим замерзшим, уставшим, изголодавшимся людям, не понимавшим эллинской речи, что он ведет своих греков к морю. «Таласса! – показывал Ксенофонт старейшинам рукой в направлении моря. – Таласса!»

И наутро они вместе отправились дальше в путь...»

(«Венерин волос»)

Словарь и комментарии

снегопад – snowfall

перекрывать/перекрыть – to block, close

аул – mountain village

засыпанный (*part. from* **засыпать**) – covered

проводник – guide

партактив (*from* **партийный актив**) – Communist Party cell

приказ – order

приказывать/приказать – to order

в срок – on time

выселение – deportation

гуськом – in single file

обнимать/обнять – to embrace, hug

броситься – to throw yourself

поступать/поступить – to act

пленник – captive

огонь – fire

погибли (*from* **погибнуть**) – perished

кружиться – to circle, swirl

круг – circle

древний – ancient

пляска – dance

плясать – to dance

клялись *past* (*from* **клясться**) – swore

сдаваться/сдаться – to give in, surrender

старейшина – elder, chief

сражаться – to fight

предок – ancestor

сбивать/бить – to knock down

прижимать/прижать – to clasp

замерзать/замерзнуть – to freeze

обессилев (*from* **обессилеть**) – having lost strength, collapsed

выбиваться/выбиться из сил – to weaken

метель – snowstorm

костер – bonfire

эллин – Hellene, ancient Greek

греться/погреться – to warm yourself

грек – Greek

Ксенофонт – Xenophon, Greek warrior and historian of the late fifth to early fourth centuries BC; after the battle of Cunaxa led the Greeks north through the snowy mountains to the Black Sea

таласса! – (Greek) sea

делиться/поделиться – to share

изголодавшийся (*part. from* **изголодаться**) – starved

направление – direction

Exercise 7

Grammar revision. Verbs of motion.

Comment on the usage of the verb of motion **вести/водить** *(unidirectional/multidirectional, prefixed) in the following sentences* (Appendix 2).

1   «Они <u>увели</u> мужчин»

2   «Мужчин <u>вели</u> гуськом»

3   «Но и ждать, когда за ними придут и <u>уведут</u> их с земли предков, они не будут»

4   «Ксенофонт . . . объяснил . . . , что он <u>ведет</u> своих греков к морю»

Exercise 8

The extract below is from the final passages of the novel in which all the themes come together: questions and answers, the characters' voices, Times and Spaces, Life and Death, War and Peace, Creator and the creations. Life matter is constantly changing, shaping, becoming something/somebody else. To create the magic of all these transformations the author needs a variety of visual and sound effects.

The scene takes place in Italy. It is a loud religious festival echoed by a thunderstorm. *Before you read the extract discuss what the Palombella celebration is.*

There are two 'sources' of audio and visual effects: the festival and nature. *Skim the extract and comment on the context of the following vocabulary from the text according to the first two models.* Use a dictionary if necessary.

	audio/visual	*festival/nature*
хор девочек . . . поют что-то веселое	audio	festival
в розовых и белых платьях	visual	festival
ритм		
хлопают в ладоши		
фанерные облака		
грохот и салют		
раскаты грома		
фейерверк		
ракетный дым		
треск и выстрелы		
шлейф синего дыма		
(белый) голубь бьется		
прозрачный цилиндр		
хлопают в ладоши		
кричат от восторга		
раскаты настоящего грома		
гроза и град		
забарабанило по жестяной крыше		
огромные градины раскалываются об асфальт		
люди кричат, хохочут		
льдышки залетают в открытую дверь		
солнце		
пар		

« . . . В Орвието все парковки забиты, но вам везет – кто-то как раз уезжает. Идете в собор, но там месса и конфирмация – капелла с фресками закрыта. Надо ждать, когда все кончится, да еще к тому же и праздник – вы попали на Palombella. Через головы видно, как в глубине собора, перед алтарем, две монахини дирижируют хором девочек. Девочки в розовых и белых платьях. Поют что-то веселое, будто исполняют сцену из американского мюзикла – все раскачиваются в ритм, хлопают в ладоши и поднимают руки то в одну сторону, то в другую, тряся пальцами. Скоро на площади начинается праздник. Над толпой – фанерные облака, откуда должен прилететь голубь и сообщить что-то важное, без чего жизнь невозможна. Грохот и салют. Раскаты грома. Фейерверк вокруг непорочной Марии и распятия. Мария с распятием тонут в ракетном дыму. С другого конца улицы тоже с треском и выстрелами спускается по протянутому канату клетка, оставляя после себя шлейф синего дыма. Там в прозрачном цилиндре трепещет и бьется бедная птица, перепуганная до смерти. Итальянцы хлопают в ладоши, кричат от восторга. Переждать праздник можно в ресторане. Сквозь открытые окна – раскаты грома, уже настоящего. Наверно, голубь, выпущенный из цилиндра, полетел куда надо и нажаловался. Побей их! И вот гроза и град. Забарабанило по жестяной крыше. Вы сидите у окна и смотрите, как на улице огромные градины раскалываются об асфальт, отскакивают выше подоконника. В ресторан забегают люди с площади, кричат, хохочут. Ты говоришь: как бы не побило стекла в машине, а Изольда вздыхает о тех женщинах по дороге: бедные, каково им там сейчас, в кустах! Льдышки залетают в открытую дверь. Официант выгоняет их обратно щеткой, улыбается вам, подмигивает, изображает, будто хоккеист загоняет шайбу в ворота. Потом град кончается, и вы выходите на улицу, где солнце и пар. Град был величиной с яйцо, а теперь градины уже стаяли до горошинок. Ты шутишь: смотри, сколько листьев поубивало! До конца жизни остается совсем немного. Но это всегда так. Потому что ты и был ее Тристаном, только не понял этого. Воскрешение плоти. Из ничего, из пустоты, из белой штукатурки, из плотного тумана, из снежного поля, из листа бумаги вдруг появляются люди, живые тела, восстают, чтобы уже остаться навсегда, потому что снова исчезнуть, пропасть просто невозможно – ведь смерть уже была. Сперва контуры, очертания, края. Точка, точка, запятая. Вышла рожица кривая. Разметка. Человек протянется вот от этой трещины на стене до того солнечного пятна. Раскинется от ногтей до ногтей. Руки, ноги, головы, груди, животы – все это найдено в снегу, тумане, бумажной белизне, а теперь выставлено для опознания. Тела еще прозрачны, как тень от пустого стакана на стене. Реальность уступчива. Плоть постепенна – кто-то еще безрукий, у кого-то нет ног, как у статуй в ватиканских музеях, а между ног отбито молотком. Плоскость переходит в объем в том месте на спине, где вылезает, если вывернуть назад руку, лопатка. Игра мускулов, еще не заросших эпителием. Ползут, недорисованные, непрописанные, поднимаются на колени. Сиплое дыхание, невнятное бормотание. Возвращаются к себе под кожу. Оглядываются еще слепыми глазами. Принюхиваются. Карабкаются из ничего сюда. И на стыке измерений стена, снег, туман, бумага проваливаются во время . . . »

(«Венерин волос»)

Словарь

собор – cathedral

монахиня – nun

хор – choir

будто – as if

сцена – scene

раскачиваться/раскачаться – to swing

хлопать – clap

ладоши – palms, hands

тряся (*from* **трясти**) – shaking

палец – finger

фанерный – veneer, plywood

голубь – pigeon

грохот – racket, roar, clap

салют – salute

раскаты – growling (thunder)

гром – thunder

непорочный – innocent, holy

распятие – cross, crucifix

тонуть – to drown

дым – smoke

треск – crack, crackle

выстрел – shot

спускаться/спуститься – to come down, descend

протянутый (*from* **протянуть**) – stretched

канат – rope

клетка – cage

шлейф – train (of dress)

прозрачный – transparent

трепетать – to tremble, quiver

биться – to thrash

птица – bird

перепуганный (*part. from* **перепугать**) – scared

восторг – delight

ждать/переждать – to wait

выпущенный (*part. from* **выпустить**) – released

жаловаться/нажаловаться – to complain

побей *imper.* (*from* **побить**) – beat

гроза – thunderstorm

град – hail

градина – hailstone

барабанить/забарабанить – to pound

раскалываться/расколоться – to break

асфальт – asphalt

отскакивать/отскочить – to bounce

подоконник – window sill

хохотать – to roar with laughter

как бы не побило – hope it would not break

вздыхать/вздохнуть – to sigh

льдышки – ice shards, pieces of ice

щетка – brush

подмигивать/подмигнуть – to wink, blink

загонять/загнать – to hit into

шайба – puck

ворота – gates

пар – steam

величина – size

таять/стаять – to melt

горошинка – pea

убивать/поубивать – to kill

воскрешение – resurrection

плоть – flesh

пустота – emptiness

штукатурка – plaster

плотный – dense

туман – fog

поле – field

тело – body

восставать/восстать – to resurrect

очертание – contour, outline

край – edge

точка – dot

запятая – comma

выходить/выйти – to come out

рожица *coll.* – face

кривой – lopsided, crooked

«Точка, точка, запятая – Вышла рожица кривая» – a line from a song accompanying a Russian cartoon, in which a character is being drawn with the help of dots, commas and other shapes in front of the spectator

разметка – marking

протягиваться/протянуться – to stretch

трещина – crack

солнечный (*from* **солнце**) – sunny, sun

пятно – spot

раскидываться/раскинуться – to spread

ноготь – nail

грудь – chest

живот – stomach

найдено (*part. from* **найти**) – is found

белизна – whiteness

опознание – identification

тень – shadow

уступчив – yielding, compliant

постепенный – gradual

отбит (*part. from* **отбить**) – knocked off, beaten off

молоток – hammer

плоскость – plain, flat area

объем – volume

вылезать/вылезти – to crawl out

выворачивать/вывернуть – to twist, turn out

лопатка – shoulder blade

заросший (*part. from* **зарасти**) – covered

ползти – to crawl

недорисованный – not finished (drawing)

непрописанный – not finished in detail (drawing or writing), not registered (address)

сиплый – hoarse, husky

дыхание – breath

невнятный – inaudible, unarticulated

бормотание – murmur

оглядываться – to look around

слепой – blind

принюхиваться – to get used to the smell

карабкаться – to climb

стык – joint, juncture

измерение – dimension

проваливаться/провалиться – to fall through

Exercise 9

The atmosphere of the festival and the thunderstorm induces in the author's mind his reflections on the creative process (his own? or God's?). The roar of the crowd and the thunder are now turned down, becoming just «дыхание» and «бормотание». The soft colour pallet of the scene now flows into the whiteness of the ancient sculptures, the plaster of the walls and the whiteness of the paper.

Translate the sentences below in which the polyphony of the novel's characters from various times and spaces comes together. *Comment on the images used by the author.* How are they connected with the previous scene of the thunderous festival?

1   «Из ничего, из пустоты, из белой штукатурки, из плотного тумана, из снежного поля, из листа бумаги вдруг появляются люди . . . »

2   «Руки, ноги, головы, груди, животы – все это найдено в снегу, тумане, бумажной белизне, а теперь выставлено для опознания. Тела еще прозрачны . . . »

3   «И на стыке измерений стена, снег, туман, бумага проваливаются во время . . . »

| Exercise 10

Comment on the meaning of the word **«непрописанные»** *in the following sentence from the extract.*

«Ползут, недорисованные, непрописанные, поднимаются на колени»

What are the meanings of the word **прописывать/прописать**?

Topics for discussions/essays

1   Как связано (по содержанию и по образным средствам) описание религиозного праздника с философскими зарисовками автора о творчестве и сотворении?

2   Отрывок представляется очень «кинематографичным». Как автор достигает этого?

 3   Михаил Шишкин: «Только когда вам заткнут рот, вы поймете, что такое воздух». Как живется русскому писателю в тонущей Европе. Интервью с Н. Сикорской (COLTA.RU).

Chapter 17: Анна Старобинец. «В хорошие руки»

Anna Starobinets is a journalist, screenwriter and fiction writer with the reputation of being the 'Queen of Russian horror'. Her novella «Переходный возраст» ('An Awkward Age') was a finalist for Russia's National Bestseller Prize when the author was only 26 years old. Among other works of A. Starobinets there is a mystic novel based on Slavic folklore «Убежище 3/9» ('Asylum3/9') and a classic dystopian novel «Живущий» ('The Living One'). The story presented in this chapter was written for the Russian magazine *Snob* and is illustrated by the contemporary Russian artist Andrej Tatarko.

In the story below a 'pet' is advertised on social media 'In need of a good home' («[Отдам] в хорошие руки»).

Exercise 1

The story is written in the form of chat room conversations. The communication is informal and emotional.

The contributions are short with simple syntax and colloquial vocabulary as if it is a face-to-face chat. However, as it happens online and contributors can neither see nor hear each other, the emotions are communicated by 'smiles' (смайлики) or punctuations (!!!, ???, etc.).

There are a number of borrowed words (mostly from English), which is also typical of non-English chat rooms.

Give the equivalents in English to the words below from the story:

голден
юзер
плиз
спрей «Арома-скай»
девиация
ахтунг
гринпис
коменты
хелп

Skim the text for the names of the participants. What do you think they want to suggest by their user names?

Model: olya_la (Оля, фамилия Ла . . . ?), sounds like French 'O la la'

«В хорошие руки»

Малыш ищет дом:)

jun. 14th

olya_la
Отдается только в очень добрые и хорошие руки породистый клейменый голден-леган двухлетка. Активен, здоров, любопытен, игрив, умен, очень-очень ласковый, совершенно не агрессивен, обожает людей и животных (у нас кошка, так они даже спят вместе). Окрас светло-палевый, ровный, без пятен и залысин. Приучен к туалету. Имеются все прививки. Замечательный молодой леган самых чистых кровей станет вашим надежным и преданным другом и принесет счастье в ваш дом!
Отдается срочно.
Самовывоз с метро Битцевский парк.

neznayka
Чего ж вы его отдаете, такого прекрасного?

olya_la
Очень не хочется, но это вынужденный шаг. У детей обнаружилась аллергия на пух L((

drugaya
Здравствуйте. Заинтересовало ваше предложение. Фото есть?

olya_la
Выслала вам в личку.

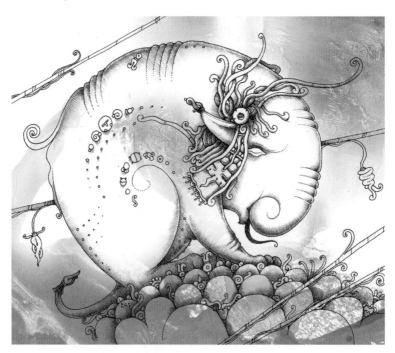

drugaya
Прелесть! Но глазки не разглядеть. Какого цвета глазки?

olya_la
Синие.

olya_la
То есть два глаза синие, а тот, что сзади, скорее голубой . . . Вывесила у себя в ЖЖ фотки в нормальном разрешении, можете глянуть.

drugaya
)))

karkusha
Какой масик J
Особенно улыбнула та, где они с котом.

olya_la
Да уж, у них высокие отношения J Кот его, правда, гоняет иногда, когда не в настроении.

drugaya
Бедняга.

olya_la
Да он не обижается.

neznayka
Кошку тоже отдаете?

olya_la
Не поняла.

neznayka
Если у детей на пух аллергия то уж на кошачью шерсть должна быть точно. В связи с этим вопрос: кота тоже отдаете?

olya_la
Кота не отдаем.

neznayka
Странно как-то. Может, не из-за аллергии отдаете?

olya_la
Русского языка понимаете, нет? Сказано же, у детей сильная аллергия.[no_access]

i_da_inet
Подумаешь алергия. Тавигил в серопе пусть пьют а друга то зачем отдавать?! Что за люди.

olya_la
Попрошу без советов.

pove_zlo

А вам бы к стати советы не помешали. Вы вобще в курсе, что животное такого возраста может не привыкнуть к новым хозяевам? Вы вобще понимаете что обрикаете невинное существо на страдания?

drugaya

Антинаучный бред.

inter_yes

+100

grosh_tsena

Любой дурак знает, что до трехлетнего возраста леганы считаются детьми и легко привыкают к новым людям. Спросите любого ветеринара! Это же азы!

karkusha

Леган чем-то болел? Что кушает?

olya_la

С трехмесячного возраста совершенно здоров. Кушает фрукты-овощи, петрушку любит, кинзу, но вообще сладкоежка. Предпочитает сладкие фрукты типа хурмы, меда может целую миску вылизать.

karkusha

А до трехмесячного возраста чем болел?! Да, и кстати, укажите плиз размах крыльев и пол.

olya_la

Размах крыла 60 см. Бесполый. Читайте внимательно, сказано же: чистопородный.

karkusha

Чем болел до трех месяцев????????

olya_la

До трехмесячного возраста, думаю, тоже ничем не болел. Со слов ветеринара, никаких проблем со здоровьем не имел и не имеет.

karkusha

Что значит, вы думаете со слов ветеринара???!!! Что говорит заводчица?

olya_la

Контактов заводчицы нет. Нашли малыша на улице, в парке. Но он уже был клейменый.

karkusha

Так он потеряшка?

olya_la

Да.

grosh_tsena

Люди, блин! Ну сколько можно объяснять вам азы! НЕ БЕРИТЕ леганов-потеряшек. Вы НЕ ЗНАЕТЕ, что с ними было и через чьи руки они прошли. Возможны болезни. Возможны необратимые изменения психики. Подобранные леганы и леганы без родословной могут представлять опасность для вас и окружающих!

olya_la
Полный бред. Малыш с нами уже два года. За это время НИ ОДНОГО случая агрессии или каких-либо других дивиаций поведения (надеюсь, вам знакомо это слово, раз вы такой всезнающий) не наблюдалось. Добрый и отзывчивый малыш, отличный помощник!

grosh_tsena
Девиаций.

olya_la
Ах простите простите.

neznayka
У моего друга тоже был потеряшка, шварцен-леган. Тоже такой, без девиаций. Друг нашел его вообще месячным. Пять лет с леганом было все хорошо. Потом оказалось, он все-таки порченый. За три недели друг потерял всю семью!!! Жена ждала автобуса НА ОСТАНОВКЕ, в нее врезался мотоцикл. На смерть. Сын заболел, не хочется даже говорить чем, «сгорел» за несколько дней. У матери паралич, лицо все перекошено, ходит под себя. Отец, доктор наук, умница – инсульт. И привет. Даже собака у них издохла.

olya_la
Друга вашего жалко. Но у нас ситуация в корне другая. Малыша смотрел врач, и не один. Малыш здоров. И в семье все здоровы и счастливы. Чего и вам желаю.

drugaya
neznayka, бывают еще и просто несчастья. Легко свалить все на легана.

neznayka
Вы что несете? Постыдитесь любому ясно леган был порченый.

drugaya
Ну мало ли, всякое бывает, зачем пугать людей.

inter_yes
Юзер neznayka, хорош засирать форум!! Не нравиться ни берите, а то что вы лезите со своими вонючими коментами, нет если бы люди за деньги продовали а они отдают даром нечего нос воротить.

i_da_inet
+100
Юзера neznayka ф топку.

drugaya
Что умеет то, из естественного?

olya_la
Да все умеет. Читать, писать, говорить, использует много языков (10 точно а может и все 20 свободно, мы-то люди темные там хинди от удмуртского поди отличи)))Латынь, греческий свободно. Отлично поет, особенно колыбельные (фольклор), ну и так, по мелочи – тапочки носит . . . Рисует красиво.

karkusha
А сверх?

olya_la
Очень преданный, добрый леган. Внимательный и заботливый. С тех пор как у нас, ни муж, ни дети ни разу не болели. Мама (у нее сахарный диабет был в тяжелой форме) приезжала на неделю, целыми днями держала его на руках, гладила, совсем избаловала, зато вылечилась.

olya_la
Да и у соседки снизу опухоль почти полностью исчезла. Мы его когда взяли, она даже встать не могла, из квартиры не выходила. Теперь гуляет каждый день в парке, или на лавочке сидит у подъезда. Говорит, стойкая ремиссия.

drugaya
А что рисует? Разное или что-то одно?

olya_la
Рисует бабочек.

olya_la
Один раз нарисовал птицу, очень смешную, вроде голубя, но с очень длинными лапами.

drugaya
Рисунки пришлете?

olya_la
Скинула сканы вам в личку.

drugaya
Спасибки.
Поговорю с мужем, он вообще-то против домашних животных, но может уговорю. Уж очень хочется!

olya_la
Буду рада, если ваш муж уговорится. А опыт с леганами вообще есть?

drugaya
Да, у сестры есть, и у друзей, я с ними много общалась! И даже литературу специальную читала. Давно мечтаю о легане)

karkusha
А запах от него есть?

olya_la
Как от любого легана, который не на сухом корме) Все-таки им трудно переваривать натуральную пищу. Зато так они здоровее, чем когда их консервантами пичкают. Мы его моем шампунем клубничным (устраняет запах из-под крыльев, да от него и перышки здоровее), а пасть и вообще всю мордочку обрабатываем спреем «Арома-скай», продается сейчас в любом зоомагазине. И практически никакого запаха.

drugaya

Уговорила мужа!!! Можем подъехать завтра, забрать!!! Переноска у вас есть или нам купить?

olya_la

Переноска есть!! Скинула вам адрес.

grosh_tsena

Опасайтесь перекупщиков!

len_ok

У подруги шварцен-легана из под носа увели перекупщики, она оставляла на перидержку думала надежные люди оказалось вот как. Умоляю, проверте все!! А то жалко вашего малыша.

pove_zlo

+1

Проверте девушку на предмет перекупщицы. Может она его перепродать хочет.

olya_la

Уж я проверю)))

jun. 15th

drugaya

Внимание! Ахтунг! Не берите голден-легана у olya_la! Вчера приезжали с мужем думали заберем. К счастью муж светлая голова сказал, давай сначала поговорим с ним, поиграем, посмотрим. А то мало ли что ... Как в воду он смотрел! Поиграли-поиграли, полчаса наверное, или больше, он нам песенку спел, красиво так, по-испански или даже на латыни что ли, картинки свои принес показывать ... Блин, хороший на самом деле леган. ... Но потом он вдруг сел так, знаете, как выключился ... А глаза такие тоскливые-тоскливые – и вверх смотрит. Ну и мы поняли – верный признак. Я в книжке про заболевания леганов даже видела в точности такую фотку. Мы поняли точняк. Если вверх смотрит с такой тоской – значит, он помнящий. Конечно, пока только проблески у него, в остальное время адекватен, но если уже начал вспоминать, остановить процесс невозможно. Увы.

pove_zlo

Вот поэтому они и отдавали сволочи. Сами заметели что он помнящий решили избавится пока не поздно.

neznayka

Я так и думал.

olya_la

Клевета! Леган абсолютно здоров, drugaya просто истеричка, а муж ее вообще параноик. Малыш на секунду присел отдохнуть – а у них сразу глаза квадратные от страха. Если такие тараканы в голове, не надо заводить домашних животных. Лечиться надо.

jun. 16th

karkusha

Мы тоже ездили к olya_la смотреть легана. drugaya, к сожалению, права. Леган помнит. Вспоминать стал явно недавно, но симптомы налицо. А жалко! Так хотелось легана, на клубного за всю жизнь не накопишь . . .

olya_la

Бред! Малыш абсолютно здоров! Не считая небольшой простуды. Поэтому он и грустный.

grosh_tsena

Люди, говорю вам, берите леганов только в клубах, у проверенных заводчиков. Заводчики СПЕЦИАЛЬНО производят селекцию, направленную на генетическое забывание. Недаром при наличии хотя бы одного помнящего легана в помете помет уничтожается полностью, а производители стерилизуются. Люди, не берите леганов у случайных людей, даже если дешевле. Помнящие леганы неизлечимы и к тому же заразны. Болезнь очень мучительна для животного и быстро прогрессирует. Помнящих леганов приходится умерщвлять.

i_da_inet

olya_la, срочно в ветеринарку и сжигать легана!!

inter_yes

Не мучийте животное. Отвизите в нормальное место, сжигайте.

anonimous

+1

jun. 17th

olya_la

Не знаю . . . Может он и правда заболел . . . Вчера перестал разговаривать. Сидит в углу. Глаза больные.

drugaya

Увы – только сжигать.

olya_la

Жалко . . .

len_ok

Не убивайте животное!!! Помнящие леганы не опасны и не могут причинить зла!!! Убий-ство – страшный грех!!! Не смейте сжигать!

karkusha

Много вас таких, жалостливых. Если так жалко – берите себе, гринпис тоже мне.

olya_la

И кушать перестал. Даже мед не кушает.

drugaya

Сочувствую . . . Но нужно сжигать.

olya_la
Не могу на такое пойти.

karkusha
Увы. Это не лечится. И кушать он уже не будет. Так что все равно помрет от голода.

olya_la
Нет. Он друг семьи.

neznayka
Если друг семьи, зачем отдавать хотели?

i_da_inet
Юзер neznayka, у вас совсем совести нет?! У людей такое горе а вы со своими вопросами. Модератор форума удалите срочно коменты юзера neznayka!!

jun. 18th

olya_la
Сегодня отвезли малыша в ветеринарку. В 12.20 его не стало. Сначала укол сделали, обезболивающий что ли . . . Потом сожгли. Не кричал, даже не плакал. Доктор сказал, мы правильно поступили.

drugaya
Сочувствую вашему горю.

i_da_inet
Другого выхода не было.

karkusha
Пусть земля ему будет пухом.

grosh_tsena
Как говорится, и это пройдет. Если деньги есть. Поплачете месяц, и купите нормального здорового легана. Могу порекомендовать заводчицу.

jun. 19th

olya_la
Нужен хелп!!!
Звонили в санэпидемнадзор, и в службу спасения, отказываются приезжать. Куда обращаться? Сказали да это иногда случается, я думала это просто фигура речи, может, кто-нибудь сталкивался, помогите, пож. не знаем что делать!

neznayka
Что случилось то?

olya_la
Леган вернулся. Сидит под дверью, рычит. Говорить кажется не может. Рычит, скулит. И у него там что-то как будто булькает. Цвет изменился. Пятна какие-то. Бурые и серые. Рычит и скулит, бьется в дверь. И запах. Ни ветеринарка не приезжает, никто. Я думала, это просто так говорят, что они могут восстать из пепла. Это же из научной фантастики, так разве бывает?!

grosh_tsena
Очень редко. Два случая за всю историю разведения леганов.

olya_la
Рычать перестал. Даже пытался что-то сказать. Теперь скребется в дверь и тихо скулит. Муж пытался его спугнуть громкими звуками (раньше он хлопушек и петард очень боялся), не уходит. Помогите! Что делать???

drugaya
Попробуйте обратиться еще раз в службу спасения.

karkusha
Не выходите из дома и предупредите по телефону соседей.

anonimous
Молитесь.

Словарь и комментарии

малыш *coll.* – a little one
породистый – pedigree, pure blood
клейменный (*from* **клеймить**) – branded
ласковый – tender, affectionate
обожать – to adore
окрас – colour (about pets)
палевый – fawn (colour)
пятно – spot, patch
залысина – bald patch
приучен (*part. from* **приучить**) – trained
прививка – vaccination
кровь – blood
преданный – loyal
самовывоз – to be collected
чего ж . . . *coll.* – why then . . .
вынужденный – unwilling, necessary
обнаружиться – to become apparent, to come to light
пух – down
личка *coll.* (*from* **личная почта**) – personal, private
разглядеть – to see, make out
ЖЖ *abbr.* (*from* **Живой Журнал**) – social network service
фотка *coll.* (*from* **фотография**) – photo
в разрешении – in resolution
масик *sl.* (*from* **мальчик**) – boy

улыбнуть *sl.* (*from* **улыбнуться**) – to make somebody smile, happy
гонять – to chase
да *emph.* – but, indeed, well
обижаться – to be offended
шерсть – fur
тавигил в серопе *misspelled* (*from* **тавегил в сиропе**) – medicine for allergy
что за люди *emph.* – what kind of people are you
в курсе – to be aware
обрикать *misspelled* (*from* **обрекать**) – to doom, condemn
невинный – innocent
бред – insanity, rubbish, nonsense
азы – basics, rudiments
болеть – to be ill, sick
кушать *coll.* (*infantile: usually used when talking to children*) – to eat
петрушка – parsley
кинза – coriander
сладкоежка – sweet tooth
хурма – persimmon
миска – bowl
лизать/вылизать – to lick
размах – swing, sweep, scope

крыло – wing

пол – gender

заводчица *coll.* (*from* **заводить**) – breeder

потеряшка *coll.* (*from* **потерять**) – lost one

блин *euphemism, coarse sl., usually considered a taboo word (an expression of annoyance)* – 'bloody hell!' 'bugger!'

необратимый – irreversible

подобранный (*part. from* **подобрать**) – picked up

родословная – genealogy, blood line

окружающие – those around you

отзывчивый – responsive, understanding, kind-hearted

порченный – affected, tainted

на смерть – deadly

«сгореть» – to burn away, burn to death

перекошен (*part. from* **перекосить**) – distorted

ходить под себя – to soil yourself

инсульт – stroke

издохнуть – to die (about animals)

в корне – totally, fundamentally

сваливать/свалить *coll.* – to put the blame on somebody

постыдитесь *imper.* (*from* **постыдиться**) – shame on you

засирать *coarse sl., usually considered a taboo word* – to shit

вонючий – smelly

отдавать даром – to give away for nothing, for free

нос воротить – to turn one's nose up at

ф топку *misspelled* (*from* **в топку**) – to the furnace, burner

естественный – natural

поди *coll.* – probably

колыбельная – lullaby

по мелочи – little things

тапочки – slippers

заботливый – caring

гладить – to stroke

вылечиться – to get cured, to recover

опухоль – tumour

лавочка – bench

бабочка – butterfly

птица – bird

вроде – like

голубь – pigeon

лапа – paw

кинуть/скинуть *computer sl.* – to send

спасибки *coll.* (*from* **спасибо**) – thanks, 'ta'

запах – smell

сухой корм – dry food

переваривать – to digest

пичкать – to stuff

устранять – to get rid of

пасть – jaw

мордочка *dim.* (*from* **морда**) – muzzle

обрабатывать/обработать – to apply

переноска *coll.* (*from* **переносить**) – carrier

опасайтесь *imper.* (*from* **опасаться**) – beware

перекупщик – dealer

уводить/увести – to steal, take away

перидержка *misspelled* (*from* **передержка**) – quarantine

светлая голова – clear head, clever

мало ли что – you never know

как в воду смотреть – to guess right

тоскливый – sad, dreary, bleak

признак – sign, feature

заболевание – ailment, disease

точняк *sl.* (*from* **точно**) – exactly

тоска – grief, longing, blues

помнящий (*part. from* **помнить**) – the one who remembers

проблеск – glimpse, flash

увы – alas

сволочь – bastard

клевета – lie

квадратный *adj.* – square

таракан – cockroach

тараканы в голове *coll.* – to have 'bats in the attic', to be crazy

заводить – to keep

простуда – cold
забывание (*from* **забывать**)
   – forgetting
помет – litter
производитель – breeder
неизлечим (*part. from* **излечить**)
   – incurable
заразен (*part. from* **заразить**) – contagious,
   infectious
мучительный – agonising, painful
умерщвлять – to put somebody down
сжигать – to burn
не мучийте *misspelled* (*from imper.* **не**
   мучайте) – do not make (him) suffer
отвизите *misspelled* (*from imper.*
   отвезите) – take, bring
причинять зло – to harm
мед – honey
помереть от голода – to starve to death
удалить – to remove, to get rid of

совесть – conscience
его не стало *formal* – he passed away
пусть земля ему будет пухом – let him
   rest in peace
плакать/поплакать – to cry
санэпидемнадзор (*from* **санитарный**
   эпидемиологический надзор)
   – pest control
служба спасения – rescue services
рычать – to growl
скулить – to whimper
булькать – to gurgle
восстать – to rise
пепел – ash
скребется (*from* **скрестись**) – scrape,
   scratch
спугнуть – to scare
хлопушка – cracker
петарда – firework
молиться – to pray

Exercise 2

Gather the information about Legan as his owners describe him in the chat room. Compare it with the picture by the artist Andrej Tatarko. How does your idea about the pet differ from how the artist imagined this fantasy creature?

Порода

Возраст

Пол

Окрас

Другие физические характеристики

Приучен к туалету?

Характер

Что умеет?

Exercise 3

Amongst other characteristics of the computer-mediated communication there are omissions of the capital letters and omissions of internal sentence punctuation. In some cases hyphenation is missing. There are deliberate misspellings in messages of the participants, 'i_da_inet', 'pove_zlo' and 'inter_yes'.

Scan the messages of these three 'cool' participants and spot the spelling mistakes.

Exercise 4

There are a number of diminutives in the story to express 'affection' towards the pet described, in the same way as it would have been done in authentic ads about pets (see Chapter 2, Exercise 7). *Comment on the functions of the suffixes in the following words from A. Starobinets's story (smallness, affection, disparagement, irony, caring attitude, colloquial, gender, independent meaning, etc.):*

двухлетка
личка
глазки
фотки
масик
потеряшка
мордочка
переноска
истеричка
ветеринарка

Exercise 5

Long and short forms of adjectives.

«Отдается в хорошие руки **породистый** леган . . . [Он] **Активен, любопытен** . . . »

cf.: У нас в саду живет **умный** кот.

Both forms can be used 'predicatively':

Этот кот очень **умный**.
Этот кот очень **умен**. (*here the advertisements sound more 'straight to the point', 'verbal' and 'predicative'*)

Some short-form adjectives differ in meaning from the long forms (Appendix 7).

cf.: Я вообще-то **здоровая** (healthy – *inherent characteristic*), но несколько лет назад у меня некоторое время была аллергия к нашей собаке. Сейчас, правда, я не болею, совершенно **здорова** (recovered, fine – *temporary state*).

Fill in the gaps with the right form of the adjectives.

1 Моя собака очень _____ (живая/жива). На прошлой неделе я ее прогуливала, она от меня убежала и чуть не попала под машину ... Слава Богу, осталась _____ (живая/жива).
2 У наших соседей на воротах табличка: «Осторожно! _____ (злая/зла) собака!».
3 Я так _____ (злая/зла) на моего мужа: забыл выгулять собаку!
4 Нам повезло, у нас очень _____ (хорошая/хороша) секретарша: всегда поможет, всех знает, все помнит.
5 Эта актриса в молодости была очень _____ (хорошая/хороша).
6 А. Пушкин – _____ (великий/велик) русский поэт.
7 Этот свитер мне _____ (великий/велик).
8 Мне _____ (нужная/нужна) эта книга. Хрестоматия вообще _____ (нужная/нужна) вещь.

Exercise 6

Word formation. Suffix **-ив-, -лив-**

Explain the meanings of the following adjectives according to the model.

Model: Леган игр**ив**ый – Леган играет (любит играть)

болтливый	_____
говорливый	_____
молчаливый	_____
терпеливый	_____
льстивый	_____
ворчливый	_____
жалостливый	_____

Exercise 7

Comprehension check.

Answer the questions.

1 Почему **olya_la** отдает Легана «в хорошие руки»?
2 Почему Легана не забрала **drugaya**?
3 Что пришлось сделать с Леганом и почему?
4 Почему хозяева Легана ищут помощи в службе спасения?
5 Как Вы думаете, кто такой Леган? Как Вы понимаете рассказ?

Topics for discussions/essays

1 Who is Legan, in your opinion? Does his image have any associations with mythological creatures or other literary characters? Кто это бесполое синеглазое существо Golden, с крыльями, которое восстает из пепла?

2 Среди людей, которые оказали влияние на ее творчество, Анна Старобинец называет таких писателей, как Эдгар По, Герберт Уэллс, Уильям Голдинг, Кафка, Сартр, Оруэлл, Чак, Паланик, Гоголь, Достоевский, Стругацкие, Беляев и таких режиссеров, как Терри Гиллиам, Тим Бертон, Дэвид Финчер, Йос Стеллинг, Тарковский. Какие из этих имен знакомы вам? Что вы знаете об этом писателе или режиссере и ваше мнение о его творчестве?

3 Прокомментируйте замечания А. Старобинец о том, почему в российской «фантастике» действие обычно происходит не в России.

> Корреспондент: «К ужасам обращается немало начинающих авторов, но многие и по сей день предпочитают писать не про «вась, игорей и жень», а про «джонов, ников и кейт»
>
> А.С.: «Если честно, я пока не вижу никаких позитивных изменений, и, по-моему, это логично. Для того, чтобы вводить элемент фантастического или ужасного в реальную жизнь, нужно очень четко представлять себе систему координат, в которой располагается эта самая «реальная жизнь». В США и Европе такая система координат есть. У нас нет. Там можно задать некое изначальное «дано»: к примеру, что Джек (врач) и его жена Мэри (домохозяйка) с двумя своими очаровательными малышами живут в загородном доме с бассейном. Дальше произойдет нечто ужасное, из стен полезут щупальца или в подвале обнаружится призрак невинно убиенного пациента, не важно, – но мы хорошо себе представляем ту нормальную жизнь, которую ведут герои, прежде чем погрузиться в ненормальную. Что у нас? Врач и его жена живут в загородном доме, отлично. Откуда у них такой дом? Где он столько украл, этот врач? Он что, брал взятки? Или он лечит премьер-министра? Мы сразу уходим в сторону, мы должны объяснить массу неочевидных вещей . . . Поэтому проще писать про Джонов, чем про Вань. Вани слишком зыбки и неоднозначны».
>
> (Анна Старобинец «Между сумасшествием и чудом выбираю чудо» Интервью с А. Подольским и В. Женевским от 15 октября 2011 г. в http://darkermagazine.ru)

Further reading

1 А. Старобинец. «Переходный возраст».
2 А. Старобинец. «Я жду».

Chapter 18: Максим Кронгауз. «Русский язык на грани нервного срыва»

Professor Maxim Kronhaus is the head of the Russian Department in the Russian State University for the Humanities (РГГУ) in Moscow and the director of Sociolinguistics at the Russian Academy of National Economy and Public Administration (Российская академия народного хозяйства и государственной службы). He is also a popular columnist of «Ведомости». The essays given in this chapter are from his extremely popular book «Русский язык на грани нервного срыва» ('The Russian Language on the Verge of a Nervous Breakdown') in which he appears to be optimistic about the future of Russian in spite of all the new developments and 'bad influences' on the language.

Exercise 1

The first essay presented in this chapter is about changes in Russian speech conventions – **«речевой этикет»**. *Do you agree with the author when he says:* «О русских (тогда еще – о советских) сложился известный культурный миф, что они в целом не слишком дружелюбны. Мало улыбаются и – что немаловажно – редко здороваются»? *Discuss your experiences.*

Из Европы – с приветом!

Речевой этикет у каждого народа свой. Но интересно, что мы не только по-разному говорим, но и по-разному молчим. Точнее, когда у одних народов принято говорить, у других – принято молчать.

Сравнивать людей русской культуры с другими народами чрезвычайно интересно, но трудно; прежде всего потому, что русский речевой этикет за последние 20 лет изменился так сильно, что, по существу, можно говорить о двух разных речевых этикетах: старом и новом. И носители нового этикета – молодые люди – намного ближе к усредненной западной культуре общения. Поэтому для чистоты сравнения возьмем городского человека 80-х годов.

О русских (тогда еще – о советских) сложился известный культурный миф, что они в целом не слишком дружелюбны. Мало улыбаются и – что немаловажно – редко здороваются. Вот с тем, что русские редко здороваются (или, точнее, здоровались), и стоит разобраться. Разберем несколько стандартных ситуаций.

Два незнакомых человека встречаются в подъезде жилого дома. Или даже (чтобы усугубить ситуацию) оказываются в одном лифте. Что делают при этом два стандартных европейца (стандартными мы будем считать жителей западной континентальной Европы, не слишком южных и не слишком северных, – скажем, немцев или французов; впрочем, и американцы ведут себя так же)? Они в этой ситуации непременно друг с другом поздороваются, а двое русских – ни в коем случае.

Или другая ситуация. Два незнакомых человека встречаются в отдаленном пустынном месте: в лесу, в парке и т. п. Двое европейцев, прежде чем разойтись, скорее всего опять поздороваются. А русские (если только они не намерены вступить в беседу) – снова нет.

Более того, можно сказать, что приветствие и в лифте, и в лесу для носителя русской культуры скорее даже нежелательно, поскольку подразумевает дальнейшее общение, не исключено, что и агрессивное.

Наконец, третья ситуация. Встречаются служащий и его клиент. Или, для большей конкретности, человек входит в магазин и вступает в коммуникацию с продавцом или кассиром. И снова в европейском магазине общению предшествует взаимное приветствие. Представить же себе, что в 80-е годы москвич, войдя в гастроном, сказал бы: «Здравствуйте. Взвесьте мне, пожалуйста, 200 граммов колбасы», – совершенно невозможно. «200 грамм любительской, пожалуйста!» – вот абсолютно вежливая фраза, соответствующая тогдашнему речевому этикету. Приветствие же сразу выдавало иностранца. Одна моя знакомая, вернувшись в середине 80-х годов после длительного пребывания заграницей в Москву, решила, как она говорила, научить своих соотечественников вежливости. То есть начала здороваться в магазинах. Это вызывало бурную и довольно неприязненную реакцию. Ее приветствия воспринимались либо как странность, либо как простое издевательство. И в лучшем случае она слышала в ответ: «Девушка, не задерживайте очередь!»

Таким образом, в отличие от европейского этикета, русский не требовал приветствия от незнакомых людей в ряде ситуаций, а именно – при отсутствии дальнейшей коммуникации, при краткой формальной коммуникации, в том числе между служащим и клиентом. В этом смысле можно говорить о меньшей открытости русских – либо вовсе не вступавших в коммуникацию (обмен приветствиями без продолжения коммуникации, тем не менее, сам уже является коммуникацией), либо строго ограничивавшихся краткой формальной коммуникацией. Более того, приветствие в таких случаях воспринималось носителем русского этикета как своего рода экспансия или, точнее, прелюдия к не всегда желательному разговору (например, в лифте).

В современной науке вежливость рассматривается как снятие или смягчение возможной или реальной агрессии. Таким образом, если оценивать в целом стратегии вежливого поведения в рассматриваемых ситуациях, то европейскую можно было бы обозначить как «мы (ты и я) – свои, и поэтому я не представляю для тебя опасности», а русскую – как «ты для меня не существуешь, и поэтому я не представляю для тебя опасности».

Здесь очень важно заметить, что русские были ничуть не менее вежливыми, чем европейцы, – просто этикет у них был устроен иначе. Невежливость русских возникала только в той ситуации, когда они, попадая в Европу и говоря на соответствующем иностранном языке, сохраняли свой речевой этикет (свои стандартные манеры). Но ведь и поведение иностранца в России, говорящего по-русски, но сохранявшего свой речевой этикет, выглядело по меньшей мере странным.

За последние годы произошел сдвиг русского речевого этикета в сторону европейского. Прежде всего речь идет об общении в магазине. Эта ситуация, в отличие от двух других и даже в отличие от близких к ней ситуаций в транспорте, в медицинских учреждениях, попадает в сферу корпоративного этикета. Во многих крупных магазинах больших городов действует обязательный корпоративный этикет. Продавец или кассир должны обязательно поздороваться с клиентом. Не ответить в данном случае на приветствие было бы откровенной грубостью. Естественно, что постоянные покупатели сами начинают здороваться с продавцами и кассирами.

Определенные изменения происходят и при встрече незнакомых людей в доме или рядом с ним. Все чаще происходит обмен приветствиями во дворе и подъезде, причем это касается в основном молодого и среднего поколения. Очевидно, здесь также сказывается знакомство с европейским этикетом, причем, повидимому, непосредственное.

Итак, наш этикет за достаточно короткий срок существенно изменился. Мы стали больше похожи на европейцев и американцев. Новый этикет приветствий уже сложился в корпоративной культуре и постепенно складывается в бытовой. И здесь мне почему-то совсем не жаль старой русской традиции. Ну что, разве от нас убудет – лишний раз поздороваться? А приятный осадок останется.

Словарь

речевой этикет – speech etiquette, speech conventions

молчать – to keep silent

принято – accepted

чрезвычайно – extremely

по существу – basically, essentially

усредненный – average, typical

общение – communication, social interaction

складываться/сложиться – to shape, occur, develop

разбирать/разобрать – to take apart, sort out, analyse

подъезд – entrance hall

жилой дом – residential building

усугублять/усугубить – aggravate, worsen

оказываться/оказаться – to turn out

впрочем – however, by the way

вести себя – to behave yourself

ни в коем случае – in no way

пустынный – desolate, lonesome

расходиться/разойтись – to go separate ways, to pass

намерен – intended

нежелателен – not welcomed

подразумевать – to imply

служащий (*from* **служить**) – customer assistant

предшествовать – to come before, preface

взвесьте *imper.* (*from* **взвесить**) – weigh

взаимный – mutual

любительская колбаса – type of boiled ham, sausage

вежливый – polite

соответствующий (*from* **соответствовать**) – corresponding, complying with, appropriate

тогдашний *adj.* (*from* **тогда**) – at that time

выдавать/выдать – to give away, stand out

соотечественник – compatriot

неприязненный – hostile, unfriendly

восприниматься – to be perceived

издевательство – mockery

задерживать/задержать – to detain, delay

ограничивавшийся (*part. from* **ограничиваться**) – to be limited

строго – strictly

прелюдия – prelude, overture

снятие – withdrawal, removal

смягчение – softening, relaxation

обозначать/обозначить – to signify, mean

опасность – danger

ничуть не менее – not the least bit

устроен (*part. from* **устроить**) – to be designed

выглядеть – to look like

сдвиг – shift

учреждение – institution, establishment

обязательный – obligatory, compulsory

откровенный – explicit

грубость – rudeness

постоянный – permanent

обмен – exchange

поколение – generation

сказываться/сказаться – show

непосредственный – direct, first-hand

срок – duration, term, period

существенно – fundamentally, significantly

постепенно – gradually

бытовой – informal

жаль – shame, pity

Ну что, разве от нас убудет . . . *emph.* – it would not do any harm . . .

осадок – residue, aftertaste

Exercise 2

Maxim Kronhaus gives three situations in which a Westerner and a Russian would behave differently. Skim the essay **«Из Европы – с приветом!»** for the information about what used to be (and still probably are!) the norms of behaviour in Russia in these situations.

	Ситуация 1	Ситуация 2	Ситуация 3
Где?			
Поведение европейцев и американцев?			
Причины?			
Поведение русских?			
Причины?			

Автор говорит, что «за последние годы произошел сдвиг русского речевого этикета в сторону европейского». Какие примеры сегодняшнего корпоративного и бытового этикета приводит автор? Если вы были в России, поделитесь вашим опытом. Ваши впечатления от общения с русскими в подобных ситуациях? Согласны ли вы с автором?

Exercise 3

In the extract **«Блинная тема»** the linguist discusses the 'pancake topic'. The euphemism *блин* is used as a moderately *vulgar* interjection equivalent to 'bloody hell!', 'bugger!', or as an empty word similar to 'like'. To the great surprise of the author these days this usually taboo word is used by some cultured people in formal situations. M. Kronhaus thinks that this word is used to create a relaxed 'cool' atmosphere which he calls **свойскость**. The word «свойскость» does not exist and is constructed by the author with the help of the productive suffix **-ость** (can be compared to the English suffix -ness). *Look through the extract, find the sentence in which the meaning of the word* **свойскость** *is explained*. What is the meaning of the root?

Блинная тема

К теме мата примыкает тот самый пресловутый *блин*. Я уже писал, что этот заменитель матерного слова, или эвфемизм, как говорят лингвисты, кажется мне вульгарней того, что он заменяет. Такое же неприятное ощущение от *блина* испытывают и некоторые мои знакомые и коллеги. Однако это слово все чаще появляется в речи вполне образованных и культурных людей, в том числе и в официальных ситуациях. В начале книги я назвал актера Евгения Миронова, использовавшего *блин* в благодарственном слове при вручении ему премии. Прошло несколько лет, и уже писатель Дмитрий Быков, вручая ту же премию, зачитывает поэтическое послание, в котором есть такие строки: «Вот вы сидите – номинанты, *блин*, – инфанты, дебютанты, неофиты, – а через пять минут из вас один пойдет под эти хищные софиты».

Конечно, можно клеймить всех использующих слово *блин*, но очевидно, что они просто иначе воспринимают его. Для многих это своеобразный маркер свойскости, близости с собеседником. Иначе говоря, у нас у всех своя языковая интуиция. Я вспоминаю, как когда-то, будучи мальчиком, произнес при отце слово *фиг* и был поражен его резкой реакцией. Позднее я узнал, что оно тоже эвфемизм, заменитель другого матерного слова, но только сейчас понимаю, как оно могло быть неприятно отцу, ведь примерно те же чувства я испытываю, слыша *блин*. Конечно, я едва ли изменю свою языковую интуицию, но по крайней мере буду знать, что у других людей она может сильно отличаться от моей, и, произнося эвфемизмы, они не имеют в виду ничего дурного.

Терпения и терпимости, – желаю я сам себе, – терпения и терпимости.

Словарь

мат – swearing, obscenities
примыкать/примкнуть – to join, link up
пресловутый – notorious
блин – *euphemism* for 'whore', 'slut', used as a moderately *vulgar* interjection equivalent to 'bloody hell!' 'bugger it!'; or more emotional and vulgar as an empty word similar to 'like'; usually a taboo word
ощущение – feeling, sensation
испытывать/испытать – to experience
благодарственный *adj.* – acknowledgement
вручение – awarding
номинант – nominee
инфант – infant
дебютант – debutante
неофит – neophyte

софит – floodlight
хищный – predatory
клеймить – to brand
воспринимать – to perceive
своеобразный – one's own
свойскость (*from* **свой**) – familiarity
собеседник – the person you are conversing with
фиг *euphemism, sl.,* – fig
поражен (*part. from* **поразить**) – struck, amazed
резкий – sharp
едва ли – hardly
по крайней мере – at least
произнося (*from* **произносить**) – pronouncing
дурное – bad
терпение – patience
терпимость – tolerance

Exercise 4

Word formation. Suffix -**ость**. Productive suffix for making nouns with abstract meanings from adjectives and participles.

cf.: терпение (patience) and терпим**ость** (tolerance) *from* терпимый in «Блинная тема»

Note the difference in meanings of the following words:

рождение (birth)	–	рождаемость (birth rate)
смерть (death)	–	смертность (death rate)
продолжение (continuation)	–	продолжительность жизни (life expectancy)
преступление (crime)	–	преступность (crime rate, criminality)
образование (education)	–	образованность (being 'cultured')

Fill in the gaps with the appropriate word in the right form in the text below.

Социологи отмечают, что в 90-х годах в России наблюдался демографический кризис. По причине ухудшения экономической ситуации в стране после распада Советского Союза резко упала _____ (рождение/ рождаемость). Низкая _____ (продолжение/продолжительность) жизни объяснялась плохим состоянием здравоохранения. Особенно высоким был уровень _____ (смерть/смертность) среди мужчин, что было вызвано алкоголизмом и болезнями сердца. На фоне общего высокого уровня _____ (преступление/преступность), оказалось, что именно молодые мужчины погибают в результате рабочих травм, несчастных случаев и _____ (преступление/преступность). По словам российских экспертов, в настоящее время демографическая ситуация в стране улучшается. Стабилизируется экономическое положение. Государство помогает семьям при _____ (рождение/рождаемость) ребенка. Одной из других характеристик демографии страны является тот факт, что в России слишком много людей с _____ (высшее образование/высшая образованность).

Exercise 5

Skim the essay «**Слово вне закона**» and find alternatives for the following words that appeared 'naturally' in languages:

пицца
компьютер
окей
стукач
доносчик
демократизатор
реформа

Слово вне закона

Попробую закончить эту книгу тем же, чем начал, – случаями из жизни. Только на этот раз не из моей личной, а из нашей общей – российской или просто человеческой. Эти случаи касаются попыток изменений языка законодательно или предложений такого рода. Думаю, что в пространном комментарии они не нуждаются.

Новость из интернета. Президент Ирана запретил пиццу. Ну, конечно, не саму пиццу, а слово *пицца*. А вместо него предписал использовать персидское словосочетание *эластичная лепешка*. Так же велено поступать и со всеми прочими иностранными заимствованиями. Персидская академия уже предложила около двух тысяч замен для заимствований из западных языков.

Вроде бы смешно. Из какой-то далекой, не нашей жизни. Но вспомните закон о государственном языке. Я имею в виду наш закон, в котором «не допускается использование слов и выражений, не соответствующих нормам современного русского литературного языка, за исключением иностранных слов, не имеющих общеупотребительных аналогов в русском языке». То есть слова типа *пиццы* тоже вроде бы вне закона, ведь и мы можем сказать – *эластичная лепешка*. Педант заметит, что это не общеупотребительный аналог. Ну тогда – реальный пример. Слово *компьютер* при таком законе не смогло бы войти в русский язык, потому что уже существовало *ЭВМ*. Кстати, если кто-то из читателей в публичной речи скажет *окей* (в интервью, с экрана телевизора и т. п.), пусть знает – он нарушает закон (надо говорить *ладно* или *хорошо*).

Но наш закон хорош одним. Лежит себе, его не трогают – и он не трогает. Возможно, поэтому в последнее время принимаются новые «лингвистические» законы и постановления. В июле 2006 года их было целых два (а для одного июля это много). Во-первых, Госдума фактически запретила три слова: «доллар», «евро» и «у. е.». Их нельзя упоминать ни в публичных выступлениях, ни в публикациях, ни при указании цен товаров и услуг. Замечу, что это очевидное расширение закона о языке, поскольку рубль никак нельзя считать «общеупотребительным аналогом» этих слов, да и сами они давно вошли в русский язык.

Во-вторых, в этом же году Росохранкультура и Росрегистрация запретили словосочетание «Национал-большевистская партия» и соответствующую аббревиатуру НБП, мотивируя тем, что нет такой партии.

В общем, всегда надо быть бдительным. Ведь поле битвы проходит не просто между нами, но прямо по нам, по нашему языку. Время от времени в нем заводятся неблагонадежные слова, и приходится прилагать постоянные усилия, чтобы с ними бороться. Язык – мечту всякой власти – описал в романе «1984» Джордж Оруэлл. На придуманном им новоязе (по-английски – newspeak) в принципе невозможно выразить неблагонадежные мысли. А пока в действительности новояза не существует, приходится то лаской, то законами удалять «нехорошие» слова и заменять их на «хорошие», «неправильные», так сказать, на «правильные». Изобретать благонадежные слова – работа тяжелая, но необходимая, можно прямо сказать, дело государственной важности. Слова вредные придумывает, к сожалению, сам народ, и он же их распространяет, а вот борются с ними люди ответственные и государственные, хоть подчас и анонимно.

В советское время вместо слов *стукач* или *доносчик* в официальном языке использовалось слово *информатор*. Народ же над делом государственной важности еще и издевается, и даже его пародирует. В послеперестроечное время появилось слово *демократизатор*, обозначавшее резиновую дубинку и намекавшее на ее предназначение. В принципе, хорошее слово, но в нем таилась ирония, а ирония, как известно, самая неблагонадежная вещь на свете.

Но вернемся к интернету и случаям из жизни.

Lenta.ru сообщила, что вице-премьер Александр Жуков сказал 5 апреля 2005 года на конференции Высшей школы экономики «Модернизация экономики и выращивание институтов» буквально следующее: «Люди устали от реформ. Но люди устали и от плохой системы здравоохранения, образования, жилищно-коммунального хозяйства. От этих плохих вещей люди устали еще больше. Наверное, нужно использовать какое-то другое слово вместо «*реформа*», например «*изменение к лучшему*».

Вице-премьер – остроумный человек, но не проще ли не проводить таких реформ? Тем более что обмануть ни язык, ни людей все равно не удастся – не пройдет и полгода, как люди начнут уставать от *изменений к лучшему*. В словах Жукова, конечно, присутствует ирония, но уж очень по-оруэлловски, по-новоязовски это звучит . . .

И, наконец, самый последний пример. В апреле 2007 года в блоге Алексея Тутубалина (blog.lexa.ru) появилась информация о том, что компания «Майкрософт» потребовала от разработчика программы проверки русской орфографии (русского спелчекера) для MS Office убрать из словаря «оскорбительные» слова, чтобы программа подчеркивала их красной волнистой чертой, т. е. помечала как несуществующие. В результате несуществующими в русском языке оказались такие слова, как *жид*, *негр* и даже *розовый* и *голубой*. Я не люблю слово *жид*, но, как это ни прискорбно признавать, в русском языке оно существует. О слове *негр* я написал уже достаточно, а с *голубым* и *розовым* история приобретает совершенно анекдотический оттенок. Все-таки значения, которые кто-то мог бы счесть оскорбительными, для русского языка не являются основными, а запретить *голубое небо* и *розовый бант* не под силу даже всемогущему «Майкрософту». Не буду мучить читателя – все кончилось хорошо: правка языка не состоялась. Но сама попытка весьма показательна.

Итак, лингвистическая работа в органах власти и судах идет постоянно. Очевидно, впрочем, что, пытаясь запретить те или иные слова, власть или компании решают отнюдь не лингвистические, а совершенно конкретные политические или экономические вопросы. Но ведь и несчастная *пицца* пострадала по политическим мотивам. Оживление интереса к языку со стороны власти случайностью быть не может. В частности, за всеми призывами к защите русского языка скрывается простое желание регулировать это плохо поддающееся явление. Если вдуматься в этот призыв (что как-то не принято делать), то неизбежно возникнет вопрос: «Кто и от кого должен защищать русский язык?» Ну, кто будет защищать, очевидно, – это, конечно, власть. А вот от кого? Ведь это не американцы или итальянцы (не забывайте о пицце) протаскивают в нашу речь свои слова, это мы сами. Тем более если речь идет о жаргоне или брани. То есть защищать русский язык надо от нас, его носителей. На мой взгляд, многих сторонников защиты русского языка это должно было бы по крайней мере насторожить.

В начале книги я упомянул об одном своем «нежелании», связанном с языком. Сейчас это можно сформулировать яснее. Мне очень не хочется, чтобы по поводу языка издавались какие-то законы и постановления, принимались судебные решения, и меня и мой родной язык таким образом регулировали бы или, что еще хуже, мой язык от меня таким образом защищали. Как и любой носитель языка, я имею полное право считать себя его хозяином, хотя и не единоличным, конечно. Да и вообще, язык, как и природа, не имеет злой воли, а вот про власть этого же с уверенностью сказать нельзя.

Поэтому будьте бдительны, правка языка продолжается. Бойтесь правки языка.

Я писал эту книжку не потому, что русский язык находится на грани нервного срыва. Переживаем и нервничаем мы сами, и, наверное, это правильно. Только не надо переходить ту самую грань. Слухи о скорой смерти русского языка сильно преувеличены.

И все-таки о русском языке надо беспокоиться. Его надо любить. О нем надо спорить. Но главное – на нем надо говорить, писать и читать. Чего я всем и желаю.

Словарь

закон – law
законодательно – by legislation
пространный – vast, long
запрещать/запретить – to ban
предписывать/предписать – to prescribe
словосочетание – collocation, phrase
лепешка – flat bread
велено (*part. from* **велеть**) – is ordered
заимствование – borrowed word
вроде бы – as if
допускаться – to be allowed
выражение – expression
общеупотребительный – of general usage
ЭВМ *abbr.* (*from* **Электронно-вычислительная машина**) – computer (Russian definition)
нарушать/нарушить – to break
трогать – to touch
принимать/принять – to adopt (law)
выступление – speech
расширение – expansion
Росохранкультура *abbr.* (*from* **Российская охрана культуры**) – Federal Service for Monitoring Compliance with Cultural Heritage Protection Law
бдительный – alert, watchful
заводиться/завестись – to appear, breed
неблагонадежный – unreliable (politically)
прилагать/приложить усилия – to do your best, try
ласка – caress, kindness
изобретать/изобрести – to invent
вредный – harmful
распространять/распространить – to spread
ответственный – responsible
стукач *coll.* (*from* **стучать**) – informer
доносчик – informer
издеваться – to sneer, mock, bully
дубинка – truncheon
намекавший (*part. from* **намекать**) – hinting
предназначение – meaning, purpose
таиться – to hide
выращивание – bringing up
здравоохранение – public health service
жилищно-коммунальное хозяйство – housing and utility services

обманывать/обмануть – to deceive

оскорбительный – humiliating, offensive, insulting, abusive

оскорблять/оскорбить – to humiliate

законопослушный – law-abiding

подчеркивать/подчеркнуть – to underline

волнистый – wavy

черта – line

существующий (*from* **существовать**) – existing

прискорбно – woeful, regrettable

жид *derogative* – Jew

негр – black African

голубой *derogative* – blue, gay

розовый – pink (pink triangle was used by Nazis to mark homosexuals; nowadays popular symbol of LGTB)

оттенок – shade

всемогущий – almighty

мучить – to torment

правка – proofreading, correction

показательный – illustrative, revealing

страдать/пострадать – to suffer

оживление – revival, animation

призыв – call

поддающийся (*part. from* **поддаваться**) – yielding, succumbing

защищать/защитить – to protect

протаскивать/протащить – to smuggle in

брань – abusive language

сторонник – supporter

настораживать/насторожить – to alarm

постановление – decree, resolution

судебный *adj.* – court

хозяин – master

единоличный – single, exclusive

злой *adj.* – evil

воля – will

грань – edge, border

срыв – break down

слух – rumour

преувеличен (*part. from* **преувеличить**) – is exaggerated

Exercise 6

Comprehension check.

Answer the questions.

1   В каком случае можно использовать иностранные слова в соответствии с российским законом о государственном языке? Этот закон соблюдается? Приведите примеры.
2   Что такое «демократизатор» и откуда произошло это слово?
3   Как переведено слово 'newspeak' из романа Джорджа Оруэлла на русский язык?
4   Почему автор называет тогдашнего русского вице-премьера остроумным человеком?
5   Почему программа проверки русской орфографии «Майкрософт» помечает такие слова как жид, негр, розовый и голубой как несуществующие?
6   Почему автор считает, что надо «бояться правки языка»?

Exercise 7

The extracts are excellent examples of essay writing. Below, please find the list of 'linking words' and phrases used by the author to make his writing coherent. The list could be useful for your essay writing.

прежде всего
во-первых, во-вторых, в-третьих
итак
наконец
очевидно
конечно
естественно, что

в целом
в общем
в принципе

я имею в виду
в этом смысле
точнее
здесь очень важно заметить
замечу
например
в частности
а именно
иначе говоря
по существу
более того
кстати
таким образом
то есть

однако
так как
поскольку

In the following text fill in the gaps with the appropriate linking word or phrase.

В 2013-ом году вышла новая книга Максима Кронгауза «Самоучитель олбанского». Под «олбанским» языком понимают особый язык интернета, созданный пользователями, _____ (namely, more specifically), намеренное нарушение правил орфографии. _____ (It is important to point out here), что пользователь может узнать слово фонетически, _____ (in other words), как оно произносится. _____ (More importantly, moreover), для этого стиля характерен сленг, _____ (that is) ненормативная лексика.

_____ (naturally, certainly, obviously), что у «олбанского» языка существует много противников, _____ (however) некоторые лингвисты не думают, что этот стиль так уж опасен для русского языка и находят это «творчество» довольно забавным. _____ (First of all, foremost), этот стиль можно встретить в блогах и чатах и _____ (basically, essentially), так никто не будет писать. _____ (Therefore), _____ (to this effect), «олбанский» язык может плохо повлиять на образование молодых людей, _____ (as) именно они чаще всего пользуются этим видом коммуникации.

Topics for discussions/essays

1   1-го июля 2014 года в России вступил в силу «закон о мате». Закон запрещает любое словоупотребление (на сцене, экране и в книгах), которое не соответствует «нормам современного русского литературного языка». Ваши комментарии по поводу этого закона. Существует ли такой закон в вашем родном языке?

2   Согласны ли вы с Максимом Кронгаузом в том, что «за всеми призывами к защите русского языка скрывается простое желание регулировать это плохо поддающееся явление»?

3   Ваш комментарий на мнение Максима Кронгауза о том, на чем основывается могущество русского языка: «Я утверждаю, что величие и могущество русского языка основывается на двух столпах. Первый: великая русская литература, которая существенно поддерживает язык. Второй: как это ни парадоксально прозвучит, огромное число не очень грамотных людей. Они никогда не перейдут на английский язык, как это происходит в современных европейских обществах, которые стали двуязычными, что является некоторой угрозой их языкам. А нас много, часть из нас малограмотна, поэтому никакого английского языка в нашем обществе как подавляющего не будет».

«Какую бы комиссию из умных людей мы ни создали, она нас не спасет. . . . язык формируется совершенно разными людьми. . . . академиками, которых немного, и журналистами, которых много, и гламурной публикой, которой немало, и разного рода профессионалами, которых определенное число, и бандитами, круг которых сегодня определить сложно. В этом котле переваривается все».

Further reading

1   М. Кронгауз. «Русский язык на грани нервного срыва».

2   М. Кронгауз. «Самоучитель олбанского».

3   М. Кронгауз. Речевой этикет. Лекция.

Abbreviations

abbr.	abbreviation		imper.	imperative
acc.	accusative		impf.	imperfective
adj.	adjective		infin.	infinitive
adv.	adverb		instr.	instrumental
app.	appendix		liter.	literary
cf.	compare		m.	masculine
coll.	colloquial		n.	neuter
comp.	comparative		nom.	nominative
dat.	dative		part.	participle
dim.	diminutive		pf.	perfective
e.g.	for example		pl.	plural
emph.	emphatic		prep.	prepositional
etc.	and so on		sing.	singular
f.	feminine		sl.	slang
gen.	genitive		trans.	transitive

Appendix 1

Participles

Participles are formed from verbs but used as adjectives, modifying nouns. It is an essential part of Russian grammar for somebody who would like to develop reading skills, as participles (except for the perfective passive short forms) are mainly used in written style. It is useful to know how they are formed, as participle forms are not given in traditional dictionaries. You need to recognise the verb behind the participle form to enable you to understand the meaning of the word or to find it in the dictionary.

Present active participles

The present active participles are formed from the third-person plural of the present tense. The final **-т** is replaced by the endings **-щий** (m.), **-щая** (f.), **-щее** (n.), **-щие** (pl.)

слушать слушаю**т** слушаю**щий**

рис**ова**ть рисую**т** рисую**щий**
давать дают дающий
жить живут живущий
брать берут берущий
ехать едут едущий
бежать бегут бегущий

Past active participles

1   The past active participles are formed from imperfective and perfective verbs by replacing the **-л** of the past tense form (m.) by **-вший** (m.), **-вшая** (f.), **-вшее** (n.), **-вшие** (pl.)

слушать слуша**л** слуша**вший**

рисовать рисова**л** рисова**вший**
давать дава**л** дава**вший**
дать да**л** да**вший**

2   If the masculine past does not end in **-л**, the endings **-ший** (m.), **-шая** (f.), **-шее** (n.), **-шие** (pl.) are added.

зарасти **зарос зарос**ший
нести **нес нес**ший

3   Verbs in **-ти** in the infinitive with a present-future stem in **-т-** or **-д-**

вести веду вед**ший**
расцвести расцвету расцвет**ший**

Imperfective passive participles

The imperfective passive participle is formed from the first-person plural (trans.) by adding adjectival endings.

любить **любим люби**мый
читать **читаем чита**емый
треб**овать требуем требу**емый

but:

давать дава**емый**
призн**авать** признава**емый**

Special cases: **ведомый** (*from* вести); **несомый** (*from* нести)

Past passive participles

Derived only from **perfective** verbs. Past passive participles have two forms: short (predicative) and long (attributive).

1   from verbs in **-ать/-ять** (infin.): **-ть** is replaced by **-н**

Short form:
прочитать прочитан (m.) прочитана (f.) прочитано (n.) прочитаны (pl.)

Long form:
прочитать прочитанный (m.) прочитанная (f.) прочитанное (n.) прочитанные (pl.)

2   from verbs in **-ить/-еть** (infin.): the first-person singular ending is replaced by **-ен**

Short form:
изучить изучу изучен (m.) изучена (f.) изучено (n.) изучены (pl.)
купить **куплю купл**ен (m.) куплена (f.) куплено (n.) куплены (pl.)
возвратить **возвращу возвращ**ен (m.) возвращена (f.) возвращено (n.) возвращены (pl.)

Long form:
изучить изученный (m.) изученная (f.) изученное (n.) изученные (pl.) etc.

Note:

освободить **освобожден**
убедить **убежден**
подтвердить **подтвержден**

3   past passive participles in **-т**

открыть, закрыть, забыть, убить, прошить, прожить, побрить, разбить, залить, развить, зашить, надеть, спеть, взять, занять, снять, начать, распять, сжать, смять, понять, поднять, принять, застегнуть, завернуть

Short form:
открыть **открыт** (m.) открыта (f.) открыто (n.) и открыты (pl.)

Long form:
открыть **открытый** (m.) открытая (f.) открытое (n.) и открытые (pl.)

Appendix 2

Verbs of motion

Imperfective (an incomplete action of 'moving') **unidirectional** when a single occasion and a single direction are mentioned or implied

Imperfective (an incomplete action of 'moving') **multidirectional** when a single occasion and a single direction are not mentioned or implied; repeated and habitual action

Perfective (a single completed action)

multidirectional/unidirectional/perfective:

ходить/идти/пойти	to go on foot
ездить/ехать/поехать	to go by transport
бегать/бежать/побежать	to run
водить/вести/повести	to lead
возить/везти/повезти	to transport
летать/лететь/полететь	to fly
носить/нести/понести	to carry
плавать/плыть/поплыть	to swim
ползать/ползти/поползти	to crawl
бродить/брести/побрести	to wander, roam
таскать/тащить/потащить	to pull, drag
катать/катить/покатить	to roll
лезть/лазать/полезть	to climb
гонять/гнать/погнать	to chase

Prefixed Verbs of Motion (like other verbs have **only two forms**: imperfective and perfective) prefixes' meanings: **в-** in; **вы-** out; **до-** as far as, reach; **за-** call in; **об-** around; **от-** away; **пере-** across; **под-** approach; **при-** arrival; **про-** through, pass by; **с-** down from; **у-** leaving

подходить/подойти	подъезжать/подъехать	to approach
приходить/прийти	приезжать/приехать	to arrive
переходить/перейти	переезжать/переехать	to cross

входить/войти	въезжать/въехать	to enter
выходить/выйти	выезжать/выехать	to exit
сходить/сойти	съезжать/съехать	to get off/down
уходить/уйти	уезжать/уехать	to leave
проходить/пройти	проезжать/проехать	to pass/go through
заходить/зайти	заезжать/заехать	to call into
доходить/дойти	доезжать/доехать	to reach

Note:

To express the meaning of a completed trip 'there and back' **in the past**, the imperfective multidirectional verb is used. E.g. Я **ездил** в Москву прошлым летом. (Last summer I went to Moscow.)

To express the meaning of a completed (usually short) trip 'there and back' **both in the past and in the future**, the perfective verb with prefix **с-** is used. E.g. Я **съезжу** в Париж на выходные. (I will go on a trip to Paris at the weekend.)

Appendix 3

Verbs of motion: conjugation

infinitive
conjugation
imperative
past forms

Идти
Иду, идёшь, идёт, идём, идёте, идут
Иди(те)!
Шёл, шла, шло, шли

Ходить
Хожу, ходишь, ходит, ходим, ходите, ходят
Ходи(те)!
Ходил, ходила, ходило, ходили

Ехать
Еду, едешь, едет, едем, едете, едут
Поезжай(те)!
Ехал, ехала, ехало, ехали

Ездить
Езжу, ездишь, ездит, ездим, ездите, ездят
Езди(те)!
Ездил, ездила, ездило, ездили

Бежать
Бегу, бежишь, бежит, бежим, бежите, бегут
Беги(те)!
Бежал, бежала, бежало, бежали

Бегать
Бегаю, бегаешь, бегает, бегаем, бегаете, бегают
Бегай(те)!
Бегал, бегала, бегало, бегали

Вести
Веду, ведёшь, ведёт, ведём, ведёте, ведут
Веди(те)!
Вёл, вела, вело, вели

Водить
Вожу, водишь, водит, водим, водите, водят
Води(те)!
Водил, водила, водило, водили

Везти
Везу, везёшь, везёт, везём, везёте, везут
Вези(те)!
Вёз, везла, везло, везли

Возить
Вожу, возишь, возит, возим, возите, возят
Вози(те)!
Возил, возила, возило, возили

Лететь
Лечу, летишь, летит, летим, летите, летят
Лети(те)!
Летел, летела, летело, летели

Летать
Летаю, летаешь, летает, летаем, летаете, летают
Летай(те)!
Летал, летала, летало, летали

Нести
Несу, несёшь, несёт, несём, несёте, несут
Неси(те)!
Нёс, несла, несло, несли

Носить
Ношу, носишь, носит, носим, носите, носят
Носи(те)!
Носил, носила, носило, носили

Плыть
Плыву, плывёшь, плывёт, плывём, плывёте, плывут
Плыви(те)!
Плыл, плыла, плыло, плыли

Плавать
Плаваю, плаваешь, плавает, плаваем, плаваете, плавают
Плавай(те)!
Плавал, плавала, плавало, плавали

Ползти
Ползу, ползёшь, ползёт, ползём, ползёте, ползут
Ползи(те)!
Полз, ползла, ползло, ползли

Ползать
Ползаю, ползаешь, ползает, ползаем, ползаете, ползают
Ползай(те)!
Ползал, ползала, ползало, -ли

Брести
Бреду, бредёшь, бредёт, бредём, бредёте, бредут
Бреди(те)!
Брёл, брела, брело, брели

Бродить
Брожу, бродишь, бродит, бродим, бродите, бродят
Броди(те)!
Бродил, бродила, бродило, Бродили

Тащить
Тащу, тащишь, тащит, тащим, тащите, тащат
Тащи(те)!
Тащил, тащила, тащило, тащили

Таскать
Таскаю, таскаешь, таскает, таскаем, таскаете, таскают
Таскай(те)!
Таскал, таскала, таскало, таскали

Катить
Качу, катишь, катит, катим, катите, катят
Кати(те)!
Катил, катила, катило, катили

Катать
Катаю, катаешь, катает, катаем, катаете, катают
Катай(те)!
Катал, катала, катало, катали

Лезть
Лезу, лезешь, лезет, лезем, лезете, лезут
Лезь(те)!
Лез, лезла, лезло, лезли

Лазать
Лазаю, лазаешь, лазает, лазаем, лазаете, лазают
Лазай(те)!
Лазал, лазала, лазало, лазали

Гнать
Гоню, гонишь, гонит, гоним, гоните, гонят
Гони(те)!
Гнал, гнала, гнало, гнали

Гонять
Гоняю, гоняешь, гоняет, гоняем, гоняете, гоняют
Гоняй(те)!
Гонял, гоняла, гоняло, гоняли

Appendix 4

Prefixes

в-

in, into, within; *in (en), im, intro*

входить	go **in, en**ter
включить	**in**clude
вводить	**intro**duce
влюбиться	fall **in** love

вз-/воз-

up

взбираться	climb
восстать	rise (against)
воспитывать	bring **up**

back; *re*

возвращать	**re**turn

вы-

out; *ex*

выходить	go **out, ex**it
выписать	write **out, ex**tract
выбрать	pick **out, e**lect

'finish successfully'

выжить	to survive, 'to come out'
выиграть	to win (out)

до-

'reaching, finishing'

дойти	reach
дописать	finish writing
доказать	prove
договориться	agree (to reach an agreement)

за-

call in

заходить	call in

'fix, make permanent by some action'

записать	write down
зашить	to mend

'acquire'

заработать	earn

'close'

закрывать	to close
заполнять	to fill in
заключать	to conclude

'subject to excessive action'

закормить	overfeed

за . . . ся 'overdo'

заработаться	to overwork

'start to'

засмеяться	to start laughing

из-

out; *ex*

извлекать	**ex**tract

'do to an extreme'

износить	wear out

на-

on

наступать	step on, step in, attack

на . . . ся 'do to satiation'
напиться   get drunk

об-/о-

around, about
обходить   go around
обнимать   embrace
обдумывать   think over
описывать   describe
обвинить   accuse

'cheat'
обмануть   deceive

от-

off, aside; *dis, de*
отойти   step aside
отложить   put aside
отличить   **dis**tinguish
отключить   **dis**connect

'back'; re
отдать   **re**turn
отпустить   **re**lease

'finish'
отработать   finish one's work

пере-/пре-

across; *trans*
пересадить   **trans**plant

'over', 'excessively'; *ex*
переплатить   **over**pay
преувеличивать   **ex**aggerate

'interrupt'
перебить   **inter**rupt

'repeat'; *re*
переписать   copy, **re**write

'action extended to all of'
переловить   catch all of . . .

по-

'setting off'; begin to

пойти	set off (by foot)
полюбить	become fond of

'diminution of time or intensity of action'

погулять	take a stroll
покурить	have a cigarette
похудеть	slim down

with imperfectives: **'do from time to time'**

почитывать	read a little bit from time to time

под-

approach; coming 'up to'

подходить	come up to
подготовить	prepare for

under; *sub*

поддержать	support
подписать	sign, **sub**scribe

'supplement'

подрабатывать	have an extra job

'a little', 'not completely'

подновить	renovate, freshen up

под- (coming to) + сказать (to say) = подсказать – to suggest, to prompt

при-

to, 'arrive', 'add'

приходить	arrive
пригласить	invite
приложить	attach
принимать	receive, accept

'slightly'

притихнуть	quieten down

про-

through, by, past; *pro*
проходить	go past, through
продолжать	continue, **pro**long
производить	**pro**duce

'through', loss/failure
пропадать	disappear
пропивать	squander on drink

'do for (through) a specific length of time'
просидеть	to sit (stay) for a specific period

раз-

'disperse', 'divide'; *dis*
расходить**ся** (reflexive)	go different ways, **dis**perse
разобрать	take apart, **dis**mantle
раздать	**dis**tribute
рассмеяться	burst into laughter

'intensity/excess'
разговориться	get into conversation, warm to one's topic

'cancel'; *dis*
раздумать	change one's mind
раскрыть	reveal, **dis**close

с-

down
сходить	come down, go off
сбить	knock/bring down
сложить	lay down

away, off
снимать	take off

together; *con*
собрать	gather, collect
содержать	**con**tain
сотрудничать	**co**operate

'round trip' with perfectives
слетать	fly 'there and back', one round trip by air

у-

away

уходить	leave
убрать	take away

'to do something successfully'

уговорить	persuade
успеть	be/do on time

Appendix 5

-тель (m.)	учитель (teacher)
-тельница (f.)	учительница (teacher)
-ик (m.)	математик (mathematician)
-ник (m.)	ученик (pupil)
-ница (f.)	ученица (pupil)
-чик (m.)	переводчик (translator)
-чица (f.)	переводчица (translator)
-щик (m.)	барабанщик (drummer)
-овщик (m.)	часовщик (watchmaker)
-ец (m.)	горец (mountain-dweller), глупец (fool), канадец (Canadian)
-ист (m.)	гитарист (guitar player)
-ант (m.)	аспирант (postgraduate student)
-антка (f.)	аспирантка (postgraduate student)
-чанин (m.)	англичанин (Englishman)
-чанка (f.)	англичанка (Englishwoman)
-ер (m.)	актер (actor)
-атор (m.)	реформатор (reformer)

Appendix 6

-ок	сын сын**ок**
-ик	нос нос**ик**
-чик	стакан стакан**чик**
-ка	комната комнат**ка**
-ко	яблоко ябло**чко**
-ико	лицо ли**чико**
-цо	письмо письме**цо**
-ец	брат брат**ец**
-ца	сестра стестри**ца**
-очк	водка вод**очка**
-енька	папа пап**енька**
-ушка	дядя дя**дюшка**
-ушко	поле по**люшко**
-урка	дочь доч**урка**
-ышко	крыло крыл**ышко**
-ишк	город город**ишко** (depreciation)
-енка	книга книж**онка** (depreciation)
-ша	Дарья Да**ша**
-уша	Лида Лид**уша**

Meanings of the diminutives: diminutive (physical) meaning of 'smallness'; depreciation; 'affection and endearment'; 'independent meaning'.

Будешь **чайку**? – Would you like a **nice** cup of tea? (*informal, 'nice' invitation*)
рука arm, **ручка** hand (*dim.*) but also pen, handle (*independent meanings*)

Appendix 7

Short form adjectives which differ in meaning from the long form

здоровый	(healthy generally)
здоров (m.)	
здорова (f.)	
здорово (n.)	
здоровы (pl.)	(well)
больной	(sick, unhealthy generally; noun 'patient')
болен	(ill, unwell)
великий	(great)
велик	(too big about clothes, etc.)
маленький	(small, little)
мал	(too small about clothes, etc.)
занятой	(generally busy)
занят	(busy now)
счастливый	(happy, lucky, fortunate)
счастлив	(happy)
живой	(lively)
жив	(alive)
нужный	(useful)
нужен	(necessary)
благодарный	(grateful; rewarding)
благодарен	(grateful)
знакомый	(familiar; acquaintance)
знаком	(known, familiar)

Appendix 8

Usually formed with **-ee**

  e.g.: интересный интересн**ee** (**more** interesting)

Simple comparative forms affected by **consonant alterations**:

дорогой	дороже	more expensive
молодой	моложе	younger
богатый	богаче	richer
простой	проще	simpler
тихий	тише	quieter
низкий	ниже	lower
близкий	ближе	closer
узкий	уже	narrower
высокий	выше	higher, taller
короткий	короче	shorter
редкий	реже	more rare

Irregular simple comparatives:

далекий	дальше	further
дешевый	дешевле	cheaper
долгий	дольше	longer
широкий	шире	wider
молодой	младше/моложе	younger
хороший	лучше	better
плохой	хуже	worse
большой	больше	bigger/more
маленький	меньше	smaller/less
старый	старше	older

The use of comparatives:

  cf.: Лондон дешевле Москв**ы**. (gen.)
      Лондон дешевле, **чем** Москва. (nom.)

фотография	**Маканина Елизавета Николаевна**	
	Дата рождения: 6 мая 1988 г.	**Семейное положение:**
	Гражданство: Россия	замужем, двое детей
	Телефон: +7(ХХХ) ХХХ-ХХ-ХХ	**Желаемый график работы:**
	Эл.почта: makelnik@mail.ru	полный рабочий день

Цель
Соискание должности менеджера по продажам

Образование

2010 г.	**Институт экономики, управления и права г. Астрахани**
	Экономический факультет
	Специальность: Экономика и управление на предприятии
2010 г.	**Астраханский центр бизнес решений**
	Тренинг «Формирования навыка активных продаж»

Опыт работы

09.2009–04.2012 г.	**ООО «Коррект»**, г. Москва
	Должность: менеджер по продажам
	– Поиск и привлечение клиентов
	– Работа с клиентской базой и поддержание ее в актуальном состоянии
	– Проведение переговоров с клиентами
	– Составление коммерческих предложений и заключение договоров
	– Составление планов продаж
	– Составление отчетов по результатам работы
10.2008–05.2009 г.	**ООО «Новый взгляд»**, г. Астрахань
	Должность: продавец-консультант
	– Помощь покупателям в выборе товара
	– Консультирование покупателей по ассортименту и размерам
	– Подготовка товара к продаже
	– Участие в оформлении витрин и зала магазина

Профессиональные навыки и знания
- Опыт поиска и привлечения клиентов, в том числе с помощью «холодных» звонков
- Знание различных технологий продаж
- Опыт ведения переговоров
- ПК – опытный пользователь

Знание иностранных языков
- Английский язык – разговорный уровень
- Немецкий язык – базовые знания

Прочее
- Коммуникабельность, активная жизненная позиция
- Стрессоустойчивость
- Стремление к развитию и профессиональному росту
- Хобби – музыка, путешествия, занятия спортом

фотография	**ЛЮСИ ГРИН**	
	Дата рождения: 29 ноября 1991 г.	**Семейное положение:** незамужем
	Гражданство: Великобритания	
	Телефон: +7(ХХХ) ХХХ-ХХ-ХХ	**Желаемый график работы:**
	Эл.почта: greenlucucl@yahoo.co.uk	полный рабочий день

Цель
работа в международной благотворительной организации, желательно в России

Образование

2014 г.	**Университетский колледж Лондона – UCL**
	Кафедра славистики – SSEES
	Специальность: русский язык

Опыт работы

09.2012–04.2013 г.	Фонд Downsideup г. Москва
	Должность: помощник секретаря на добровольных началах
	– перевод корреспонденции с русского на английский
	– телефонные звонки
	– офисная администрация
06.2012–07.2012 г.	**Детский лагерь «Лесное»**, г. Москва
	Должность: помощник вожатого (волонтер)
	– помощь вожатому в организации детских мероприятий
	– консультации по английскому языку
	– мастер-классы английского языка

Профессиональные навыки и знания
- Опыт работы в офисе
- Опыт работы с детьми
- ПК – опытный пользователь

Знание иностранных языков
- английский язык – родной
- русский язык – свободно владею (степень бакалавра)
- испанский язык – уровень GCSE

Прочее
- Коммуникабельность, активная жизненная позиция
- Умение быстро адаптироваться
- Водительские права
- Хобби: театр, теннис, путешествия

Appendix 11

РЕЗЮМЕ
ФИО
Телефоны мобильный:
домашний:
E-mail:
Адрес:
Цель:

фото

ОБРАЗОВАНИЕ

Уровень образования (среднее/высшее/неоконченное высшее):
Название учебного заведения
Период обучения
Специальность
Квалификация
Дополнительное образование

ОПЫТ РАБОТЫ

Название организации
Период работы
Должность
Сфера деятельности
Основные обязанности

ПРОФЕССИОНАЛЬНЫЕ НАВЫКИ И ЗНАНИЯ

Владение ПК: опытный пользователь/знание MS Office/работа с Интернетом
Владение оргтехникой   факс/модем/сканер/копировальное оборудование
Знание иностранных
языков, уровень

ДОПОЛНИТЕЛЬНЫЕ ДАННЫЕ

Дата рождения
Семейное положение
Наличие детей
Наличие водительского удостоверения
Деловые качества
Увлечения

Key to exercises

КЛЮЧИ

1 перед компьютером; полезны; по выходным; меньше; бумажную книгу; проводить досуг; не нужны; не приносит денег; информацию; интеллектуальное развитие; складывать буквы в слоги; постарше; еженедельно

2 Детям нужно больше читать. Нам нужно ходить в библиотеки чаще. Нам нужно делиться книгами. Социологам нужно знать больше о причинах, по которым мы читаем меньше сегодня. Учителям нужно помогать родителям. Библиотекам нужно предлагать широкий выбор книг. Властям нужно думать о будущем.
Современному обществу <u>нужны</u> библиотеки. Библиотекам <u>нужны</u> деньги. Детям <u>нужны</u> хорошие книги. Студентам <u>нужен</u> совет, что читать. Родителям <u>нужна</u> поддержка библиотекарей. Властям <u>нужны</u> умные чиновники.

3 «читать сейчас стали меньше»; «книги легче купить»; «приятнее читать . . . бумажную книгу»; «ситуация стала хуже»; «чем раньше будет привито желание читать, тем лучше»; « . . . пишет стихи для малышей и детей постарше»; «чтобы знать больше, – [умение] надо читать»

4 В библиотеке <u>потише</u>. Для детей <u>помладше</u> здесь есть специальный отдел. Ребенок может <u>посидеть</u> в библиотеке и <u>почитать</u>. Дети также могут заняться чем-то <u>поинтереснее</u>: они могут <u>поиграть</u> на компьютере и <u>послушать</u> рассказы. Некоторые библиотеки <u>получше</u>, некоторые – <u>похуже</u>. Но всегда стоит <u>поискать</u> библиотеку в вашем районе.

5 интерес к библиотекам, чтению, социальным сетям, русскому языку, современной литературе; развивать интерес, воображение, российскую экономику, международные отношения; проводить исследование, урок, интересные встречи, мудрую политику, свой досуг, свободное время; играть в шахматы, хоккей, прятки, настольный теннис, лапту; объяснять кому, читателям, маленькому ребенку, российским властям, чиновникам, нашим студентам, твоему папе; стихи для российских читателей, детей, моей мамы, взрослых, английских подростков, его отца

6 дети, <u>приходящие</u> . . . ; у человека, <u>читающего</u> . . . ; библиотекам, <u>предлагающим</u> . . . ; у детей, <u>сидящих</u> . . . ; библиотекарей, <u>помогающих</u> . . . ; людей, <u>пользующихся</u> . . . ; пенсионера, <u>проводящего</u> . . . ; правительство, <u>закрывающее</u> . . .

Chapter 2

7   котик; кошечка; грудка; ушки; носик; хвостик

Chapter 3

2   На старости лет <u>смогла</u> себе позволить: <u>потратила</u> кучу денег, но купила последнюю модель компьютера. Теперь, как загипнотизированная, <u>провожу</u> все дни перед монитором. В наше время, когда я училась в университете, этих современных технологий не было и в помине, мое поколение не знало, что такое социальные сети, Фейсбук и так далее. Научились, однако, мы быстро, <u>умеем/можем</u> практически все, что <u>умеют/могут</u> наши дети: выходим «туда», в эту виртуальность, обмениваемся информацией, фотографиями, «освежаем» статус, шпионим друг за другом, делаем покупки . . . Интернет – вещь полезная, но часто и пустая <u>трата</u> времени. Не могу заставить себя подняться и вернуться к жизни настоящей, не виртуальной!

3   готовить суп, обед, рагу, щи, пельмени, десерт; варить суп, яйцо, кофе, картошку, щи, варенье, компот, пельмени

8   доступ к системе, услугам, интернету, пособию, высшему образованию, библиотечным архивам; не допускать злоупотреблений, подобного поведения, политически некорректных замечаний, свободы слова; столкнуться с необходимостью, трудностями, старым другом, незнакомым словом, предрассудками; улучшать языковые навыки, знания грамматики, словарный запас, окружающую среду, качество жизни

10   две тысячи одиннадцатого года; сто сорок тысяч, семьсот двадцать шесть тысяч; четырех миллионов, [для] восьми процентов; четырех-шести процентов; двадцать два процента; ста сорока семи тысяч, семидесяти семи тысяч; двести двадцать одна, двести тринадцать, сто пятьдесят девять тысяч; сорок девять, пятнадцати тысяч

11   использовать родной язык, людей, этимологический словарь, доску, хрестоматию; злоупотреблять системой, доверием, алкоголем; пользоваться компьютером, ножом и вилкой, толковым словарем, стиральной машиной, моим доверием, косметикой; владеть разговорными навыками, русским языком, собственностью, широким словарным запасом; достигать поставленной цели, большого успеха, высокого уровня, хороших результатов

16   приветствовать закон, участников конференции, их, посетителей, приезжающих; поздравлять с Днем рождения, новосельем, Рождеством, Новым годом, Пасхой; желать здоровья, счастья, благополучия, долгих лет жизни; зависеть от погоды, обстоятельств, условий, него, результатов экзамена; проводить опрос, конференцию, международный фестиваль, чемпионат мира, урок, исследование

20   признаться в предрассудках, преступлении, любви, чувствах, злоупотреблениях, взяточничестве; влиять на показатели, уровень жизни, состояние здоровья, мою мать, российскую экономику, языковые навыки; задавать вопрос респондентам, москвичам, моему отцу, нашей сестре, молодым людям, молодежи, желающим; в отношении этого вопроса, резкого сокращения, последнего закона, запланированной премьеры, приезжающих; объяснять политической ситуацией, экономическим положением, высоким

уровнем безработицы, расовыми предрассудками; сокращение населения, продолжительности жизни, рождаемости, рабочей силы, процесса миграции

21 в две тысячи первом году, двадцать пять процентов; двух тысяч; семнадцати – тридцатичетырех, двадцать пять процентов, пятидесяти пяти лет, тридцать шесть процентов; тысяча девятьсот восемьдесят третьего года; две тысячи первого года; девяноста процентов

22 Я не знаю, проводился <u>ли</u> такой опрос в России. Было бы интересно узнать, признаются <u>ли</u> россияне в том, что у них есть расовые предрассудки. Английские социологи пытались выяснить, встречаются <u>ли</u> предрассудки чаще среди людей более старшего возраста. Мы проведем подобный опрос среди студентов группы, чтобы выяснить, согласны <u>ли</u> они с этим. Англичан спрашивали, желают <u>ли</u> они сокращения уровня иммиграции. Вы должны согласиться, что, <u>если</u> уменьшить число приезжих, в Москве будет недостаток рабочей силы.

Chapter 4

4 «Папа, я не могу сделать задание по математике. Оно очень трудное. Помоги мне, пожалуйста!»

13 Анна говорит, <u>что</u> Андрей ей очень нравится. Он надеется, <u>что</u> это чувство пройдет. Анна просит, <u>чтобы</u> Андрей не дал ей влюбиться. Анне кажется, <u>что</u> она хочет, <u>чтобы</u> Андрей ее бросил. Интересно, <u>что</u> у Анны «серо-голубые, да еще с карими, да еще с зелеными оттенками глаза». На самом деле герои мечтали о том, <u>чтобы</u> этот роман никогда не кончался.

14 Андрей – <u>умный</u> и <u>красивый</u> мужчина. У него с Анной <u>серьезный</u> роман. Андрей женат, Анна замужем за <u>хорошим</u> человеком. Сначала они говорят об отношениях <u>легко</u> и <u>шутливо</u>. Но скоро понимают, что попали в <u>безвыходную</u> ситуацию. Любовь как <u>тяжелая</u> болезнь, которая никак не проходит. Когда они вдвоем, они <u>остро</u> ощущают счастье. Им очень <u>легко</u> друг с другом. <u>Глупо</u> было бы осуждать их: каждый может попасть в такую <u>неразрешимую</u> ситуацию. Погода в Саратове <u>дождливая</u>, поэтому чувствуешь себя <u>тоскливо</u>. Транспорт работает <u>плохо</u>, и, кажется, жизнь остановилась . . .

18 В рассказе <u>описана</u> комната, в которой чувствуешь свободно, легко и уютно. Вы открываете <u>обитую</u> кожей дверь и входите в <u>освещенную</u> солнечным светом комнату. Справа стоит тахта, она <u>застелена</u> одеялом. На стене <u>расстроенная</u> гитара. На столике лежат <u>открытые</u> книги. Вы видите <u>неисправный</u> магнитофон, радиоприеемник <u>выключен</u>. Почему не слушают радио в этой комнате, почему не смотрят телевизор? Только разговаривают, читают и слушают музыку? Когда все это было и где? Это время <u>забыто</u>?

25 тигр, тигренок, тигрята; лиса, лисенок, лисята; гусь, гусенок, гусята; утка, утенок, утята; заяц, зайчонок, зайчата; медведь, медвежонок, медвежата; волк, волченок, волчата

лошадь, жеребенок, жеребята; корова, теленок, телята; свинья, поросенок, поросята

27 несший, нес, нести; везший, вез, везти; собиравшийся, собирался, собираться; доставшийся, достался, достаться; потрескавшийся, потрескался, потрескаться; выцветший, выцвел, выцвести; раскрасневшийся, раскранелся, раскраснеться

Chapter 5

2   Мальчик <u>спросил</u> меня о Пушкине. Я сказал ему, что Пушкин <u>просил</u> няню рассказывать ему русские сказки и петь русские народные песни. Мальчик <u>спросил</u> меня,
видел ли я Пушкина, и <u>попросил</u> показать портрет Пушкина. Я рад, что ребенок
<u>расспрашивает</u> меня о великом русском поэте. Русских детей <u>просят</u> учить стихотво-
рения Пушкина наизусть. У русских часто <u>спрашивают</u>, был ли Пушкин таким уж
великим поэтом, потому что иностранцы не могут читать его стихи в оригинале.

3   (to sign) подписывать/ся//подписать/ся; (to describe) описывать/описать; (to subscribe)
выписывать/выписать (transitive), подписываться//подписаться на; (to prescribe) выпи-
сывать/выписать рецепт, прописывать/прописать лекарство; (to copy) переписывать/
переписать; (to write out) выписывать/выписать; (to write down) записывать/записать

5   А. Пушкин – великий русский поэт и основатель русской литературы. Его отец был
русским, у его матери была африканская кровь. Его прадеда привезли из Африки, и
царь Петр Великий воспитал (вырастил) его как аристократа. В девятнадцатом веке
языком русской аристократии был французский язык. Часто русские аристократы
говорили по-французски лучше, чем по-русски и учились русскому языку у слуг и
крестьян. Няня Пушкина говорила с ним по-русски (на русском), она пела ему русские
песни и рассказывала ему русские сказки. Произведения Пушкина вдохновляли русских
композиторов. На творениях Пушкина основаны такие известные русские оперы,
как «Евгений Онегин» и «Пиковая дама» Чайковского, «Руслан и Людмила» Глинки,
«Борис Годунов» Мусоргского и «Русалка» Даргомыжского.
Поэт был убит Дантесом на дуэли. Оба были ранены. Пушкин умер, француз выжил.

8   дорога; влага; круг; бог; друг; нега

9   плакать; шуметь; стучать

10   шипит змея; скрипит дверь; шуршит бумага; жужжит пчела; журчит ручей; рычит
собака; мурлыкает кошка

12   щестнадцатиэтажное здание; четырехкомнатная квартира; двуглавый орел; пятизвез-
дочная гостиница

13   супу; коньяку; снегу; сахару; кофейку

Chapter 6

1   голова, головы, голов; лицо, лица, лиц; глаз, глаза, глаз; нос, носа, носов; подбородок,
подбородка, подбородков; ухо, уха, ушей; бровь, брови, бровей; нога, ноги, ног; рука,
руки, рук; зуб, зуба, зубов; голос, голоса, голосов; волос, волоса, волос; шея, шеи,
шей; колено, колена, колен

4   рыбий рот; лисья шуба; козье молоко; коровьи глаза

5   Я – бедная студентка. Живу в <u>папином</u> и <u>мамином</u> доме. Езжу на <u>папиной машине</u>.
Мне повезло, у нас с мамой один размер: ношу <u>мамину</u> куртку и <u>мамины</u> кроссовки,
и когда разрешит мама, по особым случаям, <u>мамино</u> пальто. Между нами говоря,
ездила на каникулы отдыхать на <u>бабушкины</u> деньги с <u>дедушкиным</u> чемоданом. Что
за жизнь! Недавно уронила и разбила мобильник. Моя подруга Лена отдала мне свой
старый. Слава богу, могу теперь пользоваться <u>Лениным</u> телефоном . . .

6 на стол, за столом, за стол; под ковром, под ковер; за границу, за границей; за стол, за столом; под журнальным столиком, под журнальный столик; замужем, замуж

7 Действие пьесы происходит в 90-х годах. <u>Тогда</u> в России появились так называемые «новые русские». Есть старый дом, в котором такой «новый русский» устраивает на чердаке свадьбу. На свадьбу приходит мать невесты, а <u>потом</u> старые друзья жениха и его партнеры по бизнесу. Жених любит этот дом и не хочет делать из него валютный отель, и <u>тогда</u> его быстро выбрасывают из фирмы. <u>Потом</u> выясняется, что американский партнер «новых русских» – бандит, и он уже захватил их фирму, и у него совсем другие планы на этот старый дом . . . Хотите узнать, чем заканчивается пьеса? <u>Тогда</u> читайте пьесу Слаповского «Мой вишневый садик».

Chapter 7

6 отставать от требований рынка, Запада, жизни, современных требований, общего уровня; иметь представление о/об области деятельности, существующей системе образования, вступительных экзаменах, состоянии рынка труда; иметь в виду гуманитарное образование, гибкость ума, вспомогательную специализацию, интеллектуальные навыки; научиться русскому языку, разговорным навыкам, пониманию на слух; проводить исследование, опросы, конференцию, собрание, лекцию, семинар; связано с демографическим кризисом, экономическим положением, условиями труда, потребностями рынка, уровнем преступности, гибкостью образования; нет каких-то/никаких прав, кругозора, интеллектуальных навыков, гибкости ума, способности ориентироваться, скучных занятий; имеет дело с другими молодыми людьми, другим поколением, другой молодежью, другими представлениями, колоссальными изменениями

9 Я учусь на втором курсе в Университетском колледже Лондона. В следующем году мы с однокурсниками едем за границу. Мы будем проходить курс в зарубежном университете и дожны написать курсовую работу. Координаторы программы (курса) помогают нам выбирать темы наших исследований. На нашем отделении всего четыре года обучения, и один учебный год мы проводим за границей. На последнем курсе у нас не так много лекций, и мы больше занимаемся самостоятельно. Мне нравится программа обучения в нашем заведении.

10 Саша учится в университете. Ему нужен конспект, чтобы сдать экзамен по физике. Он шел по улице и вдруг увидел студентку с нужным ему конспектом. Саша пошел вместе с ней. Они сели на трамвай и ехали на трамвае, читая конспект. Затем они вышли из трамвая (сошли с трамвая) и пошли по улице. Они были так заняты конспектом, что не заметили, что были вместе. Студенты так много занимаются!

Chapter 8

2 Почти все те, <u>кто</u> переехал на Запад, довольны своей жизнью.
В Москве есть люди, с <u>которыми</u> мы пили пиво много лет назад.
Среди тех, <u>кто</u> вернулся в Москву, люди разных возрастов и профессий.

Те люди, о <u>которых</u> рассказано в статье, некоторое время жили за рубежом, но в конце концов решили вернуться в Россию.

Те россияне, <u>которые</u> хотят вернуться в Россию, должны обратиться в посольство России.

Тех, <u>кто</u> хочет вернуться, не так уж много.

5 Со мною вот что происходит:

ко мне мой старый друг не ходит,

а ходят в мелкой суете

разнообразные <u>не те</u>.

И он

<u>не с теми</u> ходит где-то

и тоже понимает это,

и наш раздор необъясним,

мы оба мучаемся с ним.

Со мною вот что происходит:

совсем <u>не та</u> ко мне приходит,

мне руки на плечи кладёт

и у другой меня крадёт . . .

However, there is a new trend in modern Russian to use the word **«не/правильный»** (in/correct about statements, decisions, answers, etc.) in cases when it was not used before. For more information see the essay «Самое правильное слово» («Русский язык на грани нервного срыва») by Максим Кронгауз.

« . . . сложная система скрывается за новым употреблением слова *правильный*, что и объясняет его взлет.

Это прилагательное прежде всего активно сочетается с названиями продукта в самом широком смысле этого слова: от одежды, обоев, еды – до пищи духовной: романов, фильмов, спектаклей и т. п. Также правильными могут считаться и производители или создатели соответствующей продукции. Если раньше, выделяя, мы бы назвали режиссера модным, популярным, народным, ну, в лучшем случае, культовым, то сейчас нет ничего выше звания «правильный режиссер». Иди и смотри.»

10 научный сотрудник (researcher, research assistant); соискатель (doctoral candidate); учёный (academic, scientist); аспирант (postgraduate student); постдок (postdoctoral position (usually temporary); научный руководитель (academic supervisor)

12 Все участники форума отмечают, что на Западе люди общаются по-другому. Хотя они дружелюбны, с ними нельзя запросто <u>поговорить по душам</u>. У русских же обычно <u>душа нараспашку</u>. Они могут <u>открыть душу</u> первому встречному. С другой стороны, можно сказать, люди ни Западе <u>не лезут в душу</u>, они уважают твое личное пространство. Хотя всем этим русским нравилось жить на Западе, <u>в глубине души</u> они скучали по дому. Все они профессионалы высшего разряда и <u>вкладывают душу</u> в работу. Им только можно пожелать удачи <u>от всей души</u>.

13 добиться поставленной цели, хороших результатов, всемирного признания, больших успехов, высоких показателей; наслаждаться Парижем, прогулкой, жизнью, видом, летней погодой, морским пейзажем, теплой ночью; скучать по дому, близким, домашней атмосфере, Москве, общению, удобной постели, маминым блинчикам; мечтать о/

об успешной карьере, прекрасном будущем, спокойной старости; зависеть от желания, жилищных условий, погоды, рынка, уровня, собственных средств, зарплаты, настроения; приобретать опыт, собственность, футбольную команду, необходимые знания, новых друзей

Chapter 9

4 минеральная вода; столовая (комната); коммунальная квартира; читальный зал; Мариинский театр; «невидимый» человек

5 бессчетное количество (огромое количество, нельзя сосчитать, «без счета»); бесчисленные фильмы (огромное число фильмов, невозможно дать число, «без числа»); неповторимый ландшафт (оригинальный, нельзя «повторить»); неведомая жизнь (незнакомая; не ведаешь, не знаешь, какая); подсвеченный пар (с подсветкой; свет снизу, «под»); беззаконие (произвол; без правил, «без закона»); безжалостные инопланетяне (жестокие, «без жалости»)

7 Мне нравятся хорошо <u>устроенные</u> города.
Туристы восхищаются <u>построенными</u> в Нью-Йорке небоскребами.
Зрители по достоинству оценили хорошо <u>сделанную</u> картину.
Мы узнали <u>изображенное</u> на этикетке здание гостиницы.
Турист может легко разобраться в <u>пронумерованных</u> улицах.

8 приглушенный, приглушить, приглушу; замороженный, заморозить, заморожу; изображено, изобразить, изображу
Столица Америки обычно <u>представлена</u> в голливудских фильмах. Нью-Йорк часто <u>разгромлен</u> и <u>захвачен</u> инопланетянами в фильмах-катастрофах, машины <u>оставлены</u>, дома <u>брошены</u>. Эти картины <u>поставлены</u> известными режиссерами и обычно имеют большой кассовый успех. Представьте, вы едете в Америку, все <u>приготовлено</u>: билет <u>куплен</u>, вещи <u>уложены</u> в чемодан, <u>потрачено</u> много времени на чтение путеводителя, он внимательно <u>изучен</u> и <u>возвращен</u> в библиотеку . . .

10 магазины, фильмы, города, острова, адреса, дома, дураки, поезда, рубли, глаза, вечера, паспорта

11 Я <u>ничего</u> не читаю. Мне <u>нечего</u> читать.
Я <u>никуда</u> не хожу. Мне <u>некуда</u> ходить.
Я <u>ничего</u> не делаю. Мне <u>нечего</u> делать.
Я не говорю <u>ни с кем</u> по-русски. Мне <u>не с кем</u> говорить по-русски.
Я <u>никогда</u> не смотрю телевизор. Мне <u>некогда</u>.
Я <u>никому</u> не звоню. <u>Некому</u> звонить.

Chapter 10

4 c; a; b; c; b; b; a; c; b

5 любопытный; застенчивый; любознательный; равнодушный; молодой; энергичный; сильный; открытый; живой; страстный

7   часовщик; барабанщик; корабельщик

8   собираясь, отобрал; перебрал; перебрался; забирали; разбирать, собирать; разобрать; разбираться; собирался, прибрать; убрать; набирать

11 собор, достраивающийся тогда; прогулок, устраиваемых лордом; сражение, устроенное для него

13 красивейших; интереснейшей; сложнейшими; крупнейших; простейшее; любимейших; вкуснейший; храбрейшим

Chapter 11

2   документальный, неигровой; художественный фильм, игровой; режиссер, оператор, кинокомпозитор; снимают, ставят, монтаж, звукозапись; экраны, кинопрокат, зрители

3   рассказать; сделать; основать; связать; связать; ориентировать; вызвать; воспитать; ориентировать

представить (представлю); запретить (запрещу); обусловить (обусловлю); упростить (упрощу); убедить; приговорить; ограничить

ввергнуть; снять; открыть; забыть

4   В фильме <u>рассказана</u> правдивая история из жизни. Правдиво <u>рассказанная</u> история понравилась зрителю.

Было <u>снято</u> много фильмов на тему Сталинского террора. Фильм, <u>снятый</u> Е. Цымбалом, получил приз «БАФТА».

<u>Открытая</u> часть архивов обычно не так интересна, большая часть архивов все еще <u>закрыта</u>.

В документальных фильмах Цымбал рассказывает о <u>забытых</u> фигурах русского кинематографа. Он также сделал фильм о временах Сталинского террора, временах, которые не должны быть <u>забыты</u>.

В фильме «Защитник Седов» <u>представлена</u> зловещая атмосфера 30-х годов. Персонаж, <u>представленный</u> в фильме, ведет себя как герой, хотя внешне кажется совсем не героичным.

Периодику того времени было <u>запрещено</u> выдавать. Цымбала интересовали как раз те, <u>запрещенные</u>, материалы.

Главная роль в фильме была <u>сыграна</u> Владимиром Ильиным. Роли, <u>сыгранные</u> им до фильма «Защитник Седов», зачастую были комическими.

5   люди, умеющие (*nom. pl.*) *from* умеют, уметь; рассказ, позволяющий (*nom. sing.*) *from* позволяют, позволять; документы, рассказывающие (*nom. pl.*) *from* рассказывают, рассказывать; документы, проливающие (*nom. pl.*) *from* проливают, проливать

люди, адаптирующиеся (*nom. pl.*) *from* адаптируются, адапти**рова**ться; волнующих проблемах (*prep. pl.*) *from* волнуются, волн**ова**ться; произведение, требующее (*nom. sing.*) *from* требуются, требо**ва**ться

6   война, которая закончилась; литовец, который прожил . . . , который стал русским поэтом

Chapter 12

7 пытаются/стараются; стараются; пробуют; стараются; стараются; старания

10 После первого курса наши студенты едут на месяц в Казань. Они летят в Москву, проводят там несколько часов и затем едут в Казань на поезде. До Казани ехать на поезде более 10 часов. В поезде студенты не спят: они пьют и разговаривают всю ночь. Через 4 недели (4 недели спустя) они возвращаются в Москву, и некоторые из них проводят там неделю (остаются там на неделю) перед тем, как лететь обратно в Лондон. После второго курса студенты нашего отделения едут учиться за границу на целый год (учатся за границей целый год). Сначала они обычно едут в Москву или Санкт-Петербург на несколько месяцев и затем едут на полгода в какое-то другое место. Очень часто они предпочитают пожить хотя бы какое-то время в маленьком городке, чтобы получить представление о настоящей России.

Chapter 13

4 компьютерщик (работает с компьютерами); деревенщик (писатель, пишет о деревне); бюджетник (работает в государственном учреждении); фээсбэшник (работает в органах ФСБ); боевик (террорист, член боевой террористической организации; *also* фильм, действие которого основано на драках, «боях» action film); программист (занимается компьютерными программами); коммунист (член коммунистической партии); пушкинист (эксперт по Пушкину); лингвист (специалист по лингвистике); расист (с расистскими предрассудками); пофигист (безразличный человек, который делает все кое-как); думец (член Думы)

5 Прадед А Пушкина Ибрагим Петрович Ганнибал участвовал в военной <u>кампании</u> 1718–19 гг. и дослужился до чина капитана.
Согласно опросу, проведённому в 2003 году, среди 50 крупнейших <u>компаний</u> России, газета «Коммерсантъ» является одним из лидеров с точки зрения объективности опубликованной информации.
25 февраля 2014 года, в четвёртую годовщину инаугурации отстранённого президента Виктора Януковича, в Украине стартовала избирательная <u>кампания</u> по досрочным выборам президента.
<u>Компания</u> «Яндекс» была создана в 2000 году.
Российская <u>компания</u> «Даурия Аэроспейс» занимается производством спутников.

7 работать в качестве инженера, медицинской сестры, учителя, управляющего; руководить машино-строительным заводом, большой страной, научно-исследовательским институтом, городской больницей, правительством; решать математическую задачу, экономические проблемы, трудное уравнение; хватает забот, средств, хороших друзей, свежей воды, солнца, природных ресурсов; владелец футбольной команды, нефтегазовой компании, ночного клуба, собственности, большого хозяйства, корабля

8 <u>Разные</u> люди <u>по-разному</u> воспринимают сегодняшнюю ситуацию в России. Одни считают, что в полицейском государстве нет простора для личностного роста, <u>другие</u>, наоборот, возвращаются обратно в Россию, считая, что там больше возможностей для профессионального развития. Например, участники форума интернет-издания 'Village',

принадлежат к <u>разным</u> профессиям, но согласны в том, что им лучше в России. У эмигрантки Нади Рукин-Тайга совсем <u>другое</u> мнение. <u>Разные</u> обстоятельства и аспекты сегодняшней российской жизни заставили ее принять решение эмигрировать. В <u>другой</u> главе нашего учебника мы рассмотрим <u>разные</u> точки зрения по этому поводу.

9   Русскую эмиграцию делят на «волны». Эмиграцией «первой волны» называется поток беженцев, которые <u>покинули/оставили</u> Россию после революции 1917 года. «Белая эмиграция» – состояла из граждан, которые <u>бежали</u> от Гражданской войны и её последствий (1918–1923 гг). По данным Лиги Наций всего на август 1921 года из России <u>эмигрировало/уехало</u> 1'400'000 человек. Вторая волна – «перемещённые лица» – прошла в период Великой Отечественной войны. Она включала в себя тех, кто по разным причинам был <u>вывезен</u> за границы СССР и не стал <u>возвращаться</u> после окончания Второй мировой войны. Количество мигрантов второй волны оценивается от 700 тысяч до 1 миллиона человек.

Третья волна – «эмиграция Холодной войны» (1948–1990 гг.). В этот период <u>пересекло океан</u> около полумиллиона граждан, в число которых входили и высылаемые из страны диссиденты.

Четвёртая волна миграции началась сразу после падения «железного занавеса». С 1987 году из СССР начали <u>уезжать</u> те, кто хотел <u>покинуть</u> страну ещё раньше, но не мог этого сделать.

По разным оценкам за этот период из России <u>выехало</u> около 1 миллиона человек, в основном в Германию, Канаду, США, Израиль и Финляндию.

В настоящий момент в Россию <u>приезжает/прибывает</u> больше мигрантов, чем <u>уезжает</u> из неё. На первом месте находится Казахстан, из которого за период 1997–2008 годов в Россию <u>въехало</u> около 1 миллиона человек – в основном, этнических русских. На втором – Украина, из которой за тот же период в Россию <u>эмигрировало</u> 680 тысяч человек.

Chapter 14

3   педагогический институт; специальный приемник; медицинский институт; советские писатели; политическое бюро; генеральный секретарь; психиатрическая больница; заведующий отделом

5   Известная русская поэтесса Белла Ахмадулина родилась 10-го апреля 1937 года в Москве. Она училась в Литературном институте имени Горького в Москве, из которого ее исключили за поддержку поэта Бориса Пастернака. Ей удалось закончить институт в 1960-ом году. Ахмадулина стала известной во времена Хрущевской оттепели, в 1955-ом году в журнале «Октябрь» напечатали/опубликовали/издали/выпустили ее первые стихотворения. Она выступала в концертных залах, читая стихи вместе с другими шестидесятниками. Ахмадулина была стилягой, часто носила маленькое черное платье.

В 1962-ом году был издан ее первый сборник стихов «Струна». Поэтесса продолжала писать, но большинство ее сборников было напечатано/опубликовано/издано/выпущено позже. В 1970-ом году был напечатан/опубликован/издан/выпущен ее сборник «Уроки музыки», другие собрания были напечатаны/опубликованы/изданы/выпущены в 1975, 1977, 1983 и 1991-ом годах.

Chapter 17

5   Моя собака очень <u>живая</u>. На прошлой неделе я ее прогуливала, она от меня убежала и чуть не попала под машину . . . Слава Богу, осталась <u>жива</u>.
У наших соседей на воротах табличка: «Осторожно! <u>Злая</u> собака!».
Я так <u>зла</u> на моего мужа: забыл выгулять собаку!
Нам повезло, у нас очень <u>хорошая</u> секретарша: всегда поможет, всех знает, все помнит.
Эта актриса в молодости была очень <u>хороша</u>.
А. Пушкин – <u>великий</u> русский поэт.
Этот свитер мне <u>велик</u>.
Мне <u>нужна</u> эта книга. Хрестоматия вообще <u>нужная</u> вещь.

Chapter 18

4   Социологи отмечают, что в 90-х годах в России наблюдался демографический кризис. По причине ухудшения экономической ситуации в стране после распада Советского Союза резко упала <u>рождаемость</u>. Низкая <u>продолжительность</u> жизни объяснялась плохим состоянием здравоохранения. Особенно высоким был уровень <u>смертности</u> среди мужчин, что было вызвано алкоголизмом и болезнями сердца. На фоне общего высокого уровня <u>преступности</u> оказалось, что именно молодые мужчины погибают в результате рабочих травм, несчастных случаев и <u>преступлений</u>. По словам российских экспертов, в настоящее время демографическая ситуация в стране улучшается. Стабилизируется экономическое положение. Государство помогает семьям при <u>рождении</u> ребенка. Одной из других характеристик демографии страны является тот факт, что в России слишком много людей с высшим <u>образованием</u>.

7   В 2013-ом году вышла новая книга Максима Кронгауза «Самоучитель олбанского». Под «*олбанским*» языком понимают особый язык интернета, созданный пользователями, <u>а именно</u>, намеренное нарушение правил орфографии. <u>Здесь важно заметить</u>, что пользователь может узнать слово фонетически, <u>иначе говоря</u>, как оно произносится. <u>Более того</u>, для этого стиля характерен сленг, то есть ненормативная лексика. <u>Естественно</u>, что у «олбанского» языка существует много противников, <u>однако</u> некоторые лингвисты не думают, что этот стиль так уж опасен для русского языка и находят это «творчество» довольно забавным. <u>Прежде всего</u>, этот стиль можно встретить в блогах и чатах и, <u>по существу</u>, так никто не будет писать. <u>Таким образом</u>, <u>в этом смысле</u> «олбанский» язык может плохо повлиять на образование молодых людей, так как именно они чаще всего пользуются этим видом коммуникации.

Index

English